URHEBERRECHTLICHE ABHANDLUNGEN

des Max-Planck-Instituts für ausländisches und internationales Patent-, Urheber- und Wettbewerbsrecht, München

herausgegeben von
Friedrich-Karl Beier, Gerhard Schricker und Eugen Ulmer

Heft 15

Der Arbeitnehmerurheber in Presse, Funk und Fernsehen

von

DR. SABINE ROJAHN

C. H. BECK'SCHE VERLAGSBUCHHANDLUNG
MÜNCHEN 1978

ISBN 3 406 00325 7

1978 C. H. Beck'sche Verlagsbuchhandlung (Oscar Beck) München
Gesamtherstellung: Sulzberg-Druck GmbH, Sulzberg im Allgäu

Vorwort

Die Schrift wurde im wesentlichen im Sommer 1976 abgeschlossen und hat dem Juristischen Fachbereich der Universität München im Wintersemester 1976/1977 als Dissertationsarbeit vorgelegen. Neuere Literatur konnte vereinzelt noch bis zum 1. Februar 1977 berücksichtigt werden.

Herrn Prof. Dr. W. *Fikentscher* danke ich für die wissenschaftliche und persönliche Förderung. Mein Dank gilt auch Herrn Dr. *Schmidt-Osten,* Herrn Dr. *Riepenhausen,* Herrn Dr. *Gerschel,* Frau *Henkel* sowie den Rechtsabteilungen der Rundfunkanstalten und der Rundfunk-Fernsehen-Film-Union, ohne deren Rat und Auskünfte die Arbeit nicht möglich gewesen wäre. Mein besonderer Dank gilt Herrn Prof. Dr. Dr. h. c. *E. Ulmer,* Herrn Prof. Dr. *Beier* und Herrn Prof. Dr. *Schricker* für die Aufnahme der Arbeit in die Schriftenreihe „Urheberrechtliche Abhandlungen des Instituts für ausländisches und internationales Patent-, Urheber- und Wettbewerbsrecht der Universität München".

Nicht zuletzt danke ich der Deutschen Vereinigung für gewerblichen Rechtsschutz und Urheberrecht, die die Publikation ermöglicht hat.

Allen denen, die mit Kritik und Hinweisen halfen, sei auch an dieser Stelle herzlich gedankt.

München, im Herbst 1977 *Sabine Rojahn*

Inhaltsverzeichnis

2. Hauptteil

Einräumung von Nutzungsrechten durch den Arbeitnehmerurheber in Funk und Fernsehen

3. Hauptteil

Urheberpersönlichkeitsrechte und sonstige Rechte in Presse, Funk und Fernsehen

Abkürzungsverzeichnis

a. A.	andere Ansicht
aaO.	am angegebenen Ort
Abs.	Absatz
a. F.	alte Fassung
AfP	Archiv für Presserecht
Amtl. Begr.	Begründung des Regierungsentwurfs zum Urheberrechtsgesetz, Bundestags-Drucksache IV/270
Amtl. Begr. Reg. Entw. ANErfG	Amtliche Begründung zum Regierungsentwurf des Gesetzes über Erfindungen von Arbeitnehmern und Beamten vom 19. 8. 1955, Drucksache des Bundestages Nr. 1648
ANErfG	Gesetz über Arbeitnehmererfindungen vom 25. 7. 1957
Anm.	Anmerkungen
AöR	Archiv für öffentliches Recht
AP	Arbeitsgerichtliche Praxis, Nachschlagwerk des deutschen Bundesarbeitsgerichts
AR-Blattei	Arbeitsrecht-Blattei
ArbG	Arbeitgeber
ArbN	Arbeitnehmer
ARD	Arbeitsgemeinschaft der öffentlich-rechtlichen Rundfunkanstalten der Bundesrepublik Deutschland
Art.	Artikel
Aufl.	Auflage
AuR	Arbeit und Recht
BAG	Bundesarbeitsgericht
BB	Der Betriebsberater
BDZV	Bundesverband Deutscher Zeitungsverleger
BGB	Bürgerliches Gesetzbuch
BGBl.	Bundesgesetzblatt
BGH	Bundesgerichtshof
BGH St	Entscheidungen des Bundesgerichtshofs in Strafsachen
BGHZ	Entscheidungen des Bundesgerichtshofs in Zivilsachen
BlStSozArbR	Blätter für Steuerrecht, Sozialversicherung und Arbeitsrecht
BR	Bayerischer Rundfunk
BVerfGE	Entscheidungen des Bundesverfassungsgerichts
bzw.	beziehungsweise
DAG	Deutsche Angestellten-Gewerkschaft
DB	Der Betrieb
ders.	derselbe
DGB	Deutscher Gewerkschaftsbund
d. h.	das heißt
Diss.	Dissertation
dju (DJU)	Deutsche Journalisten Union
DJV	Deutscher Journalisten-Verband
DJZ	Deutsche Juristen Zeitung
DLF	Deutschlandfunk
DÖV	Die öffentliche Verwaltung

DVBl.	Deutsche Verwaltungsblätter
DW	Deutsche Welle
eMTV	einheitlicher Manteltarifvertrag
etc.	et cetera
f./ff.	und folgende
FuR	Film und Recht
GG	Grundgesetz für die Bundesrepublik Deutschland vom 23. 5. 1949
GRUR	Gewerblicher Rechtsschutz und Urheberrecht
GRUR Int.	Gewerblicher Rechtsschutz und Urheberrecht Internationaler Teil
HFF	Hörfunk-Fernsehen-Film
h. M.	herrschende Meinung
HR	Hessischer Rundfunk
i. d. F.	in der Fassung
Inter GU	Internationale Gesellschaft für Urheberrecht
i. S.	im Sinne
JR	Juristische Rundschau
JW	Juristische Wochenschrift
JZ	Juristenzeitung
KG	Kammergericht
KUG	Gesetz betreffend das Urheberrecht an Werken der bildenden Künste und der Photographie vom 19. 1. 1907
LAG	Landesarbeitsgericht
LG	Landgericht
LUG	Gesetz betreffend das Urheberrecht an Werken der Literatur und der Tonkunst vom 19. 6. 1901
LZ	Leipziger Zeitschrift für Deutsches Recht
MAV	Musteranstellungsvertrag
m. w. N.	mit weiteren Nachweisen
NDR	Norddeutscher Rundfunk
NJW	Neue Juristische Wochenzeitschrift
OLG	Oberlandesgericht
RB	Radio Bremen
RdA	Recht der Arbeit
Rdz	Randziffer
RG	Reichsgericht
RGZ	Entscheidungen des Reichsgerichts in Zivilsachen
RuF	Rundfunk und Fernsehen
SAE	Sammlung arbeitsgerichtlicher Entscheidungen
SDR	Süddeutscher Rundfunk
SFB	Sender Freies Berlin
sog.	sogenannte
SR	Saarländischer Rundfunk
SWF	Südwestfunk
SZ	Süddeutsche Zeitung
TKS	Tarifkommission
TVG	Tarifvertragsgesetz vom 9. 4. 1949
u. a.	und anderes
UFITA	Archiv für Urheber-, Film-, Funk- und Theaterrecht
UrhG	Gesetz über Urheberrecht und verwandte Schutzrechte vom 9. 9. 1965
UWG	Gesetz gegen unlauteren Wettbewerb vom 7. 6. 1909
VDZ	Verband Deutscher Zeitschriftenverleger
VG	Verwertungsgesellschaft

vgl.	vergleiche
VS-Informationen	Informationen des Verbandes deutscher Schriftsteller in der IG Druck und Papier
WDR	Westdeutscher Rundfunk
WZG	Warenzeichengesetz in der Fassung vom 2. 1. 1968
z. B.	zum Beispiel
ZDF	Zweites Deutsches Fernsehen
Zi./Ziff.	Ziffer
Zit.	Zitiert
ZVZV	Zeitungsverlag und Zeitschriftenverlag

Literaturverzeichnis

Abend, Michael: Die Tagesschau: Zielvorstellung und Programmstruktur, RuF 1974, 166–187.
Adam, Herbert: Organisation und Führung des Zeitschriftenverlages, in: Handbuch der Publizistik, Bd. 3, 2. Teil, Berlin 1969, S. 427–432.
Allfeld, Phillip: Urheberrecht an Interviews, DJZ 1916, 269–273.
– Das Urheberrecht an Werken der Literatur und Tonkunst, Kommentar, 2. Aufl., München 1928.
Amtmann, Heinz: Das Urheberrecht des „unselbständigen Urhebers" insbesondere des wissenschaftlichen Assistenten, Diss. Tübingen 1960.
Ananiadis, Antonios: Die Auslegung von Tarifverträgen, Berlin 1974.
ARD: ARD Jahrbuch 1974, Hamburg 1974.
Armbruster, Hubert; Bachof, Otto; Fikentscher, Wolfgang; u. a.: Entwurf eines Gesetzes zum Schutze freier Meinungsbildung, Tübingen 1972 (Zit. *Armbruster, Bachof, Fikentscher*).
Arnold, Hans: Formen der publizistischen Aussage, in: Handbuch der Publizistik Bd. 2, 1. Teil, Berlin 1969, S. 309–331.
– Fernsehen: Formen der publizistischen Aussage, ebenda, S. 444–468.

Bäuerlein, Heinz: Der Redakteur im Zeitungs- und Zeitschriftenverlag, bei Funk und Fernsehen, Ludwigshafen 1968.
Baumgarten, Hans: Die rechtliche Stellung der bei den öffentlich-rechtlichen Rundfunk- und Fernsehanstalten Beschäftigten, Diss. Würzburg 1967.
Bethge, Herbert: Mitbestimmung im Bereich des Rundfunks, UFITA Bd. 58 (1970), S. 117–140.
– Zur inneren Rundfunkfreiheit, JR 1972, 493–498.
– Redaktionsstatute und Mitbestimmung im Rundfunk, UFITA Bd. 69 (1973), S. 143–162.
Bericht der Kassettenkommission des ZDF: Fernsehen und Kassette, Schriftenreihe des ZDF, Heft 10, Mainz 1973.
Biedenkopf, Kurt: Grenzen der Tarifautonomie, Karlsruhe 1964.
Binkowski, Johannes: Das Verhältnis Verleger-Redakteur, ZVZV 1971, 1580–1584.
v. Bismarck, K.; Herrmann, G.; Höfer W.; Jedele, H.; Scholl-Latour, P.: Zum Thema Kassettenfernsehen, Köln 1971.
Blatz, Rolf: Das Recht des Arbeitgebers an literarischen Arbeitsergebnissen, Diss. Köln 1967.
Böhner, Hans: Die Beurteilung der Nebenbeschäftigung im Arbeits- und Sozialversicherungsrecht, DB 1969, 483–488.
Bötticher, Eduard: Die gemeinsamen Einrichtungen der Tarifvertragsparteien, Abhandlungen zum Arbeits- und Wirtschaftsrecht Bd. 16, Heidelberg 1966 (Zit. Gemeinsame Einrichtungen).
Bollack, Gert: Die Rechtsstellung des Urhebers im Dienst- oder Arbeitsverhältnis, GRUR 1976, 74–78.
de Boor, Hans Otto: Vom Wesen des Urheberrechts, Marburg 1933.
Breloer, Bernhard-Dietrich: Verfilmung, Verfilmungsrecht und Fernsehfilm, Schriftenreihe der UFITA, Heft 44, Berlin 1973.
Brugger, Gustav: Grundlagen eines Fernsehvertragsrechts, NJW 1961, 49–53.
– Die neuen audio-visuellen Systeme, Schriftenreihe der UFITA, Heft 40, München-Berlin 1970.

– Aktuelle Vertragsfragen für die Produktion von Fernseh- und Kinofilmen, FuR 1974, 758–768.

Bußmann, Kurt: Im Arbeits- und Dienstverhältnis geschaffene urheberrechtliche Werke, in: Das Recht am Geistesgut, Festschrift für Bappert, Freiburg 1964, S. 13–32 (Zit. Im Arbeits- und Dienstverhältnis).

– Änderungen und Bearbeitung im Urheberrecht, in: Festschrift für Möhring zum 65. Geburtstag, München–Berlin 1965, S. 201–224 (Zit. Änderungen).

Canaris, Claus-Wilhelm: Die Feststellung von Lücken im Gesetz, Berlin 1964.

Cron, Helmut: Redaktionelle Leitung, in: Das Handbuch der Publizistik, Bd. 3, 2. Teil, Berlin 1969, S. 161–165.

Delp, Ludwig: Das gesamte Recht der Presse, des Buchhandels, des Rundfunks und des Fernsehens, Bd. I–IV, 1953 ff. (Zit. Delp).

Dietz, Adolf: Das Droit Moral des Urhebers im neuen französischen und deutschen Urheberrecht. Eine rechtsvergleichende Untersuchung, Urheberrechtliche Abhandlung des Max-Planck-Instituts für ausländisches und internationales Patent-, Urheber- und Wettbewerbsrecht, Heft 7, München 1968 (Zit. Das Droit Moral).

– Die sozialen Bestrebungen der Schriftsteller und Künstler und das Urheberrecht, GRUR 1972, 11–19.

Dietz, Rolf; Nipperdey, Hans Carl: Die Frage der tariflichen Regelung der Einziehung von Gewerkschaftsbeiträgen durch den Betrieb, Schriftenreihe der Bundesvereinigung der Deutschen Arbeitgeberverbände, Heft 33, Köln 1963.

Dovifat, Emil: Zeitungslehre, Bd. I und II, 5. Aufl., Berlin 1967.

Dünnwald, Rolf: Die Entwicklung im Bereich der Audiovision, NJW 1974, 22–23.

Dygutsch-Lorenz, Ilse: Die Rundfunkanstalt als Organisationsproblem, Düsseldorf, 1971 (Zit. Rundfunkanstalt).

– Journalisten und Rundfunk, Düsseldorf 1973 (Zit. Journalisten).

Elster, Alexander: Der Erfinder und Urheber im Arbeitsrecht, in: Festgabe 10 Jahre Arbeitsgericht, Berlin–Leipzig 1937, S. 78–86.

Enneccerus, Ludwig; Nipperdey, Hans C.: Allgemeiner Teil des Bürgerlichen Rechts, 1. Halbband, 15. Aufl., Tübingen 1959.

Flottau, Heiko: Hörfunk und Fernsehen heute, München-Wien 1972.

Fromm, Friedrich Karl: Das Recht des Regisseurs und der Schutz seiner künstlerischen Leistung, GRUR 1962, 561–566.

Fromm, Friedrich Karl; Nordemann, Wilhelm: Urheberrecht, Kommentar, 1. Aufl. Stuttgart–Berlin–Köln–Mainz 1966 (Zit. *Fromm-Nordemann* 1. Aufl.); 3. Aufl. fortgeführt von *Nordemann, W.; Vinck, K.; Hertin, P.*, Stuttgart–Berlin-Köln–Mainz 1973 (Zit. *Fromm-Nordemann*).

Fuhr, Ernst W.: ZDF-Staatsvertrag, Mainz 1972 (Zit. Staatsvertrag).

– Beeinträchtigt die Neutralitätspflicht einer Rundfunkanstalt die Meinungsfreiheit ihrer Mitarbeiter? AfP 1975, 736–738 (Zit. Beeinträchtigt die Neutralitätspflicht).

v. Gamm, Otto-Friedrich, Freiherr: Die Urheberbenennung in Rechtsprechung und Praxis, NJW 1959, 318–320 (Zit. Die Urheberbenennung).

– Urheberrechtsgesetz, Kommentar, München 1968 (Zit. *v. Gamm).*

– Persönlichkeits- und Ehrverletzung durch die Massenmedien, Schriftenreihe der NJW, Heft 3, München 1969 (Zit. Persönlichkeits- und Ehrverletzung).

Gamillscheg, Franz: Die Differenzierung nach der Gewerkschaftszugehörigkeit, Berlin 1966.

Gaul, Dieter: Wechselwirkung zwischen Urheberrecht und Arbeitsrecht, NJW 1961, 1509–1515.

Gerschel, Alfred: Erläuterungen zum MTV für Redakteure an Zeitschriften, Verbandsinterne Mitteilungen des DJV.
Gift, Emil: Die Zulässigkeit einer Nebenbeschäftigung im Arbeitsrecht, BB 1959, 43–47.
Gloy, Wolfgang: Das Urheberrecht des Angestellten unter besonderer Berücksichtigung der Rechtsverhältnisse bei Film- und Gruppenwerken, Diss. Hamburg 1962.
Goldbaum, Wenzel: Urheberrecht und Urhebervertragsrecht, 2. Aufl., Berlin 1927 und 3. Aufl. Baden-Baden 1961 (Zit. *Goldbaum,* 2. bzw. 3. Aufl.).
Gotthart, Peter Jürgen: Strukturwandel im Arbeitsrecht der Medien, FuR, 1975, 820–825.

Haacke, Wilmont: Aussageformen der Zeitschrift, in Handbuch der Publizistik, Bd. 3, 2. Teil, Berlin 1969, S. 433–456.
– Das Feuilleton in Zeitung und Zeitschrift, ebenda, S. 218–235.
Hansen, Fritz: Das Urheber-, Verlags- und Preßrecht für das gesamte Druckgewerbe, Halle a. S. 1911.
Heinker, Hans-G.: Film und Fernsehen im neuen Urheberrecht, FuR, 1966, 98–105.
Herrmann, Günther: Die Rundfunkanstalt, AöR Bd. 90 (1965), S. 286–340.
– Rechtsfragen der Rundfunkorganisation, RuF, 1971, 267–283.
– 25 Jahre ARD-Entstehung und Entwicklung, RuF, 1975, 211–239.
– Verfassungsrechtliche und rundfunkrechtliche Aspekte des Urhebervertragsrechts, UFITA Bd. 73 (1975), S. 85–105 (Zit. Verfassungs- und rundfunkrechtliche Aspekte).
Herschel, Wilhelm: Tariffähigkeit und Tarifmacht, Mannheim – Berlin – Leipzig 1932.
– Sinn und Grenzen der Vereinbarungsbefugnis der Tarifvertragsparteien, in: Verhandlungen des 46. Deutschen Juristentages, Bd. II, Teil D, München–Berlin 1967, S. 1–34.
Heyn, Karl: Der Rechtsschutz der Rundfunkreportage und des Rundfunkinterviews, UFITA Bd. 20 (1955), S. 58–75.
Hertin, Paul W.: Öffentlich-rechtliche Rundfunkanstalten und ihre Grenzen bei der Ausgestaltung von Urheberverträgen, UFITA Bd. 66 (1973), S. 95–124 (Zit. Rundfunkanstalten).
– Beteiligungsansprüche von Urhebern und Leistungsschutzberechtigten, FuR 1975, 303–310.
Hillig, Hans-Peter: Zur Rechtsstellung des festangestellten Rundfunkredakteurs, FuR 1963, Heft 6, S. 9–13.
– Einführung in die urheberrechtliche Problematik des Rundfunks (Hörrundfunk und Fernsehen), FuR 1966, 79–88 (Zit. Einführung in die urheberrechtliche Problematik).
– Besondere Probleme des Urherbervertragsrechts im Fernsehen und Hörfunk, FuR 1974, 789–793.
– Mitschnitt von Fernsehsendungen mittels Video-Recorder, FuR 1975, 10–13 (Zit. Mitschnitt von Fernsehsendungen).
– Urhebervertragsrecht des Fernsehens und des Hörfunks, UFITA Bd. 73 (1975), S. 107–133 (Zit. Urhebervertragsrecht).
Hirsch, Ernst E.: Die Werkherrschaft, UFITA Bd. 36 (1962), S. 19–54.
– Urheberrecht und verwandte Schutzrechte, UFITA Bd. 26 (1958), S. 1–18.
Hirsch-Ballin, Ernst D.: Miturheberschaft – Miturheberrecht, UFITA Bd. 46 (1966), S. 52–68.
Hoffmann-Riem, Wolfgang: Redaktionsstatute im Rundfunk, Baden-Baden 1972 (Zit. Redaktionsstatute).
– Ein erster Erfolg des Bemühens um Rundfunk-Redaktionsstatute, RuF 1973, 247–255 (Zit. Ein erster Erfolg).
Honig, Gerhardt: Der angestellte Urheber, Diss. Erlangen-Nürnberg 1962.

Hubmann, Heinrich: Das Recht am Arbeitsergebnis, in: Festschrift für A. Hueck zum 70. Geburtstag, München-Berlin, 1959, S. 43–68, (Zit. Arbeitsergebnis).
– Urheber- und Verlagsrecht, 3. Aufl., München 1974 (Zit. Studienbuch).
– Urhebervertragsrecht und Urheberschutz, UFITA Bd. 74 (1975), S. 1–18 (Zit. Urhebervertragsrecht).
Huck, Erich: Urheber- und Verlagsrecht an Beiträgen zu Zeitschriften, Diss. Würzburg 1934.
Hueck, Alfred; Nipperdey, Hans-Carl: Lehrbuch des Arbeitsrechts, Bd. I., 7. Aufl., Berlin–Frankfurt a. M. 1963; Bd. II, 1. Halbband, 7. Aufl. Berlin–Frankfurt a. M. 1967 (Zit. *Hueck-Nipperdey* Bd. I bzw. Bd. II 1. Halbb.).
Hueck, A.; Nipperdey, H. C.; Stahlhacke, E.: Tarifvertragsgesetz, Kommentar, 4. Aufl., München-Berlin 1964 (Zit. *Hueck-Nipperdey-Stahlhacke).*

Informationsschrift der Gewerkschaft Kunst: Das Urheberrecht und seine Bedeutung aus gewerkschaftlicher Sicht, München 1976.
Ipsen, Hans Peter: Zum Funktionsbereich der öffentlich-rechtlichen Rundfunkanstalten außerhalb der unmittelbaren Programmveranstaltung, DÖV 1974, 721–736.

Kaesbach, Karl-Heinz; Wortig, Kurt: Lexikon der publizistischen Berufe, München–Wien 1967.
Karakatsanis, Alexander: Die kollektivrechtliche Gestaltung des Arbeitsverhältnisses und ihre Grenzen, Heidelberg 1963.
Keller, Friedrich: Zur Diskussion der innneren Pressefreiheit, Diss. Frankfurt a. M. 1971.
Klinger, Heinz: Die Werbe- und Verlegertätigkeit des Bayerischen Rundfunks als anstaltsfunktionale Aufgabenerfüllung, Diss. München 1970.
Kieslich, Günter: Die Zeitschrift, in: Handbuch der Publizistik, Bd. 3, 2. Teil, Berlin 1969, S. 370–379.
Knap, Karel: Werkschaffung in Arbeitsverpflichtung nach dem Urheberrecht der sozialistischen Länder, UFITA Bd. 50 (1967), S. 926–938.
Koszyk, Kurt; Pruys, Karl. H.: Wörterbuch zur Publizistik, 4. Aufl., München 1976.
Kraßer, Rudolf: Verpflichtung und Verfügung im Immaterialgüterrecht, GRUR Int. 1973, 230–237.
Krause-Ablaß, Günter: Die Neutralitätspflicht der Rundfunkanstalten, RuF 1962, 113–121.
Krüger, Herbert: Sinn und Grenzen der Vereinbarungsbefugnis der Tarifvertragsparteien, Verfassungsrechtliches Gutachten, in: Verhandlungen des 46. Deutschen Juristentages, Bd. I Teil 1, München–Berlin 1966, S. 9–96.
Küfner, Peter: Die Vergütungsansprüche des Urhebers nach dem Urheberrechtsgesetz, Diss. Erlangen-Nürnberg 1971.
Kuhlmann, H. G.: Das Urheberrecht von Arbeitnehmern, DB 1955, 1089–1090.
Kuntz, Norbert: Die Sendeverträge des Bayerischen Rundfunks mit freischaffenden Autoren, Diss. Würzburg 1961.
Kunze, Otto: Arbeitnehmererfinder- und Arbeitehmerurheberrecht als Arbeitsrecht, RdA 1975, 43–48.
Kupke, Dietmar: Der Schutz der Urheber im Falle der unbefugten Verwertung von Rundfunksendungen, Diss. Frankfurt a. M. 1966.

Lahusen, Andreas: Presseberufe im Gemeinsamen Markt, Schriften zum öffentlichen Recht, Bd. 213, Berlin 1973.
Larenz, Karl: Methodenlehre der Rechtswissenschaft, 3. Aufl, Berlin–Heidelberg–New York 1975.
Larese, Wolfgang: Zum originären Rechtserwerb des Arbeitgebers am Werk des Arbeitnehmers nach französischem Urheberrecht, UFITA Bd. 74 (1975), S. 41–68.

Lehmann, Heinrich: Über das Wesen des Urheberrechts, Bd. 2 der Schriftenreihe der InterGU, Berlin–Frankfurt a. M. 1956.

Lehr, Wolfgang; Berg, Klaus: Rundfunk und Presse in Deutschland, Rechtsgrundlagen der Massenmedien, Texte, Mainz 1971 (Zit. Lehr-Berg).

Löffler, Martin: Die Meinungs- und Pressefreiheit im Abhängigkeitsverhältnis, NJW 1963, 1100–1108 (Zit. Die Meinungs- und Pressefreiheit).

– Zum arbeitsrechtlichen Redakteurbegriff RdA 1956, 215–218 (Zit. Redakteurbegriff).

– Presse und Urheberrechtsreform, in: Die Urheberrechtsreform, Hersg. Löffler, Schriftenreihe der deutschen Studiengesellschaft für Publizistik Bd. 5, München–Berlin 1963, S. 15–24.

– Massenmedien, Presse, Zeitung und Zeitschrift als Rechtsbegriff, in: Das Recht am Geistesgut, Festschrift für Bappert, Freiburg 1964, S. 117–128.

– Die Sorgfaltspflichten der Presse und des Rundfunks, NJW 1965, 942–946 (Zit. Die Sorgfaltspflichten).

– Presserecht, Kommentar, Bd. I, 2. Aufl., München 1969, (Zit. Presserecht).

Magnus, Uwe: Zur Frage der Typologie von Sendeformen in Hörfunk und Fernsehen, RuF 1967, 41–49.

Maunz, Theodor: Die Grenzen der Betätigung öffentlich-rechtlicher Rundfunkanstalten, DVBL 1974, 1–7.

– Das geistige Eigentum in verfassungsrechtlicher Sicht, GRUR 1973, 107–115.

Maunz, Th.; Dürig, G.; Herzog, R.: Grundgesetz, Kommentar, Bd. I, München 1958 ff. (Zit. *Maunz-Dürig-Herzog).*

Mayer-Maly, Theo: Die innere Pressefreiheit und das Arbeitsrecht, DB 1971, 335–340.

Misera, Karlheinz: Tarifmacht und Individualbereich unter der Berücksichtigung der Sparklausel, Berlin 1969.

Mitteis, Heinrich: Grundriß des österreichischen Urheberrechts nach dem Bundesgesetz vom 9. April 1936, Wien 1936.

Möhring, Philipp; Nicolini, Käthe: Urheberrechtsgesetz, Kommentar, Berlin-Frankfurt a. M. 1970 (Zit. *Möhring-Nicolini*).

Möhring-Schulze-Ulmer-Zweigert: Quellen des Urheberrechts, Frankfunt a. M.–Berlin 1961 (Zit. *Möhring-Schulze-Ulmer-Zweigert*).

Movsessian, Vera: Zweckübertragungstheorie und neue audiovisuelle Medien, FuR 1974, 549–554.

Munk, Walter: Die Rechtsstellung des Urhebers nach Übertragung des Urheberrechts, Diss. Freiburg 1933.

Neumann-Duesberg, Horst: Presseberichterstattung, Presseurheberrecht und Nachrichtenschutz, Münster 1949 (Zit. Presseberichterstattung).

– Eigentum und Urheberrecht an klinischen Krankheitsphotos, JR 1951, 462.

– Freie Meinungsäußerung in Tendenzbetrieben, NJW 1964, 1697–1702 (Zit. Freie Meinungsäußerung).

– Redaktionsrat und Redaktionsausschuß als neue Mitbestimmungsorgane in Presseverlagen, BB 1970, 1052–1055 (Zit. Redaktionsrat).

Nikisch, Arthur: Arbeitsrecht, Bd. I, 3. Aufl., Tübingen 1961, Bd. II, 2. Aufl. Tübingen 1959 (Zit. *Nikisch* Bd. I bzw. Bd. II).

Nordemann, Wilhelm: Bärendienste (Anmerkungen zum RFFU-Tarifvertrag mit dem Südwestfunk), VS-Informationen, Heft 2, 1972, S. 6.

Oertel, Reinhold: Das Verhältnis Verleger-Redakteur im Hinblick auf die Sicherung der „Inneren Pressefreiheit“, Diss. Würzburg 1971.

Oppenberg, Dietrich: Der Zeitungsverlag, in: Handbuch der Publizistik, Bd. 3, 2. Teil, Berlin 1969, S. 116–140.

Palandt: Bürgerliches Gesetzbuch, Kommentar, 34. Aufl., München 1975 (Zit. *Palandt*).
Poll, Günter: Der angestellte Urheber – im deutschen und amerikanischen Recht, Diss. München 1972.
Prager, Gerhard: Programm und Programmstruktur, in: Handbuch der Publizistik Bd. 2, 1. Teil, Berlin 1969, S. 333–334.

Recher, Bernhard: Der Arbeitnehmer als Urheber und das Recht des Arbeitgebers am urheberrechtsschutzfähigen Arbeitsergebnis, Züricher Beiträge zur Rechtswissenschaft Bd. 463, Zürich 1975.
Rehbinder, Manfred: Der Schutz der Pressearbeit im neuen Urheberrechtsgesetz, UFITA Bd. 48 (1966), S. 102–120 (Zit. Der Schutz der Pressearbeit).
– Presserecht, Herne-Berlin 1967.
– Das Arbeitsverhältnis im Spannungsfeld des Urheberrechts, RdA 1968, 309–316 (Zit. Das Arbeitsverhältnis).
– Rundfunkanstalten und Kassettenmarkt, UFITA Bd. 65 (1972)), S. 117–158.
– Recht am Arbeitsergebnis und Urheberrecht, in: Festschrift für Georg Roeber, Schriftenreihe der UFITA Heft 46, Berlin 1973, S. 481–506 (Zit. Recht am Arbeitsergebnis).
Reichardt, Ernst: Zur Stellung des Filmregisseurs im Urheberrecht, UFITA Bd. 60 (1971), S. 147–159.
Reichel, Werner: Zur Problematik des Gruppenwerks und des Rechts der Arbeitnehmer im Verlag in der Urheberrechtsreform, GRUR 1960, 582–585.
Reimer, Dietrich: Schranken der Rechtsübertragung im Urheberrecht, GRUR 1962, 619–635.
Reimer, Eduard; Schade, Hans; Schippel, Helmut: Das Recht der Arbeitnehmererfindung, 5. Aufl., München 1974 (Zit. *Reimer-Schade-Schippel).*
Rewolle, Hans-Dietrich: Die Nebenbeschäftigung im Arbeitsrecht, BB 1959, 670–673.
Riedel, H.: Naturrecht – Grundrecht – Urheberrecht, Schriftenreihe der InterGU, Bd. 31, Berlin–Frankfurt a. M. 1963.
Riepenhausen, Bernhard: Tarifvertrag über Urheber- und Leistungsschutzrecht, HFF 1972, Nr. 6, S. 10–15 (Zit. Tarifvertrag).
– Die Bedeutung des Tarifvertrages über Urheber- und Leistungsschutzrechte in Gegenwart und Zukunft, RdA 1972, 232–233 (Zit. Die Bedeutung des Tarifvertrages).
– Urheberrechte im Swimming-Pool, HFF 1973, Nr. 4, S. 29.
– Tarifvertragliche Regelung der Urheberrechte und verwandte Schutzrechte, insbesondere Leistungsschutzrechte im Arbeitsverhältnis, AR-Blattei, (D), Urheberrechte II, II Tarifvertragsrecht (Zit. Tarifvertragliche Regelung).
Riepenhausen, B.; Dannenhaus, W.: Freie Mitarbeiter für Hörfunk und Fernsehen, München 1971.
Rittstieg, Helmut: Autoren – Mitautoren, NJW 1970, 648, 649.
Roeber, Georg: Zum Thema: Urhebervertragsrecht, FuR 1975, 319–328.
Roithmaier, Helmut: Das Recht des Arbeitgebers am kunstschutzfähigen Arbeitsergebnis nach geltendem und künftigem Recht, Diss. Köln 1962.
Rüthers, Bernd: Tarifmacht und Mitbestimmung in der Presse, Berlin 1975.
Rumphorst, Werner: Der Urheber im Arbeits- und arbeitnehmerähnlichen Verhältnis, FuR 1974, 436–442.
Runge, Kurt: Das Gruppenwerk als Objekt urheberrechtlichen Schutzes, GRUR 1956, 407–409.
– Urheberrechts- oder Leistungsschutz? GRUR 1959, 75–80.

Sahmer, Heinz: Der Arbeitnehmer im Spiegel des Urheberrechts und der verwandten Schutzrechte, UFITA Bd. 21 (1956), S. 34–39.
Samson, Benvenuto: Das neue Urheberrecht. Eine Einführung, UFITA Bd. 47 (1966), S. 1–133 (Zit. Das neue Urheberrecht).

– Die urheberrechtliche Regelung in Dienst- und Tarifverträgen, in: Festschrift für Georg Roeber, Schriftenreihe der UFITA, Heft 46, Berlin 1973, S. 547–559 (Zit. Urheberrechtliche Regelung.
– Urheberrecht, München 1973.
– Urhebervertragsgesetz oder Verzicht auf eine gesetzliche Regelung, FuR 1975, 299–302 (Zit. Urhebervertragsgesetz).
Scharf, Albert: Wirtschaftliche Betätigung der Rundfunkanstalten, FuR 1972, 279–284.
Schaub, Günter: Arbeitsrechtshandbuch, 2. Aufl., München 1975.
Silberschmidt, Wilhelm: Das Urheberrecht des abhängigen Arbeitnehmers, LZ 1927, 707–718.
Schmieder, Hans-Heinrich: Die Rechtsstellung der Urheber und künstlerischen Werkmittler im privaten und öffentlichen Dienst, GRUR 1963, 297–303.
Schmidt di Simoni, Kay: Studien zum Fernseh-Urheberrecht, Hamburg 1956.
Schmidt-Osten, Hans: Das Urheberrecht an Kartenskizzen in der Presse, Der Journalist 1955, Beilage Nr. 6.
– Das Arbeitsrecht der Presse, Stuttgart 1953 (Zit. Das Arbeitsrecht).
– Die Presse im kommenden Urheberrecht, Der Journalist 1962, Heft 4, Beilage Nr. 39.
– Das Recht der Zeitung, in: Handbuch der Publizistik, Bd. 3, 2. Teil, Berlin 1969, S. 322–330.
– Das Steuerrecht der Presse, 15. Aufl., Bonn 1975.
Schröder, Georg: Besonderheiten im Filmarbeitsrecht, UFITA Bd. 31 (1960), S. 260–286.
Schwagmeier, Friedrich: Das Urheberrecht des Geschäftsherrn an Werken der Literatur und Erfindungen seiner Angestellten, Diss. Heidelberg 1908.
Schwaiger, Henning; Kockler, Franz-Josef: Zum Inhalt und Anwendungsbereich der sog. Zweckübertragungstheorie, UFITA Bd. 73 (1975), S. 21–63.
Schwerdtner, Peter: Das Rechtsverhältnis zwischen Verleger und Redakteur, BB 1971, 833–840.
Schulze, Erich: Rechtsprechung zum Urheberrecht, Loseblatt-Ausgabe München 1954 ff. (Zit. Schulze).
– Urhebervertragsrecht, Schriftenreihe der UFITA, Heft 14, 2. Aufl. Berlin 1974.

Schulz-Thurmann, Winfried: Die Fernsehsendungen in urheberrechtlicher Sicht, Diss. Köln 1963.
Seeger, Julius: Die Produktion von Bildton-Kassetten durch Rundfunkanstalten, DÖV 1972, 253–271.
Siebert, Wolfgang: Kollektivnorm und Individualrecht im Arbeitsverhältnis, in: Festschrift für Nipperdey zum 60. Geburtstag, S. 119–145, München–Berlin 1955.
Skriver, Ansgar: Schreiben und schreiben lassen, Karlsruhe 1970.
Sonntag, Peter: Das Miturheberrecht, Köln–Berlin–Bonn–München 1972.
Stolz, Hansjörg: Der Ghostwriter im deutschen Recht, Urheberrechtliche Abhandlungen des Max-Planck-Instituts für ausländisches und internationales Patent-, Urheber- und Wettbewerbsrecht, Heft 11, München 1971.

Ulmer, Eugen: Urheber- und Verlagsrecht, 2. Aufl., Berlin–Göttingen-Heidelberg 1960 (Zit. Lehrbuch).

Vinck, Kai: Die Rechtsstellung des Urhebers im Arbeits- und Dienstverhältnis, Schriftenreihe der UFITA, Heft 41, Berlin 1972.
– Das Interview im Urheberrecht, AfP 1973, 460–462.
– Der Urheber im Arbeits- und arbeitnehmerähnlichen Verhältnis, RdA 1975, 162–164.

Voll, Ludwig: Meinungsfreiheit und Treuepflicht, Diss. Mannheim 1974, Europäische Hochschulschriftenreihe Bd. 102, Bern–Frankfurt a. M. 1975.

Volmer, Bernhard: Arbeitnehmererfindungsgesetz, Kommentar, München–Berlin 1958 (Zit. *Volmer*).

Weimann, Ulrich: Die Fernsehsendung von Bühnenwerken nach geltendem Recht und de lege ferenda, Diss. Köln 1963.

Wenzel, Joachim: Die Programmfreiheit des Rundfunks, Ein Beitrag zur Auslegung des Art. 5 des Grundgesetzes, Diss. Gießen 1970.

Westen, Klaus: Zur urheberrechtlichen Stellung des Wissenschaftlers im Arbeits- oder Dienstverhältnis nach deutschem Recht, JR 1967, 401–408.

Wilkens, Heinz: Die neue Tarifregelung des Mitarbeiterurheberrechts beim Südwestfunk, FuR 1972, 220–225.

Zusätzliche nur vereinzelt zitierte Literatur ist in den Anmerkungen jeweils vollständig aufgeführt.

Einleitung

I. Aufriß des Problembereichs

Das Bild des „armen Poeten“, der nur seiner inneren Berufung folgt und sich nicht um die finanzielle Sicherheit seines Lebensunterhalts sorgt, wird unserer heutigen Zeit nicht mehr gerecht. Zwar gibt es in der sogenannten „Kulturindustrie“ (insbesondere bei den Rundfunkanstalten) noch mehr freiberuflich schaffende Urheber als angestellte[1], aber mit dem immer stärkeren Bestreben der Freiberufler, an den sozialen Leistungen und der tariflichen Absicherung, welche den angestellten Kollegen zugute kommen, teilzuhaben, wird auch die Zahl der im Arbeitsverhältnis stehenden Urheber noch stark ansteigen[2].

Der Gesetzgeber hat in das Urheberrechtsgesetz vom 9. September 1965[3] eine Bestimmung über den „Urheber in Arbeits- und Dienstverhältnissen“ (§ 43 UrhG) – dies ist die einzige Regelung, die die urheberrechtliche Situation des ArbN behandelt[4] – aufgenommen. Danach sind die Vorschriften des Unterabschnittes „Nutzungsrechte“ auch anzuwenden, „wenn der Urheber das Werk in Erfüllung seiner Verpflichtungen aus einem Arbeits- oder Dienstverhältnis geschaffen hat, soweit sich aus dem Inhalt oder dem Wesen des Arbeits- oder Dienstverhältnisses nichts anderes ergibt“.

Doch diese Generalklausel[5] beantwortet nicht im mindesten die Fragen, die durch die besondere Situation des Urhebers im Arbeits- oder Dienstverhältnis aufgeworfen werden. Die Rechtslage des angestellten Werkschöpfers wird durch zwei Rechtsgebiete beeinflußt, die sich in manchen Regelungen konträr gegenüberstehen. Der Begriff „Arbeitnehmerurheber“ enthält schon in sich die ganze Konfliktsituation:

---

[1] Die Rundfunkanstalten in der BRD hatten 1974 16500 festangestellte und rund 50000 freie Mitarbeiter, DJV-Beschlüsse auf den Gebieten des Pressewesens, der Rundfunkanstalten und des Urheberrechts, FuR 1975, 417.

[2] Die Tendenz wird z. B. durch folgende Zahlen veranschaulicht: Im Jahre 1974 mußten 182 freie Mitarbeiter beim WDR aufgrund von Entscheidungen des Arbeitsgerichts Köln festangestellt werden; nach Verlautbarungen waren im gleichen Jahr gegen den BR 300 Klagen wegen Abschluß eines Arbeitsvertrages anhängig. Vgl. dazu auch *Gotthardt,* Strukturwandel im Arbeitsrecht der Medien, FuR 1975, 820–825; *Samson,* Urheberrecht, S. 9; *Wolf Donner,* in: Die Zeit v. 4. 7. 1975 S. 29: Freie, feste Freie, Vogelfreie.

[3] Gesetz über Urheberrecht und verwandte Schutzrechte (Urheberrechtsgesetz) vom 9. 9. 1965, BGBl. 1965 I S. 1273, mit späteren Änderungen, zuletzt geändert durch das Einführungsgesetz zum Strafgesetzbuch vom 2. 3. 1974, BGBl. 1974 I S. 469.

[4] *Samson,* Urheberrecht, S. 151, nennt die Vorschrift des § 43 eine der kürzesten und der bedeutendsten im UrhG.

[5] *Vinck,* Die Rechtsstellung des Urhebers im Arbeits- und Dienstverhältnis, S. 10–14.

Als „Arbeitnehmer“[6] ist der Werkschöpfer verpflichtet, nach den Weisungen des ArbG eine bestimmte Leistung zu erbringen. Als Gegenleistung für diese Tätigkeit erhält der ArbN vom ArbG Lohn. Das Eigentum am Arbeitsergebnis erwirbt der ArbG.[7] Eine besondere Beziehung zwischen dem geschaffenen Produkt und dem ArbN besteht arbeitsrechtlich gesehen nicht; dies ist die Folge der „Fremdbestimmtheit“ der Arbeit.

Als „Urheber“ wird der Arbeitnehmer frei schöpferisch tätig; er schafft ein schutzfähiges Werk (§ 2 UrhG). Er kann die Urheberschaft und die damit verbundenen Rechte in Anspruch nehmen. Die wirtschaftliche Nutzung des Werkes gebührt dem Urheber (§§ 31 ff. UrhG). Das Urheberrecht schützt ihn in seiner besonderen geistigen und persönlichen Beziehung zum Werk (§ 11 UrhG).

Die rechtliche Situation des ArbN-Urhebers wird durch zwei Rechtsgebiete bestimmt, die nach ihrem Sinn- und Zweckgehalt unvereinbar scheinen, und ihr Verhältnis zueinander wird durch § 43 UrhG nicht geklärt. Da sowohl das Arbeitsrecht wie auch das Urheberrecht Anwendung finden, stellt sich die Frage, ob der ArbG originär das Urheberrecht erwirbt oder der ArbN. Nimmt man letzteres an, so gilt zu klären, welche Nutzungsrechte der ArbN aufgrund seines Arbeitsvertrages dem ArbG einräumen muß. Das Hauptinteresse des ArbN, der ja für seine schöpferische Tätigkeit entlohnt wird, ist im Regelfall auf das Entgelt gerichtet. Damit ist aber nicht gesagt, daß alle urheberpersönlichkeitsrechtlichen Belange in den Hintergrund treten. Es kann z. B. für den ArbN-Urheber auch wichtig sein, daß sein Werk mit seinem Namen gekennzeichnet wird (§ 13 UrhG)[8]. Wie weit er diese Rechte im Rahmen eines Arbeitsverhältnisses wahrnehmen kann, ist allerdings umstritten. Die Regelung des § 43 UrhG läßt diese Frage offen. Auch das finanzielle Interesse am Werk ist allein durch die Bezahlung des vereinbarten Lohnes nicht erschöpft. Verkauft der ArbG das Werk unerwartet gewinnbringend weiter, wird der ArbN eine zusätzliche Gewinnbeteiligung wünschen. Ob er jedoch in seiner Eigenschaft als ArbN dazu berechtigt ist, wird zu klären sein.

Durch diese exemplarische Aufzählung sind die vielfältigen Fragen, hinsichtlich derer sich Abweichungen von den allgemeinen urheberrechtlichen Regelungen ergeben können, nur grob angerissen. Die Lösung dieser Probleme ist den Parteien des Arbeitsvertrages überlassen worden. Bedingt durch die generalklauselartige Bestimmung des Gesetzes, die für die vertragliche Ausgestaltung der Rechte Raum läßt[9], haben Regelungen der Urheberrechte der ArbN in Vertrags-

---

[6] Zum Begriff Arbeitnehmer vgl. *Hueck-Nipperdey,* Bd. I, S. 34 ff.; Zur Abgrenzung Arbeitnehmer und freie Mitarbeiter siehe *Hueck, Götz,* Arbeitnehmer und freie Mitarbeiter, DB 1955, 384 ff.; *Schaub,* Arbeitsrechtshandbuch, S. 26; BAG DB 1976, 298. Die „ständig freien“ Mitarbeiter, die unter den Geltungsbereich des § 12 a TVG fallen, bleiben in dieser Arbeit außer Betracht.

[7] Im Ergebnis unstreitig, *Hubmann,* Das Recht am Arbeitsergebnis, S. 43 ff.; *Hueck-Nipperdey,* Bd. I, S. 496 ff.; *Nikisch,* Bd. I, S. 309.

[8] *Elster,* Der Erfinder und Urheber im Arbeitsrecht, S. 79; *Silberschmidt,* Das Urheberrecht des abhängigen Arbeitnehmers, LZ 1927, 711.

[9] Im Gegensatz dazu steht das Arbeitnehmererfindungsrecht, das eine vergleichbare Problematik bietet (Konfliktsituation zwischen Arbeitsrecht und Patentrecht) und in

mustern und sogar Tarifverträgen Eingang gefunden. Das Arbeitnehmerurheberrecht kann daher zu den Rechtsgebieten gezählt werden, die in besonderem Maße durch Formularverträge bestimmt werden[10]. Die Konsequenz dieser vorformulierten Urheberrechtsklauseln führt zu einer Nivellierung der Rechtslage der angestellten Urheber. Eine individuelle arbeitsvertragliche Vereinbarung über die Einräumung der Nutzungsrechte, die theoretisch möglich ist, findet in der Regel nicht statt. Der angestellte Urheber muß sich dem Vertragsmuster, das alle denkbaren Gestaltungen der Nutzungsrechte berücksichtigt, unterwerfen.

Durch die Vielfaltigkeit der Urheberrechtsvereinbarungen in Arbeits- und Tarifverträgen bleiben viele Rechtstatsachen unbekannt. Dabei handelt es sich keineswegs nur um unwichtige Rechtsfragen; die wissenschaftliche Durchdringung dieses Bereiches wird in der Praxis für die Betroffenen eine wertvolle Hilfe geben können.

In diesem Problembereich der vertraglichen Konkretisierung des § 43 UrhG setzt die Aufgabe der vorliegenden Arbeit an. Es erschien zunächst notwendig, eine Sammlung der in der Praxis branchenüblichen Vertragsmuster und der Tarifverträge vorzunehmen. Insoweit basiert diese Arbeit auf Rechtstatsachenforschung. Darüber hinaus wird das vorgefundene Material ausgewertet, insbesondere im Hinblick auf die Vereinbarkeit mit dem Sinn und Zweck des Urheberrechts. Dabei wird § 43 UrhG in seiner Interpretation durch Schrifttum und Judikatur selbst Gegenstand der Behandlung sein. Die Arbeit widmet sich der Rechtslage des ArbN-Urhebers, so daß auf die ebenfalls im Urheberrechtsgesetz geregelten Leistungsschutzrechte nur näher eingegangen wird, wenn die Vertragsgestaltung dafür Anlaß gibt[11].

Es würde den Rahmen der Arbeit sprengen, wollte man eine generelle Analyse der Arbeitsverträge mit Urheberklauseln und -auswirkungen vornehmen. Daher wurde zur Untersuchung der Vertragspraxis nur die Vertragsübung der Massenmedien[12] herangezogen. Im Rahmen dieser Arbeit werden nur die Bereiche Presse, Funk und Fernsehen berücksichtigt, Film und Schallplatte bleiben außer Betracht.

In den Bereichen Presse[13], Funk und Fernsehen stellt sich die Problematik mit besonderer Schärfe. Zu Recht sagt *Löffler*[14]: „Die Fragen des Urheberrechts sind

---

einem eigenen Gesetz – dem Arbeitnehmererfindungsgesetz – eine ausführliche Regelung gefunden hat.

[10] Dies gilt nicht nur für das Urheberrecht des ArbN, sondern für das Urheberrecht allgemein, so auch *Hubmann,* Urhebervertragsrecht und Urheberschutz, UFITA Bd. 74, S. 1.

[11] Zur Abgrenzung der Leistungsschutzrechte von Urheberrechten vgl. *Fromm-Nordemann,* Vorbemerkung vor § 70.

[12] *Löffler,* Massenmedien, Presse, Zeitung und Zeitschrift als Rechtsbegriff, S. 118, 119.

[13] Gegenstand der Untersuchung ist die Presse i. S. des Sprachgebrauches, d. h. Zeitungen und Zeitschriften. Zur Begriffsbestimmung vgl. unten S. 15.

[14] Presserecht, Kap. 18 Rdz. 1.

das tägliche Brot der Presse", und *Herrmann*[15] bezeichnet die Rundfunkanstalten als „Massenverbraucher von Urheber- und Leistungsschutzrechten". Rundfunkanstalten und Presse gründen ihre Existenz auf die schöpferische Leistung ihrer Arbeitnehmer, so daß allein durch die Anzahl der angestellten Urheber eine Vertragstypisierung in Form von Vertragsmustern und Tarifverträgen erfolgt ist.

Ein individueller Arbeitsvertrag wird in der Regel nur mit den leitenden Angestellten abgeschlossen. Die anderen ArbN unterwerfen sich Formulararbeitsverträgen.

Bei den Massenmedien werden jedoch die Urheberrechtsklauseln nicht oktroyiert. Ein großer Teil der schöpferisch tätigen ArbN ist gewerkschaftlich organisiert. Bei der Vereinbarung von Urheberrechtsklauseln in Tarifverträgen und auch in manchen Formularverträgen haben die Gewerkschaften die Interessen der ArbN-Urheber wahrnehmen können. Hier ist also im Rahmen der Vertragsfreiheit das „freie Spiel der Kräfte" von gleichstarken Vertragsparteien ausgeübt worden[16]. Da wohl bei den Massenmedien die Ausgestaltung der Urheberrechtsklauseln am weitesten fortgeschritten ist, erschien eine Untersuchung der hier geübten Vertragspraxis am ergiebigsten[17].

§ 43 selbst rief bei der Verabschiedung des Urheberrechtsgesetzes zunächst keine heftige Diskussion hervor[18]; auch die Rechtsprechung hat sich bisher wenig mit ihm auseinandersetzen müssen. Es wäre aber voreilig, aus dieser Tatsache zu folgern, daß es zwischen dem ArbG und dem ArbN um die Auslegung der Urheberrechte keine Streitigkeiten gibt. Sowohl von der Arbeitgeber- als auch von der Gewerkschaftsseite wurde in Gesprächen bestätigt, daß Meinungsverschiedenheiten in diesem Punkt bestehen, aber da sie nur eine von vielen denkbaren Belastungen im Rahmen des vielgestaltigen arbeitsrechtlichen Dauerschuldverhältnisses darstellen, werden sie größtenteils außerprozessual geschlichtet. Das grundsätzliche Interesse der Literatur an der rechtlichen Stellung

---

[15] Verfassungs- und rundfunkrechtliche Aspekte des Urhebervertragsrechts, UFITA Bd. 73, S. 97.

[16] Durch die Beschränkung auf die Massenmedien kann im Rahmen der Arbeit nur auf Arbeits- und nicht auf Dienstverträge eingegangen werden. Auch die Rundfunkanstalten schließen mit ihren ArbN privatrechtliche Verträge ab, *Herrmann,* Die Rundfunkanstalt, S. 316 Anm. 159.

[17] Diese Arbeit mußte sich auf die Untersuchung der branchenüblichen Vertragsmuster und Tarifverträge beschränken. Eigene Vertragsmuster der jeweiligen Verlage bleiben außer Betracht.

[18] Lediglich *Rehbinder,* Das Arbeitsverhältnis im Spannungsfeld des Urheberrechts, RdA 1968, 309 ff., hält den § 43 UrhG für verfehlt. Nach seiner Auffassung wäre es dem sozialen Sachverhalt mehr entsprechend gewesen, die Rechte am Werk unmittelbar dem ArbG zuzusprechen. *Bußmann,* In Arbeits- und Dienstverhältnis geschaffene urheberrechtliche Werke, S. 28, kritisiert nur die vom Gesetzgeber gewählte Form der Generalklausel, weil mit ihr für den ArbG eine zu große Unsicherheit verbunden ist.

des ArbN-Urhebers wird durch die nicht unbeträchtliche Anzahl von Dissertationen und Aufsätzen bewiesen[19].

In letzter Zeit ist die Diskussion um die Reform des Urhebervertragsrechts wieder lebhafter geworden[20]. Da das Urheberrecht in das Arbeits- und Tarifvertragsrecht eingedrungen ist, wird die Aufmerksamkeit auch auf die Probleme des ArbN-Urhebers gelenkt. Es kann erwartet werden, daß sich infolge der Diskussion um das Urhebervertragsrecht das Interesse der Wissenschaft an Urheberrechtsklauseln in Vertragsmustern oder Tarifverträgen verstärkt.

II. Grundlegende Vorbemerkungen zur Situation des Arbeitnehmerurhebers

1. *Zuordnung des Arbeitsergebnisses*

Bevor auf den ArbN-Urheber in Presse, Funk und Fernsehen eingegangen werden kann, gilt es zunächst, die Stellung des angestellten Urhebers allgemein zu klären, seine Beziehung zum Werk und die Verpflichtung gegenüber dem ArbG zur Einräumung der Nutzungsrechte.

Schafft ein ArbN im Rahmen seines Arbeitsvertrages ein schutzfähiges Werk[21] i. S. des § 2 UrhG, erwirbt er originär das Urheberrecht. Dies war schon vor dem am 1. Januar 1966 in Kraft getretenen Urheberrechtsgesetz von der Rechtsprechung[22] und Literatur[23] anerkannt worden. Jetzt ergibt es sich eindeutig aus

---

[19] Siehe dazu das Literaturverzeichnis. Insoweit muß *Poll,* Der angestellte Urheber im deutschen und amerikanischen Recht, S. 4 und *Vinck,* aaO., S. 9, die meinen, § 43 habe wenig Resonanz gefunden, widersprochen werden.

[20] Das Urhebervertragsrecht ist bisher nur sporadisch geregelt, so im Verlagsgesetz vom 19. 6. 1901 (RGBl. S. 217) in der Fassung vom 9. 9. 1965 (BGBl. I S. 1273) und in einigen allgemeinen Bestimmungen über die Einräumung von Nutzungsrechten (§§ 31 ff. UrhG; für Filmzwecke §§ 88 ff. UrhG). Die Bundesregierung hat die Absicht, das Urheberrechtsgesetz durch ein umfassendes Urhebervertragsrecht zu ergänzen, das für alle Vertragstypen auf dem Gebiet des Urheberrechts Vorschriften enthalten soll, UFITA Bd. 45, S. 241. Zum Diskussionsstand vgl. *Roeber,* Zum Thema: Urhebervertragsrecht, FuR 1975, 319 ff.

[21] Zum gesetzlichen Werkbegriff vgl. *Hubmann,* Studienbuch S. 86–92; *Ulmer,* Lehrbuch S. 111–154.

[22] RGZ 110, 393 ff.; BGH NJW 1952, 662, GRUR 60, 199; BAG GRUR 1961, 491; OLG Köln GRUR 1953, 499.

[23] *Amtmann,* Das Urheberrecht des „unselbständigen Urhebers“ insbesondere des wissenschaftlichen Assistenten, S. 32 ff.; *Elster,* aaO., S. 81; *Gloy,* Das Urheberrecht des Angestellten unter besonderer Berücksichtigung der Rechtsverhältnisse bei Film- und Gruppenwerken, S. 21; *Honig,* Der angestellte Urheber, S. 28 ff.; *Sahmer,* Der Arbeitnehmer im Spiegel des Urheberrechts und der verwandten Schutzrechte, UFITA Bd. 21, S. 35, 36; *Silberschmidt,* aaO., S. 714; *Ulmer,* Lehrbuch S. 117; a. A. *Hirsch,* Urheberrecht und verwandte Rechte, UFITA Bd. 26, S. 1–18 (12); *Hansen,* Das Urheber-, Verlags- und Preßrecht, S. 26, bejaht das Urheberrecht eines angestellten

dem Gesetz selbst. Es wird nach dem Wortlaut des § 43 UrhG denknotwendig vorausgesetzt, daß der ArbN auch Urheber ist[24]. § 43 UrhG stellt lediglich die Nutzungsrechte (§§ 31 ff.) unter den Vorbehalt der Verpflichtungen des Arbeitsverhältnisses, so daß das „Schöpferprinzip" in § 7 UrhG davon unberührt bleibt. Dies Prinzip, daß der werkschöpfende ArbN als Urheber gilt, ist keineswegs selbstverständlich. Ein Blick über die Grenzen zeigt uns die andere Lösungsmöglichkeit, die die arbeitsrechtliche Stellung des Werkschöpfers als wesentlich ansieht: In den U.S.A., Großbritannien und der Türkei sowie in Holland wurde gesetzlich festgelegt, daß der ArbG die Urheberschaft originär erwirbt[25]. Der deutsche Gesetzgeber hat sich, wie auch andere europäische[26], gegen diese Lösung und in Anlehnung an die zum LUG und KUG ergangene Judikatur für den ArbN als Urheber entschieden. Somit bestehen zwischen dem angestellten und dem freiberuflichen Urheber hinsichtlich der grundsätzlichen Anerkennung der Urheberschaft keine Differenzierungen[27].

Der ArbN kann nur dann Urheberrechte erwerben, wenn er bei seiner Arbeitsleistung schöpferisch tätig wird. Eine schöpferische Leistung ist diejenige Leistung, auf der das Werk in seiner Individualität beruht[28]. Folgt der ArbN bei der Erfüllung seiner Arbeitspflicht den genauen Anweisungen des ArbG, so daß der ArbN das Werk nicht mehr durch die eigene Individualität prägen

---

Redakteurs, während er es für den Angestellten eines kunstgewerblichen Betriebes ablehnt. Hinsichtlich der vorausgegangenen Auseinandersetzung in der Lehre um die Schöpfereigenschaft des ArbN vgl. *Amtmann,* aaO., S. 47–84; *Roithmaier,* Das Recht des Arbeitgebers am kunstschutzfähigen Arbeitsergebnis nach geltendem und künftigem Recht, S. 69–77.

[24] a. A. *Blatz,* Das Recht des Arbeitgebers an literarischen Arbeitsergebnissen, S. 25, der die Regelungen in § 43 UrhG wohl nicht für eindeutig hält.

[25] U.S.A., Copyright Law of the United States of America § 26; Großbritannien, Copyright Act 1956 Part I, Section 4; Türkei, Gesetz über Geisteswerke und Kunstwerke, II. Abschnitt; Holland, Gesetz betreffend die Neureglung des Urheberrechts vom 23. 9. 1912, Art. 7; alle Texte abgedruckt bei *Möhring, Schulze, Ulmer, Zweigert.* Von Interesse im Rahmen dieser Arbeit ist die Ausnahmeregelung in dem Copyright Act 1956 Part I, Section 4 (2). Schafft ein ArbN-Urheber ein Werk für einen Zeitungs-, Zeitschriftenverlag oder sonstige periodische Druckwerke, so steht dem ArbG das Urheberrecht an den Werken zu, soweit er es für die Veröffentlichung in der Zeitung, Zeitschrift oder sonstigen periodischen Druckwerken benötigt; in allen anderen Beziehungen jedoch verbleibt das Urheberrecht, das an seinem Werk besteht, bei dem ArbN-Urheber. Vgl. insgesamt zu dieser Thematik *Poll,* aaO.; *Schulze,* Bd. 12, U.S.A. 12, Capitol Records, Inc./. Spies, S. 22, insbesondere Anm. 48, 55, 59.

[26] Die sozialistischen Länder genauso wie Frankreich sprechen stets dem ArbN das Urheberrecht zu, vgl. dazu *Knap,* Werkschaffung in Arbeitsverpflichtung nach dem Urheberrecht der sozialistischen Länder, UFITA Bd. 50, S. 926 ff.; *Larese,* Zum originären Rechtserwerb des Arbeitgebers am Werk des Arbeitnehmers nach französischem Urheberrecht, UFITA Bd. 74, S. 41–68.

[27] *Samson,* Das neue Urheberrecht, UFITA, Bd. 47, S. 53, macht darauf aufmerksam, daß diese grundsätzliche Gleichstellung durch die Generalklausel des § 43 UrhG illusorisch ist.

[28] *Hubmann,* Studienbuch, S. 35 ff.; *Ulmer,* Lehrbuch S. 109, 157 ff.

kann, dann ist er nur als Gehilfe anzusehen, mit der Folge, daß der ArbG als Schöpfer des Werkes gilt[29].

Von dieser Möglichkeit ist die der Miturheberschaft zu unterscheiden (§ 8 UrhG). Arbeiten mehrere nach einer Gesamtkonzeption an einem Werk und erbringt jeder von ihnen eine schöpferische Leistung, sind sie Miturheber, denen das Urheberrecht gesamthänderisch zusteht. Auch ArbG und ArbN können Miturheber sein[30]. Diese Fallgestaltung sei durch folgendes Beispiel veranschaulicht: Der Maler Renoir hat, als er selbst gesundheitlich nicht mehr dazu in der Lage war, seinen Schüler Guino verpflichtet, nach seinen Anweisungen und unter seiner Leitung Bildhauerarbeiten auszuführen. Die Cour de cassation hat in diesem Falle die Miturheberschaft Guinos bejaht[31].

Jeder Miturheber ist berechtigt, sein Urheberrecht auch gegenüber den anderen Miturhebern in Anspruch zu nehmen; die Grenzen werden durch Treu und Glauben bestimmt. Die Miturheberschaft spielt eine erhebliche Rolle in den Branchen, die vorwiegend Leistungen im „Teamwork" erbringen, z. B. die Rundfunkanstalten[32].

Vom Urheberrecht zu trennen ist das Eigentum am Werk selbst, z. B. das Eigentum am Manuskript. Hieran erwirbt der ArbG in der Regel Eigentum[33], das Produkt der Arbeitsleistung steht dem ArbG zu. Mit diesem Recht allein kann der ArbG jedoch nichts anfangen. Wenn er das Drehbuch verfilmen will, bedarf er zusätzlich der Urheberrechte des Autors. Zweck des Arbeitsverhältnisses ist die gewinnbringende Verwertung des Werkes durch den ArbG. Demgemäß wäre der ArbN zur Übertragung des Urheberrechts auf den ArbG verpflichtet. Aber hier liegt das Problem! Das Urheberrecht ist nicht übertragbar (§ 29 UrhG), denn es ist weder ein reines Persönlichkeits- noch ein reines Vermögensrecht, sondern ein einheitliches aus beiden Elementen bestehendes Recht[34].

---

[29] Statt vieler *Ulmer,* Lehrbuch S. 160. Abzulehnen ist der von *de Boor,* Vom Wesen des Urheberrechts, S. 79 ff., entwickelte Gedanke der unselbständigen Urheberschaft, vgl. dazu *Amtmann,* aaO., S. 47–51.

[30] *Blatz,* aaO., S. 56.

[31] Zitiert bei *Larese,* aaO., S. 56.

[32] *Runge,* Das Gruppenwerk als Objekt urheberrechtlichen Schutzes, GRUR 1956, 407.

[33] BAG GRUR 1961, 491; *Hubmann,* Arbeitsergebnis, S. 46; *Schaub,* aaO., S. 497.

[34] *Ulmer,* Lehrbuch S. 101, hat für diese monistische Theorie folgendes anschauliches Bild geprägt: Die beiden Interessengruppen, die das Urheberrecht schützen, sind die Wurzeln eines Baumes, dessen einheitlicher Stamm das Urheberrecht ist. Die urheberrechtlichen Befugnisse sind die Äste und Zweige, die ihre Kraft bald aus beiden, bald aus einer von ihnen ziehen. Die monistische Theorie wurde auch Grundlage der Urheberrechtsform, Amtl. Begr. S. 28, 29. Trotzdem behält die Unterscheidung zwischen Urheberpersönlichkeitsrecht und Verwertungsrechten auch vom Standpunkt der monistischen Lehre ihren Sinn. Danach rechnen zum Urheberpersönlichkeitsrecht diejenigen Befugnisse, die vorwiegend oder in typischer Weise persönliche oder geistige Anliegen des Urhebers zu schützen bestimmt sind, zu den Verwertungsrechten zählen

Um dem Werkschöpfer trotz der Unübertragbarkeit des Urheberrechts die finanzielle Ausschöpfung des Urheberrechts zu ermöglichen, stehen ihm folgende Verwertungsrechte[35] zu, die er Dritten – und damit auch dem ArbG – einräumen kann[36]:

1. die Rechte zur Verwertung des Werkes in körperlicher Form
   a) das Vervielfältigungsrecht § 16
   b) das Verbreitungsrecht § 17
   c) das Ausstellungsrecht § 18
2. die Rechte zur Verwertung des Werkes in unkörperlicher Form
   a) Vortrags-, Aufführungs- und Vorführungsrecht § 19
   b) das Senderecht § 20
   c) das Recht der Wiedergabe durch Bild oder Tonträger § 21
   d) das Recht der Wiedergabe von Funksendungen § 22

Die grundsätzliche Verpflichtung des ArbN zur Einräumung von Nutzungsrechten ergibt sich aus dem Zweck des Arbeitsvertrages; dem ArbG soll die schöpferische Leistung der ArbN zur Verfügung stehen, als Gegenleistung ist der ArbG zur Lohnzahlung verpflichtet[37].

Erfolgt aufgrund des Arbeitsverhältnisses eine stillschweigende Nutzungseinräumung[38] oder sieht der Arbeitsvertrag nur eine globale Urheberrechtsklausel vor, gilt es zu klären, welche Verwertungsrechte der Werkschöpfer seinem ArbG einzuräumen hat. Die Rechtsprechung[39] nahm die von *Goldbaum*[40] begründete „Zweckübertragungstheorie" auf, um den Umfang der Einräumung

---

vorwiegend die Vermögensinteressen dienenden Befugnisse, *Dietz*, Das Droit Moral des Urhebers, S. 35.

[35] Zur Terminologie: Die Rechte des Urhebers zur finanziellen Auswertung des Werkes sind die „Verwertungsrechte", entsprechende Befugnisse beim Werknutzer nach Einräumung durch den Werkschöpfer werden als Nutzungsrechte bezeichnet. Diese gesetzestechnische Differenzierung kannte weder das KUG noch das LUG. Im Sprachgebrauch hat sich diese Unterscheidung auch nicht durchsetzen können, so daß die Formulierung „der ArbN-Urheber muß dem ArbG die Nutzungsrechte einräumen" in Verträgen üblich ist. Vgl. *Reimer, Dietrich*, Schranken der Rechtsübertragung im Urheberrecht, GRUR 1962, 619, 620; *Samson*, aaO., S. 41; *Vinck*, aaO., S. 15 Anm. 41.

[36] Die Aufzählung der Verwertungsrechte im Gesetzestext ist nur exemplarisch und nicht abschließend wie im früheren KUG und LUG, *Fromm-Nordemann*, § 15 Anm. 1.

[37] Wenn das Werk im Rahmen des Arbeitsverhältnisses geschaffen ist, ist die Einräumung der Nutzungsrechte mit dem Arbeitslohn abgegolten, *Rehbinder*, Recht am Arbeitsergebnis, S. 498; a. A. *Sahmer*, S. 38.

[38] BGH NJW 1952, 661, 662; *Allfeld*, § 10 KUG Anm. 9; *Ulmer*, Lehrbuch S. 159.

[39] RGZ 118, 287; 123, 317; 140, 245; BGHZ 5, 121, 122; 9, 262, 265; 24, 55; zuletzt BGH GRUR 1974, 786, 787.

[40] *Goldbaum*, Urheberrecht und Urhebervertragsrecht, 2. Aufl. S. 73. Die Zweckübertragungstheorie fand im Schrifttum einhellige Anerkennung. *Amtmann*, aaO., S. 96; *Bußmann*, aaO., S. 23; *Gloy*, aaO., S. 35; *Ulmer*, Lehrbuch S. 292; a. A. nur *Schwaiger-Kockler*, Zum Inhalt und Anwendungsbereich der sog. Zweckübertragungstheorie, UFITA Bd. 73, S. 21 ff., die die Zweckübertragungstheorie nicht als ausschließliche Schutzvorschrift des Urhebers ansehen.

zu bestimmen; danach überträgt der Urheber dem Dritten nicht mehr Rechte, als zur Erfüllung des Vertrages notwendig sind. Die Zweckübertragungstheorie wurde im Urheberrechtsgesetz vom 1. September 1965 zur Norm (§ 31 V UrhG). Sie findet auch im Rahmen eines Arbeitsverhältnisses Anwendung[41].

Vinck[42] meint, daß der Umfang der Zweckübertragungstheorie nach den „betrieblichen Zwecken" zu bestimmen sei und nicht nach dem Arbeitsvertrag. Dem kann nicht ohne Vorbehalt gefolgt werden. Es ist zunächst nach der Begriffsbestimmung des Betriebes[43] zu differenzieren.

Wird mit „Betrieb" nur eine Teilproduktionsstätte[44] eines Großbetriebes gemeint – z. B. nur der Zeitungsbetrieb, wenn der Verlag auch noch eine Buchproduktion hat – so ist das Kriterium der „betrieblichen Zwecke" mit dem Zweck des Arbeitsvertrages identisch; in diesem Fall kann der *Vinck*schen These als Erläuterung des Vertragszweckes zugestimmt werden[45]. Versteht man – um in unserem Beispiel zu bleiben – unter „Betrieb" den ganzen Verlag[46], geht die *Vinck*sche Interpretation der Zweckübertragungstheorie entschieden zu weit; der ArbN müßte ohne Rücksicht auf den eigentlichen Zweck seiner Anstellung – hier: die schöpferische Tätigkeit für die Zeitung – alle für den Großbetrieb notwendigen Nutzungsrechte einräumen. Zur Bestimmung des Umfangs der Einräumungspflicht ist daher die arbeitsvertragliche Funktion des ArbN innerhalb eines Betriebes heranzuziehen[47]. Mit Hilfe dieses Kriteriums lassen sich die einzuräumenden Nutzungsrechte klar ermitteln[48].

Wenn bisher von „Einräumung der Nutzungsrechte" die Rede war, so ist zu

---

[41] Statt vieler *Ulmer,* Lehrbuch S. 159; zurückhaltend *Recher,* Der Arbeitnehmer als Urheber und das Recht des Arbeitgebers am urheberrechtsschutzfähigen Arbeitsergebnis, S. 273: die Zweckübertragungstheorie dürfte im Arbeitsverhältnis nicht restriktiv angewandt werden.

[42] *Vinck,* aaO., S. 26, 27.

[43] Der Betrieb ist die Zusammenfassung von personellen und sachlichen Mitteln, mit denen jemand – der ArbG – fortgesetzt einen arbeitstechnischen Zweck verfolgt, BAG AP Nr. 1 zu § 88 BetrVG; vgl. auch *Hueck-Nipperdey,* Bd. I, S. 93.

[44] Bei mehreren Produktionsstätten ist für den Betriebsbegriff die Identität des Inhabers und die organisatorische Einheit entscheidend, *Hueck-Nipperdey,* Bd. I, S. 95.

[45] *Vinck,* aaO., will jedoch den „Zweck des Arbeitsvertrages" durch die „betrieblichen Zwecke" ersetzen.

[46] Gerade bei einem Verlag wird man zwischen Buch- und Zeitungsproduktion von einem Betrieb sprechen können, weil er technisch unter einer Gesamtleitung steht.

[47] Ebenso *Recher,* aaO., S. 270 ff. (271), der auf die Funktion des ArbN im Sachzusammenhang mit der Verwendbarkeit des Werkes abstellt. Die freie Verwendbarkeit des Werkes durch den ArbG wird sowohl von der Funktion des ArbN wie auch vom Betriebszweck erfaßt.

[48] Abzulehnen ist die Auffassung *Hubmanns,* Studienbuch, S. 113, daß aus dem Wesen des Arbeits- und Dienstverhältnis auch ein unbeschränkter Erwerb der Nutzungsrechte zulässig sei. Denn auch im Arbeitsverhältnis findet die Zweckübertragungstheorie Anwendung und damit braucht der ArbN nicht mehr Nutzungsrechte einzuräumen, als es seiner Stellung innerhalb des Betriebes und dem Betriebszweck als solchen entspricht.

klären, welche Rechtshandlung eigentlich vorgenommen wird. Hier ist nach dem System des Zivilrechts die Verpflichtung zur Einräumung von der eigentlichen Einräumung, nämlich der Verfügung, zu unterscheiden. Als Verpflichtungsgeschäft kommen z. B. Schenkung, Kauf, Pacht, Dienst- oder Arbeitsvertrag in Betracht. Die Verfügung wird nach § 413 BGB analog vorgenommen[49]. Zwar unterliegen die Immaterialgüter – und um ein solches handelt es sich beim Urheberrecht – weder dem Eigentumsbegriff noch dem der Rechte, sind aber in ihrer Struktur beiden verwandt[50]. Die Verfügung in Form des Abtretungsvertrages (§§ 413, 398 BGB analog) ist abstrakt, also losgelöst vom das Verpflichtungsgeschäft enthaltenden Arbeitsvertrag[51].

Der Urheber kann einem Dritten nur die Verwertungsrechte einräumen, nicht jedoch die Urheberpersönlichkeitsrechte (droit moral), die eben als Persönlichkeitsrechte nicht verkehrsfähig sind[52]. Ausdrücklich werden urheberpersönlichkeitsrechtliche Befugnisse in den §§ 12–14 UrhG genannt, aber auch in den §§ 25, 29, 34 I, 39, 41, 42, 62 UrhG finden sich urheberpersönlichkeitsrechtliche Elemente. Oft kann der ArbG die ihm eingeräumten Nutzungsrechte nur nutzen, wenn der ArbN-Urheber auf seine Urheberpersönlichkeitsrechte verzichtet oder sie ihm zur Ausübung überläßt. Der ArbG, dem Nutzungsrechte an einem unveröffentlichten Werk eingeräumt wurden, wird mit diesen Rechten nicht viel anfangen können, wenn ihm nicht zugleich das Veröffentlichungsrecht – nach § 12 UrhG ein Urheberpersönlichkeitsrecht – zur Ausübung überlassen wird.

Ein weiteres Beispiel: Es kommt vor, daß der ArbG das Werk nur nutzen kann, wenn der ArbN auf seine Namensnennung verzichtet. Aus der tatsächlichen Notwendigkeit ist es daher anerkannt, daß das Urheberpersönlichkeitsrecht durch Verträge eingeschränkt – d. h. der Werkschöpfer verzichtet vertraglich auf die Wahrnehmung seines Urheberpersönlichkeitsrechts – und auch einem Dritten zur Ausübung überlassen werden kann[53]. Wie weit der Verzicht oder die Überlassung zur Ausübung reicht, wird durch die Zweckübertragungstheorie, die sich nicht nur auf die Einräumung der Nutzungsrechte, sondern auch auf die urheberpersönlichkeitsrechtlichen Befugnisse erstreckt, bestimmt[54].

---

[49] *Hubmann,* Studienbuch S. 192.

[50] *Kraßer,* Verpflichtung und Verfügung im Immaterialgüterrecht, GRUR Int. 1973, 230 ff.

[51] *v. Gamm,* Einführung Rdz 70; *Hubmann,* Studienbuch S. 192, 202; ständige Rechtsprechung des BGH, UFITA Bd. 26, S. 94; a. A. *Kraßer,* aaO., S. 237, der auch im Urheberrecht die analoge Anwendung von § 9 VerlG vertritt und sich damit vom Abstraktionsprinzip löst.

[52] *Blatz,* aaO., S. 1 ff. m.w.N.; *Kuhlmann,* Das Urheberrecht von Arbeitnehmern, DB 1955, 1089.

[53] *v. Gamm,* § 11 Rdz 7 und § 29 Rdz 4; a. A. *Fromm-Nordemann,* § 12 Anm. 2 a; *Möhring-Nicolini,* § 12 Anm. 4, die zwar einen Verzicht auf die Urheberpersönlichkeitsrechte, nicht aber die Überlassung zur Ausübung für zulässig halten, vgl. dazu ausführlich unten 3. Hauptteil II 1.

[54] BGHZ 15, 249, 258 „Cosima Wagner".

Allerdings darf nicht der Kern des Urheberpersönlichkeitsrechts berührt werden, denn dieser ist unverzichtbar und uneinräumbar[55]. Ob durch den Verzicht auf urheberpersönlichkeitsrechtliche Befugnisse der Kern getroffen wird, hängt von den Umständen des Einzelfalles ab.

Zusammenfassung:

Aus dem Dargelegten ergibt sich für den angestellten Urheber folgende rechtliche Ausgangslage:

Der werkschöpfende ArbN bleibt auch im Arbeitsverhältnis Urheber des Werkes. Das Eigentum am geschaffenen Werk wird nach zivil- und arbeitsrechtlichen Grundsätzen dem ArbG zugeordnet. Die Eigentümerposition des ArbG reicht jedoch nicht aus, wenn er das für ihn geschaffene Werk nutzen will; der ArbG bedarf zusätzlich der Einräumung gewisser Nutzungsrechte seitens des ArbN. Weiterhin können Beschränkungen der Urheberpersönlichkeitsrechte des ArbN notwendig sein.

Hier ergeben sich drei Problemkreise:

(1) Enthält der Arbeits- oder Tarifvertrag keine oder keine detaillierten Regelungen über die Einräumung von Nutzungsrechten, so müssen Kriterien über Art und Umfang der Einräumung gefunden werden.
(2) Enthält der Arbeits- oder Tarifvertrag keine Regelungen über die Urheberpersönlichkeitsrechte, so gilt zu klären, wie weit diese durch den Zweck des Arbeitsvertrages dennoch eine Einschränkung erfahren können.
(3) Enthält der Arbeits- oder Tarifvertrag genaue Regelungen darüber, welche Nutzungsrechte dem ArbG eingeräumt werden müssen und inwieweit der ArbN-Urheber auf seine Urheberpersönlichkeitsrechte verzichten muß, so sind die Vertragsklauseln auf ihre Vereinbarkeit mit dem Wesen des Urheberrechts zu überprüfen.

Diese Problemkreise bilden das Hauptinteresse der Arbeit und sollen für den Bereich Presse, Funk und Fernsehen einer Lösung zugeführt werden.

2. *Arbeitsrecht und Urheberrecht*

Schon zu Beginn der Arbeit wurde herausgestellt, daß der angestellte Werkschöpfer im „Spannungsfeld“[56] von zwei Rechtsgebieten steht – dem Arbeitsrecht und dem Urheberrecht. Die Normen beider Rechtsgebiete gestalten das Arbeitsverhältnis des ArbN-Urhebers. Dies ist nur insoweit möglich, wie sich die Bestimmungen nicht gegenseitig ausschließen. Zum Beispiel ist das Änderungsverbot in § 39 I UrhG dem Weisungsrecht des ArbG konträr. Eine Lösung kann nur dann gefunden werden, wenn man einem Rechtsgebiet den Vorzug gibt. Je nachdem, ob man die Schöpfer- oder die Arbeitnehmereigenschaft des Urhebers betont, wird die Stellung des ArbG oder des ArbN gestärkt[57]. Weder

---

[55] *v. Gamm,* § 11 Rdz 7.

[56] *Gaul,* Wechselwirkung zwischen Urheberrecht und Arbeitsrecht, NJW 1961, 1509, spricht von einem besonderen Spannungsverhältnis zwischen Urheber- und Arbeitsrecht.

[57] *Vinck,* aaO., S. 8.

aus der Generalklausel des § 43 UrhG noch aus der Rechtswegvorschrift in § 104 UrhG[58] ergibt sich eine Lösung dieser Konfliktsituation. Zur Klärung dieser Frage erscheint es unerläßlich, Sinn und Zweck des Arbeits- und Urheberrechts herauszustellen und gegeneinander abzugrenzen.

Das Urheberrecht dient dem Schutz geistiger Arbeit[59]. Dabei gilt es, zwei Aufgaben gerecht zu werden, nämlich einmal der wirtschaftlichen Sicherung des Urhebers[60], auf der anderen Seite aber auch seiner persönlichen Bindung zum Werk. Das Arbeitsrecht hat die Aufgabe, dem ArbN seine Ansprüche aus dem Arbeitsvertrag, an erster Stelle seinen Anspruch auf Lohn, zu sichern[61]. Die Identität dieses Funktionsbereichs – wirtschaftliche Sicherung des ArbN bzw. Urhebers – nahm ein Teil des Schifttums zum Anlaß für die These, daß das Urheberrecht dem Arbeitsrecht zuzurechnen sei[62]. Im italienischen Recht ist es in das diritto di lavoro eingeordnet[63].

Das deutsche Arbeitsrecht findet jedoch nur dann Anwendung, wenn ein Arbeitsverhältnis vorliegt[64], das Urheberrecht hingegen geht von dem freischaffenden Künstler und Schriftsteller aus[65]. Allein durch die Schöpfung eines Werkes erlangt der Urheber den Schutz des Urheberrechts, unerheblich, ob er es im Rahmen eines Arbeitsverhältnisses geschaffen hat oder nicht. Auch die Art der Tätigkeit selbst führt zu einer grundsätzlichen Unterscheidung der beiden Rechtsgebiete. Während der ArbN in einem Arbeitsverhältnis nur zu irgendeiner Tätigkeit verpflichtet ist, verlangt das Urheberrecht ein schöpferisches Tätigwerden[66]. Das Urheberrecht kann also nicht dem Arbeitsrecht untergeordnet werden.

Mit Recht wird in letzter Zeit die wirtschaftliche Abhängigkeit der freischaffenden Künstler und Schriftsteller, die sich der sozialen annähert, betont[67]. Ihre Lage unterscheidet sich in wirtschaftlicher Hinsicht kaum noch von der des

---

[58] Für Rechtsstreitigkeiten ist der ordentliche Rechtsweg gegeben, nur bei Ansprüchen, die ausschließlich auf Vergütung gehen, bleibt die ausschließliche Zuständigkeit der Arbeitsgerichte unberührt.

[59] *Ulmer,* Lehrbuch S. 30.

[60] Diese Aufgabe betont *Samson,* Urheberrecht S. 8, besonders.

[61] *Hueck-Nipperdey,* Bd. I, S. 262, 263.

[62] *Mitteis,* Grundriß des österreichischen Urheberrechts, S. 24; vgl. zu diesem Thema auch *Lehmann,* Über das Wesen des Urheberrechts, S. 12; *Riedel,* Naturrecht – Grundrecht-Urheberrecht, S.20; *Schulze,* Urhebervertragsrecht, S. 5.

[63] Zitiert bei *Hubmann,* Studienbuch S. 61; *Ulmer,* Lehrbuch S. 31.

[64] *Hueck-Nipperdey,* Bd. I, S. 113 ff.

[65] Diese Zweckbestimmung des UrhG wird auch von *Samson,* aaO., S. 8, betont. Er hält jedoch diese im Hinblick auf die soziale Lage der Urheber für verfehlt. Für ihn sind alle Urheber eigentlich ArbN-Urheber.

[66] *Hubmann,* Lehrbuch S. 61.

[67] Vgl. dazu auch *Dietz,* Die sozialen Bestrebungen der Schriftsteller und Künstler und das Urheberrecht, GRUR 1972, 12. *Dietz* regt an, aufgrund der gewandelten wirtschaftlichen Situation der freischaffenden Urheber das Verhältnis Urheberrecht und Arbeitsrecht erneut zu überdenken; ebenso *Schulze,* Urhebervertragsrecht, S. 5.

ArbN. Dieser Gesichtspunkt führt jedoch nicht dazu, von unserem bisherigen Ergebnis abzuweichen. Ein Arbeitsverhältnis und damit die Anwendung des Arbeitsrechts setzt stets einen Arbeitsvertrag voraus, d. h. einen Vertrag über weisungsgebundene, persönlich abhängige Arbeit. Die wirtschaftliche Abhängigkeit und die soziale Schutzbedürftigkeit eines Künstlers allein begründen nie ein Arbeitsverhältnis, sondern gegebenenfalls die Zuständigkeit des Arbeitsgerichts (§ 5 I Ziff. 2 ArbGG), was aber materiell nicht zur Anwendung des Arbeitsrechts führt.

Aus dem oben Dargelegten ergibt sich, daß ein grundsätzlicher Vorrang des Arbeitsrechts abzulehnen ist, da beide Rechtsgebiete verschiedene Problemkreise regeln. Beim ArbN-Urheber ist jedoch die Situation eine andere. Der Werkschöpfer wird durch den Arbeitsvertrag zum literarischen oder künstlerischen Schaffen verpflichtet. Unabhängig von der Einzelleistung erhält er den vereinbarten Lohn. Für die Dauer des Arbeitsverhältnisses ist der angestellte Urheber wirtschaftlich gesichert. Von dieser Situation ausgehend kommt das Schrifttum im Falle der Überschneidung von Arbeitsrecht und Urheberrechtsnormen zu recht divergierenden Ergebnissen.

Ulmer[68] meint, daß keines der Rechtsgebiete im anderen aufgehe, daß das Schwergewicht aber auf dem Arbeitsvertrag liege. *Hubmann*[69] läßt das Arbeitsrecht neben dem Urheberrecht zur Anwendung kommen; was allerdings im Konfliktfall vorgehen soll, bleibt offen. *Vinck*[70] gibt keine generelle Lösung an, sondern stellt auf den Einzelfall ab. Hingegen schreibt *Blatz*[71], daß die urheberrechtlichen Grundsätze im Arbeitsverhältnis Vorrang haben. *Gaul*[72] vertritt die Ansicht, daß das Urheberrecht nur insoweit Anwendung findet, „als dies mit dem Sinn und Zweck des Arbeitsvertrages und der vereinbarten Stellung des ArbN in Einklang steht". *Rehbinder*[73] und *Roithmaier*[74] befürworten, daß die Konfliktsituation mit Mitteln des Arbeitsrechts zu lösen sei. *Kunze*[75] bezeichnet die §§ 43, 79 UrhG sogar als Sonderarbeitsrecht.

Es wäre voreilig, allein aus der Tatsache, daß die Problematik des ArbN-Urhebers nur bei Arbeitsverhältnissen auftaucht, auf den Vorrang der arbeitsrechtlichen Prinzipien zu schließen. Ebensowenig überzeugend ist es, im Hinblick auf die Urheberschaft des ArbN sich für die „urheberrechtliche Lösung"[76] zu entscheiden.

Vielmehr wird je nach der konkreten Sachlage der Schwerpunkt des Kon-

---

[68] Lehrbuch S. 30, 35.
[69] Studienbuch S. 61.
[70] aaO., S. 8.
[71] aaO., S. 7.
[72] aaO., S. 510.
[73] Das Arbeitsverhältnis RdA 1968, 311.
[74] aaO., S. 203.
[75] Arbeitnehmererfinder- und Arbeitnehmerurheberrecht als Arbeitsrecht, RdA 1975, 44, 48.
[76] *Vinck*, aaO., S. 8.

flikts mehr im Arbeits- oder mehr im Urheberrecht liegen. Bei einer Überschneidung von Arbeitsrechtsnormen mit denen des Urheberrechts muß zunächst geklärt werden, ob die konkrete Konfliktsituation überwiegend arbeits- oder urheberrechtliche Bezüge beinhaltet. Je nach dem Gebietsschwerpunkt ist dann nach arbeitsrechtlichen Grundsätzen oder nach Prinzipien des Urheberrechts zu entscheiden. Bei der Anwendung der jeweiligen Normen sind aber auch die Grundentscheidungen des anderen Rechtsgebietes zu beachten.

Es ist also nicht ein Gebiet auf Kosten des anderen absolut vorzuziehen. Vielmehr müssen die Normen des einen Gebietes im Licht des jeweils anderen Normgefüges in der Weise angewandt werden, daß beiden Entscheidungen des Gesetzgebers die im konkreten Fall optimale Geltung verschafft werden kann. Das Bestreben sollte also dahin gehen, beide Rechtsgebiete – Arbeitsrecht und Urheberrecht – in „praktische Konkordanz“[77] zu bringen.

---

[77] Zur „praktischen Konkordanz“ als Ziel der Verfassungsauslegung siehe *Hesse, Konrad,* Grundzüge des Verfassungrechts der Bundesrepublik Deutschland, 8. Auflage, Karlsruhe 1975, S. 28 ff. Es ist kein methodischer Hinderungsgrund ersichtlich, daß das Auslegungsziel der „praktischen Konkordanz“ nur bei der Verfassungsinterpretation angewandt werden darf. Das Problem, einander widersprechende Normen gleichen Ranges nebeneinander anzuwenden, besteht auch auf einfacher Gesetzesebene.

1. Hauptteil
Einräumung von Nutzungsrechten durch den Arbeitnehmerurheber in der Presse

I. Grundbegriffe im Pressewesen unter besonderer Berücksichtigung des Urheberrechts

1. Organisatorischer Aufbau einer Zeitung und Zeitschrift

Zum besseren Verständnis der Rechtslage des ArbN-Urhebers in der Presse erscheint es ratsam, die Verhältnisse am Arbeitsplatz aufzuzeigen. Die rechtliche Untersuchung wäre unvollständig und käme zu falschen Ergebnissen, wenn sie nicht durch eine Darstellung der tatsächlichen Gegebenheiten untermauert würde; denn nur aufgrund ihrer Kenntnis kann die Beeinflussung des Arbeitsverhältnisses auf die Urheberrechte des angestellten Werkschöpfers ermittelt werden.

Unter „Presse" versteht der Sprachgebrauch[1] nur Zeitungen und Zeitschriften, oft auch nur die Tageszeitungen, während das Landespresserecht[2] (LPG) und auch das Grundgesetz[3] mit dem Begriff „Presse" alle Druckwerke[4] sowie den für die Erstellung der Druckwerke tätigen Personenkreis umfassen. Wir gehen hier vom Sprachgebrauch aus; Gegenstand der Untersuchung ist die Rechtslage des ArbN-Urhebers beim Zeitungs- und Zeitschriftenverlag.

Die Abgrenzung der Zeitung von der Zeitschrift – die im Hinblick auf die unterschiedlichen Regelungen im UrhG und der divergierenden Vertragsübung unerläßlich erscheint – wird nach dem publizierten Inhalt vorgenommen[5]. Die Zeitung[6] wird durch die Aktualität und ihr umfassendes Stoffgebiet gekenn-

---

[1] *Löffler,* Presserecht, Kap. 8 Rdz 5; *Rehbinder,* Presserecht, Rdz 1–5.

[2] Baden-Württemberg § 7 LPG vom 14. 1. 1964 (GVBl. S. 11); Bayern § 6 LPG vom 3. 10. 1949 (Bay. BS I S. 210); Berlin § 6 LPG vom 15. 6. 1965 (GVBl. S. 744); Hessen § 7 LPG vom 20. 11. 1958 (GVBl. S. 183) mit Novelle vom 22. 2. 1966 (GVBl. S. 31); Niedersachsen § 7 LPG vom 22. 3. 1965 (GVBl. S. 9; Nordrhein-Westfalen § 7 LPG vom 24. 5. 1966 (GVBl. S. 107); Rheinland-Pfalz § 7 LPG vom 14. 6. 1965 (GVBl. S. 107); Saarland § 7 LPG vom 12. 5. 1965 (ABl. S. 409); Schleswig-Holstein § 7 LPG vom 19. 6. 1964 (GVBl. S. 71).

[3] *Herzog* in *Maunz-Düring-Herzog,* Art. 5 GG Rdz 129 ff.

[4] *Löffler,* aaO., Kap. I Rdz 4 „Druckwerke sind zur Verbreitung bestimmte Massenvervielfältigungen geistigen Sinngehalts, die durch Schrift, Bild oder Ton der Unterrichtung, Erbauung oder Unterhaltung des Publikums dienen".

[5] Statt vieler *Löffler,* Massenmedien, S. 125; a. A. gegen die h. M. *Huck,* Urheber- und Verlagsrecht an Beiträgen zu Zeitschriften, S. 3, der zusätzlich noch auf die äußerliche Form abstellt. Danach erscheint die Zeitung in loser Blattform, die Zeitschrift hingegen in Heftform.

[6] *Löffler,* Presserecht, Kap. 8 I Rdz 9, definiert die Zeitung folgendermaßen: „Die Zeitung ist ein periodisches Druckwerk (Sammelwerk), das in tagebuchartiger Weise

zeichnet, die Zeitschrift[7] hingegen widmet sich mehr einzelnen Fragen und Sachgebieten, die Aktualität ist nicht maßgebend. Die Entscheidung, ob das Presseerzeugnis als Zeitung oder Zeitschrift anzusehen ist, kann sich im Einzelfall als recht schwierig erweisen. Ein Beispiel: Wochenblätter wie „Die Zeit" oder „Welt am Sonntag" werden, obwohl ihnen, bedingt durch ihre nur wöchentliche Erscheinungsweise, die Aktualität der Tageszeitungen fehlt, als Zeitung bezeichnet[8]. Hingegen rechnen Presseerzeugnisse wie der „Stern"[9] trotz ihrer aktuellen Themen zu den Zeitschriften. Als Entscheidungskriterium wird in diesen Grenzfällen das umfassende Stoffgebiet und die überwiegende Übermittlung von Nachrichten herangezogen. Die Bezeichnung des Blattes als Zeitung oder Zeitschrift läßt keine rechtlichen Schlüsse zu[10].

Der Inhaber eines Zeitungs- oder Zeitschriftenverlages ist der Verleger, ihm obliegt die privatwirtschaftliche Leitung, und er bestimmt auch die publizistische Grundhaltung – z. B. liberal, bürgerlich, konservativ oder sozialistisch – seiner Zeitung bzw. Zeitschrift. Das Unternehmen kann als Einzelhandelsgesellschaft, oHG, KG, GmbH oder als Aktiengesellschaft gegründet werden[11]. Vom Verleger ist der Herausgeber zu unterscheiden, der allerdings mit dem Verleger identisch sein kann; der Herausgeber hat die publizistische Leitung des Verlages inne.

Der organisatorische Aufbau einer Zeitung läßt sich in sechs Sparten gliedern: Redaktion, Werbung, Verwaltung, Anzeigenabteilung, Technik und Vertriebsabteilung[12]. Für unsere Arbeit ist nur die Redaktion von Interesse; denn nur diese „macht" die Zeitung oder Zeitschrift. Dem Chefredakteur obliegt die Leitung der Redaktion. Es ist heute vor allen Dingen eine organisatorische Aufgabe, obwohl auch manche Chefredakteure noch Leitartikel schreiben. Die Redaktion selbst setzt sich aus dem Chefredakteur, den Ressortleitern, dem Chef vom Dienst (er trägt die Verantwortung für den technischen Teil, nämlich Spiegel-Planung und Umbruch) und den Redakteuren zusammen[13]. Die zu bearbeitenden Stoffgebiete – Politik, Wirtschaft, Kultur, Sport, Lokales, Unterhaltung – sind in Ressorts aufgeteilt. Jedem steht ein Ressortleiter vor. Bei der Zeitschrift sind die Stoffgebiete nicht so breit gefächert, daher wird z. B. bei

---

fortlaufend über die aktuellen Vorgänge in allen oder in bestimmten Lebensbereichen in Schrift und Bild öffentlich berichtet"; vgl. *Schmidt-Osten,* Das Recht der Zeitung, S. 322.

[7] *Löffler,* aaO., „Die Zeitschrift ist ein periodisches Druckwerk (periodisches Sammelwerk), das einzelne Fragen oder Vorgänge in Schrift und Bild erörtert".

[8] *Schmidt-Osten,* Das Arbeitsrecht der Presse, S. 1.

[9] a. A. *Ekrutt,* Vergütungspflicht für Pressespiegel, GRUR 1975, 360.

[10] Zu den Schwierigkeiten der Begriffsbestimmung vgl. auch *Kieslich,* Die Zeitschrift, S. 373 ff.

[11] *Löffler,* aaO., Kap. 8 IV Rdz 16.

[12] Vgl. zum folgenden: *Adam,* Organisation und Führung des Zeitschriftenverlags, S. 427 ff.; *Cron,* Redaktionelle Leitung, S. 161 ff.; *Oppenburg,* Der Zeitungsverlag, S. 121 ff.; jeweils m.w.N.

[13] *Dovifat,* Zeitungslehre, Bd. II, S. 5–10.

einer Sportzeitschrift „der Sport“ in verschiedene Sparten gegliedert. An der bei Tageszeitungen täglichen Redaktionskonferenz nehmen meistens der Herausgeber, die Ressortleiter und die übrigen Redakteure teil. Die Redaktionsmitglieder beraten die Arbeits- und Stoffaufteilung, insbesondere wird der „Aufmacher“, d. h. die Titelüberschrift der ersten Seite, festgelegt. Die politische Lage als solche wird diskutiert und die letzte Nummer der Zeitung kritisiert[14].

Das soeben zum organisatorischen Aufbau Gesagte gilt grundsätzlich, aber nicht im Detail. Vor allen Dingen aufgrund unterschiedlicher Größe der Zeitungs- und Zeitschriftenverlage kommt es zu Abweichungen. So kann ein großer Verlag mehrere Chefredakteure und stellvertretende Chefredakteure haben, während eine kleine Lokalzeitung vielleicht nur durch insgesamt 3 Redakteure betrieben wird. Die Boulevardpresse hat auch nicht mehr die strenge Ressorteinteilung, sondern ist zum amerikanischen Redaktionssystem übergegangen[15]. Die Aufgliederung der Arbeitsteilung in Ressorts ist durch das Prinzip der Einteilung nach Herstellungsphasen abgelöst worden: „Der eine findet die Nachricht, der zweite schreibt sie, der dritte redigiert sie, der vierte findet die Überschrift und der fünfte bestimmt ihr typographisches Auftreten“[16].

2. *Schutzfähige Werke im Pressewesen*

a) Nachrichten:

Nicht jedes Ergebnis einer schreibenden Tätigkeit in der Redaktion hat urheberrechtliche Relevanz. Die Nachricht sowie der Titel[17] eines einzelnen Beitrages sind urheberrechtlich ungeschützt, denn gemäß § 49 II UrhG ist die Nachricht vom urheberrechtlichen Schutz ausgenommen. Dies gilt selbst dann, wenn die Mitteilung von Tatsachen in einer schöpferischen Weise geschieht[18]. Rundfunk-, Film- und Theaterprogramme[19], Börsenberichte, Fahrpläne, Preis- und Warenverzeichnisse, Kurszettel und Personalien, Veranstaltungskalender, Poli-

---

[14] *ders.*, S. 11.

[15] *ders.*, S. 7.

[16] *ders.*, S. 13.

[17] Der Titel eines Schriftwerkes ist nur dann geschützt, wenn er selbst eine persönliche geistige Schöpfung darstellt, OLG Köln UFITA Bd. 48, S. 305 = GRUR 1962, 534; *Samson*, Urheberrecht, S. 76; a. A. *Fromm-Nordemann*, § 2 Anm. 10 f. Bei Überschriften der Zeitungs- und Zeitschriftenbeiträge wird dies grundsätzlich nicht der Fall sein.

[18] Amtl. Begr. zu § 49 UrhG S. 66; Vgl. zur Kritik der gesetzlichen Lösung *Löffler*, Presse und Urheberrechtsreform, S. 19; *Schmidt-Osten*, Die Presse im kommenden Urheberrecht, Der Journalist 1962, Heft 4, Beilage 39, S. 2.

[19] Ein Urheberrechtsschutz kommt bei Programmen in bezug auf den sachlichen Inhalt nicht in Betracht, anders ist jedoch die Formgebung zu beurteilen, wenn die Gestaltung, Anordnung und Einteilung von individueller Prägung ist, RG GRUR 1926, 117, 118; JW 1925, 148 Nr. 2; RGZ 140, 137, 138. Diese Ausnahme ist für die Programmzeitschriften von großer Wichtigkeit.

zeiberichte und Wasserstandsmeldungen sind Mitteilungen „tatsächlichen Inhalts“ und damit als Nachrichten nicht schutzfähig i. S. des UrhG[20]. Der Schutz von Nachrichten und Titeln wird durch andere gesetzliche Regelungen – dem UWG und dem WZG – gewährt[21].

b) Berichte:

Der bloßen Nachricht am nächsten verwandt sind der Bericht und die Reportage. In einem Bericht werden dem Leser allerdings nicht nur die reinen Tatsachen wie bei der Nachricht vermittelt, sondern er beinhaltet die Darstellung einer Situation. *Neumann-Duesberg*[22] bringt das anschauliche Beispiel eines Gerichtsberichtserstatters. Wenn dieser nur über einen Prozeß die Tatsachen mitteilt, wie Name des Angeklagten, Gegenstand der Anklage und das Urteil, so handelt es sich lediglich um eine Nachricht; gibt er hingegen eine individuelle Darstellung des Prozeßablaufs, ist dies eine schöpferische Tätigkeit, die über die reine Tatsachenmitteilung hinausgeht. Die Gestaltung von Mitteilungen in Form eines Berichtes ist ein schutzfähiges Werk (§ 2 UrhG)[23].

Die Presseberichte können wissenschaftlicher, technischer oder unterhaltender Art sein. Die beiden ersteren Arten spielen für die Zeitschriften eine größere Rolle als für die Zeitungen[24]. Die Berichterstattung über neue wissenschaftliche Erkenntnisse und technische Errungenschaften nimmt im (Fach-) Zeitschriftenwesen einen breiten Raum ein. Erwähnenswert erscheint in diesem Zusammenhang, daß 75% der Zeitschriften Fachzeitschriften kultureller, wissenschaftlicher oder konfessioneller Art sind; nur 25% der Gesamtauflage wird von der illustrierten Presse bestritten[25]. Verfaßt ein Journalist über die neuesten Ergebnisse der Krebsforschung einen populärwissenschaftlichen Bericht, gibt er der reinen Information eine individuelle Gestaltung – insbesondere durch die allgemein verständliche Darstellung medizinischer Sachprobleme –, so daß diese Art von Berichten eindeutig schutzfähig ist[26]. Im Einzelfall kann sich die Grenzziehung zwischen Bericht und schöpferisch gestalteter Nachricht als sehr schwierig erweisen.

c) Reportagen:

Während sich der Journalist bei der Formulierung eines Berichtes objektiv verhält, fließt bei einer Reportage seine subjektive Einstellung zu diesem Er-

---

[20] *v. Gamm,* § 2 Rdz 18.

[21] BGHZ 21, 85; 28, 320; BGH GRUR 1962, 595.

[22] Presseberichterstattung, Presseurheberrecht und Nachrichtenschutz, S. 52.

[23] *v. Gamm,* § 2 Rdz 18; *Rehbinder,* Presserecht, Rdz 97; a. A. wohl *Fromm-Nordemann,* § 2 Anm. 17 b.

[24] *Haacke,* Aussageformen der Zeitschrift, S. 437.

[25] *Banaschewski,* in: Der neue Vertrieb, 1967, 600, zitiert bei *Löffler,* Presserecht, Kap. 1 Rdz 13.

[26] LG München UFITA Bd. 24, S. 265.

eignis ein[27]. Dies wird besonders deutlich bei einer Reisereportage. Der Journalist beschreibt seine Erlebnisse, er gibt über den besuchten Ort seine persönliche Meinung ab. Auch eine Reportage ist mehr als „einfache Pressenachricht"; in der kritischen Würdigung des Ereignisses liegt eine schöpferische Tätigkeit, so daß die Reportage im Pressewesen ein schutzfähiges Schriftwerk ist[28]. Zu beachten ist jedoch, daß weder beim Bericht noch bei der Reportage der Nachrichtenkern geschützt ist.

d) Artikel:

Beiträge in einem Presseerzeugnis, die eine Erörterung, Meinungsäußerung oder eine kritische Stellungnahme zu Tagesfragen enthalten, werden als „Artikel" bezeichnet[29]. Die grundsätzliche Schutzfähigkeit der Artikel ist unbestritten[30]. In einem Beitrag dieser Form nimmt der Journalist zu einem Ereignis politischer, wirtschaftlicher oder kultureller Art Stellung. Dabei stehen ihm verschiedene journalistische Stilformen zur Verfügung. Das herausragendste Geschehen wird im Leitartikel erscheinen. Für die sachliche Auseinandersetzung wählt der Journalist die Form des Kommentars. Seine sehr persönliche Meinung kann er in einer Kolumne äußern[31]. Eine knappe, meist etwas polemische oder sehr pointierte Kommentierung ist die Glosse[32].

e) Interview:

Das Interview nimmt im Rahmen der journalistischen Stilformen eine Sonderstellung ein. Es ist ein journalistisches Gespräch mit einer Persönlichkeit des öffentlichen Lebens (Politik, Wirtschaft, Wissenschaft, Kunst oder Sport) oder einer Person, die im Blickpunkt des Zeitgeschehens steht, mit der Zielsetzung, von dieser durch Fragen ihre Stellungnahme zu gewissen Ereignissen zu erfahren, um sie dann publizistisch zu verwerten[33]. Das Interview – unerheblich, ob es auf Tonband aufgenommen wurde oder schriftlich fixiert – ist ein urheberrechtlich geschütztes Sprachwerk (§ 2 I Ziff. 1 UrhG), wenn das Gespräch durch

---

[27] *Dovifat,* aaO., Bd. I, S. 27 ff.; *Neumann-Duesberg,* aaO., S. 53.

[28] *Fromm-Nordemann,* § 2 Anm. 17; *v. Gamm,* § 2 Rdz 18; *Neumann-Duesberg,* aaO., S. 53; a. A. *Mitteis,* aaO., S. 174.

[29] *Dovifat,* aaO., Bd. II, S. 6; *v. Gamm,* § 49 Rdz 3; *Neumann-Duesberg,* aaO., S. 55; a. A. *Möhring-Nicolini,* § 49 Anm. 5, die den Artikel als Oberbegriff eines jeden Beitrages in einer Zeitung oder Zeitschrift bezeichnen, der mehr ist als reine Nachrichtenübermittlung.

[30] Zur Nachdruckfreiheit gemäß § 49 I UrhG vgl. 3. Hauptteil V 1 a.

[31] Die Kolumne wird meistens als persönliche Meinungsäußerung des Journalisten gekennzeichnet. Eine Übereinstimmung mit dem Verleger oder Chefredakteur liegt bei einer Kolumne nicht immer vor.

[32] *Haacke,* Aussageformen der Zeitschrift, S. 442.

[33] *Allfeld,* Urheberrecht an Interviews, DJZ 1916, 269; *Dovifat,* aaO., Bd. I S. 29; *Haacke,* aaO., S. 443, 444; *Schmidt-Osten,* unveröffentlichtes Gutachten; *Vinck,* Das Interview im Urheberrecht, AfP 1973, 460.

die kritische Stellungnahme zum behandelten Thema eine individuelle Gestaltung aufweist[34]. Sehr problematisch ist jedoch die Feststellung, wer von den beiden Gesprächspartnern die Urheberschaft für sich beanspruchen kann. Hier ist je nach der Fallgestaltung zu differenzieren: Erstellt der Interviewer das Manuskript erst nach dem Gespräch anhand von Notizen (dies trifft insbesondere bei den Zeitschriften zu), so ist der Interviewer Alleinurheber des Werkes[35].

Wird das Interview inhaltlich durch die Gedankenäußerung des Befragten getragen, dann ist er als Schöpfer des Interviews anzusehen[36]. Die Annahme der Miturheberschaft ist berechtigt, wenn sowohl der Interviewer durch die Gestaltung seiner Fragen wie auch der Interviewte durch seine eigenschöpferischen Erklärungen zur Formgebung des Gespräches beitragen[37]. In der Regel wird man in der Presse von der zuletztgenannten Fallgestaltung ausgehen können; denn heutzutage beginnt der Journalist ein Interview mit einem Katalog von ausgearbeiteten – zum Teil weitausholenden und interpretierenden – Fragen[38].

f) Feuilleton:

Der kulturelle Teil der Zeitung oder Zeitschrift wird „Feuilleton" genannt[39]. In ihm erscheinen Nachrichten, Berichte, Reportagen und Artikel aus der Literatur, Musik, bildender Kunst, Erziehung, Wissenschaft sowie Film, Funk und Fernsehen. Zur Schutzfähigkeit der einzelnen Beiträge ergeben sich keine Besonderheiten, so daß das oben Gesagte auch für das Feuilleton gilt. Das Feuilleton enthält meist auch einen gehobenen literarischen Unterhaltungsteil mit Kurzgeschichten, Essays, Betrachtungen und auch Gedichten. Alle diese Beiträge sind Sprachwerke (§ 21 Ziff. 1 UrhG) und können somit den Schutz des Urheberrechtsgesetzes beanspruchen.

g) Photographien:

Mit dem Eindringen der Photographie in Zeitungen und Zeitschriften hat das Bild erheblich an Bedeutung gewonnen und ist heute aus der Presse nicht

---

[34] *Allfeld,* aaO., S. 273; *Fromm-Nordemann,* § 2 Anm. 10 c; *Schmidt-Osten,* unveröffentlichtes Gutachten; *Vinck,* aaO., S. 460; *Ulmer,* Lehrbuch S. 121, 236; LG Hamburg UFITA Bd. 54, S. 324; AG Frankfurt DB 1976, 236; OHG Wien UFITA Bd. 45, S. 363 = *Schulze,* Ausl. Österreich 37.

[35] *Allfeld,* aaO., S. 272; a. A. für die Aufzeichnung von Memoiren OLG Köln GRUR 1953, 499.

[36] AG Frankfurt DB 1976, 236; *Vinck,* aaO., S. 461.

[37] OGH Wien *Schulze,* Aus. Österreich 37; *Vinck,* aaO., S. 461.

[38] *Haacke,* aaO., S. 444.

[39] Feuilleton bedeutet einmal nur eine Stilform zum anderen aber auch der Kulturteil in der Presse; häufig auch nur der gehobene literarische Unterhaltungsteil. *Bäuerlein,* Der Redakteur im Zeitungs- und Zeitschriftenverlag, bei Funk und Fernsehen, S. 110; *Dovifat,* aaO., Bd. II, S. 61 ff; *Haacke,* Das Feuilleton in Zeitung und Zeitschrift, S. 231; *ders.,* Aussageformen der Zeitschrift, S. 442.

mehr fortzudenken. Die Zeitungen sind bemüht, ihre Beiträge mit Photographien zu illustrieren. Bei manchen Zeitschriften, insbesondere bei den Illustrierten, ist die Bildserie dominierend. Eine Photographie ist jedoch nicht grundsätzlich urheberrechtsschutzfähig. Man unterscheidet das Lichtbildwerk (§ 2 I Ziff. 5 UrhG) vom Lichtbild (§ 72 UrhG). Ersteres liegt vor, wenn die Photographie schöpferisch gestaltet ist, d. h. sich aus dem Zusammenwirken von Motivwahl, Farbkomposition, Bildschärfe etc. ein künstlerischer Eindruck ergibt[40]. Das Lichtbild hingegen ist eine Aufnahme, die ohne Beachtung der künstlerischen Gestaltung gemacht wurde[41]. Das Lichtbildwerk einschließlich der Werke, die ähnlich wie Lichtbildwerke geschaffen werden, ist in § 2 I Ziff. 5 UrhG als geschütztes Werk aufgeführt; an Lichtbildern hingegen besteht nur ein Leistungsschutzrecht (§ 72 UrhG). Dem Zeitungsphoto wird in der Regel die schöpferische Gestaltung fehlen. Die Zeitung will kein künstlerisches Bild bringen, sondern das Tagesgeschehen durch eine Photographie illustrieren. Bei einer Zeitschrift ist eher ein Lichtbildwerk zu erwarten, obwohl es auch hier sehr auf den Einzelfall ankommt.

Der Gesetzgeber hat hinsichtlich des Rechtsschutzes zwischen dem Lichtbildwerk und dem Lichtbild keine Unterscheidung getroffen, sondern in § 72 UrhG den Schutz des Lichtbildes an den des Lichtbildwerkes (§ 68 UrhG) angeglichen. Diese Regelung ist ein Zugeständnis an die Praxis, da eine Abgrenzung zwischen Lichtbildwerk und Lichtbild im Einzelfall recht schwierig ist. Jedes Photo, das in einer Zeitung oder Zeitschrift erscheint, ist für 25 Jahre geschützt (§§ 68, 72 UrhG)[42]. Dies gilt auch dann, wenn dem Photo lediglich Nachrichtencharakter zukommt[43].

h) Zeichnungen, Karten, Skizzen, Tabellen:

Das Arbeitsgebiet des Pressezeichners und des Pressegraphikers ist zwar durch die Entwicklung der Photographie eingeschränkt, aber nicht überflüssig geworden. Die Zeichnungen für das Pressewesen lassen sich in vier Gruppen einteilen:[44]

1. graphische Verdeutlichung eines Stoffes (Landkarten, Skizzen, Schaubilder etc.)
2. Nachrichtenzeichnung
3. Illustration von Romanen und Kurzgeschichten
4. Karikatur

---

[40] *v. Gamm,* § 2 Rdz 22; *Möhring-Nicolini,* § 2 Anm. 7 d.

[41] *v. Gamm,* § 68 Rdz 1; *Möhring-Nicolini,* § 2 Anm. 7 b.

[42] Zu den verfassungsrechtlichen Bedenken hinsichtlich der Gleichstellung von Lichtbildwerken und Lichtbildern vgl. *Fromm-Nordemann,* § 68 Anm. 3; *v. Gamm,* § 68 Rdz 4; *Möhring-Nicolini,* § 68 Anm. 1 c.

[43] BGHZ 31, 1 ff. (10).

[44] Einteilung nach *Dovifat,* aaO., Bd. II, S. 80, der neben der Karikatur auch noch die Kampfbilder erwähnt.

Um mit der letztgenannten Gruppe zu beginnen: Die schöpferische Gestaltung der Karikatur liegt in der Überzeichnung der natürlichen Züge des Dargestellten, damit ist jede Karikatur als Werk der bildenden Kunst (§ 2 I Ziff. 4 UrhG) urheberrechtlich geschützt[45]. Illustrationen sind stets urheberrechtlich relevant, denn die Umsetzung des Romans in eine Zeichnung ist eine schöpferische Leistung. Nicht so eindeutig läßt sich dieses Ergebnis auf die Nachrichtenzeichnung und die graphische Verdeutlichung übertragen. Wird z. B. eine Landkarte nur abgezeichnet, so liegt darin keine eigenschöpferische Ausdruckskraft, auch wenn Veränderungen vorgenommen werden[46]. Das heißt aber nicht, daß urheberrechtschutzfähige Zeichnungen oder graphische Darstellungen nicht nach Vorlagen angefertigt werden dürfen. Die Zeichnung einer Landkarte ist dann als schutzfähig anzusehen, wenn eine eigene Formgestaltung nachgewiesen werden kann[47]. Schafft der Zeichner oder Graphiker aus eigener Phantasie ein Bild, z. B. Schaubilder für statistische Zahlen, besteht an der schöpferischen Leistung kein Zweifel. Unter dieser Voraussetzung sind Zeichnungen, Pläne, Karten, Skizzen und Tabellen wissenschaftlicher oder technischer Art geschützt (§ 2 I Ziff. 7 UrhG). Da auch die „kleine Münze"[48] im UrhG relevant ist, sind an das Maß der schöpferischen Leistung keine zu hohen Anforderungen zu stellen[49].

i) Zeitung und Zeitschrift als Ganzes

Unter den Schutz des Urheberrechts fallen nicht nur die einzelnen Beiträge, sondern auch die Zeitung bzw. Zeitschrift als Sammelwerk (§ 4 UrhG). Inhaber dieses Rechts ist der Schöpfer der Sammlung, der durch die Auslese und Anordnung eine persönliche geistige Schöpfung vollbracht hat. Dies kann einmal der Herausgeber sein, aber auch der Chefredakteur[50]. Das Urheberrecht am Sammelwerk schließt jedoch nicht das Urheberrecht an den Einzelbeiträgen ein. Dies entsteht in der Person des Verfassers des Einzelbeitrages.

3. Schutzberechtigte Arbeitnehmer

Die Feststellung, welcher ArbN in der Presse Urheberrechte erwerben kann, scheint keiner Schwierigkeit zu begegnen. Der Journalist schreibt im Rahmen seiner arbeitsvertraglichen Tätigkeit Artikel, Berichte, Reportagen und macht Zeichnungen sowie Lichtbildwerke, um nur einige Werkarten zu nennen, und ist somit Urheber.

---

[45] *v. Gamm,* § 2 Rdz 21.
[46] *v. Gamm,* ebenda.
[47] *Schmidt-Osten,* Das Urheberrecht an Kartenskizzen in der Presse, Der Journalist 1955, Beilage Nr. 6.
[48] *Fromm-Nordemann,* § 2 Anm. 6 e.
[49] *Samson,* Urheberrecht, S. 88.
[50] *Löffler,* Presserecht, Kap. 18 Rdz 56.

Im 20. Jahrhundert hat sich der Beruf des Journalisten in eine Reihe von Tätigkeiten und Spezialgebiete aufgegliedert[51], so daß der „Journalist" nur noch der Oberbegriff für jede publizierende Tätigkeit ist. Das Berufsbild des Journalisten läßt sich nach der Art des Darstellungsmittels in „Wortjournalist", „Bildjournalist"[52] und „Zeichner" einteilen, nach der Art der Berufsausübung in „Redakteur", „Korrespondent", „Reporter" sowie „Pressezeichner"[53]. Die arbeitsrechtliche Vertragsgestaltung im Pressewesen richtet sich grundsätzlich nach der Art der Berufsausübung, so daß der Redakteur einen anderen Vertrag mit dem ArbG abschließt als der Reporter[54]. Wir können also bei der Feststellung, daß ein ArbN als Journalist tätig ist[55], nicht stehenbleiben, sondern müssen im Hinblick auf die Vertragsgestaltung Kriterien erarbeiten, nach denen wir ihn als Redakteur, Korrespondenten, Reporter oder Pressezeichner einordnen können[56].

a) Redakteur

Weder im Landespresserecht noch im Tarifvertrag für Redakteure an Tageszeitungen oder im Tarifvertrag für Redakteure an Zeitschriften findet sich eine Definition des Begriffes „Redakteur"[57]. Zwar herrscht in presserechtlicher Hinsicht insoweit Klarheit, als es um den „verantwortlichen Redakteur"[58] geht:

---

[51] *Bäuerlein,* aaO., S. 13.

[52] Auch der Bildjournalist übt eine journalistische Tätigkeit aus, *Lahusen,* Presseberufe im Gemeinsamen Markt, S. 27, 28. Das gilt auch für den Pressezeichner, *Schmidt-Osten,* Das Steuerrecht der Presse, S. 8.

[53] *Delp,* Erläuterungen zum Berufsbild des Journalisten vom DJV, Nr. 100 e. Erwähnt wird zwar in diesem Zusammenhang nicht der Zeichner, aber an anderer Stelle, S. 3, wird auch der Pressezeichner dem Bildjournalisten gleichgestellt.

[54] Vgl. dazu unten II.

[55] Häufig wird als Journalist derjenige bezeichnet, der bei einem Zeitungs- oder Zeitschriftenverlag in keinem Arbeitsverhältnis steht, sondern als freier Mitarbeiter tätig wird. Dies ist aber unrichtig, der Begriff „Journalist" sagt nichts über das Bestehen eines Arbeitsverhältnisses aus, *Bäuerlein,* aaO., S. 17.

[56] Eine weitere Untergliederung in „Kolumnist" oder „Filmkritiker" etc. erübrigt sich, da die im Pressewesen üblichen Vertragsmuster hier nicht differenzieren.

[57] Die Erläuterungen des VDZ zu dem MTV für Redakteure an Zeitschriften vom 29. 10. 73 (abgedruckt bei *Delp,* Bd. II Nr. 103 a) zu § 1 geben keine positive Begriffbestimmung, sondern ausgehend von der funktionalen Berufsausübung wird aufgezählt, wer als Redakteur i. S. des MTV anzusehen ist und wer nicht. Aus den Erläuterungen des DJV zum MTV für Zeitschriften ergibt sich, daß die Tarifpartner keine Einigung über den Redakteurbegriff erzielen konnten. In dem neu abzuschließenden MTV für Redakteure an Tageszeitungen wollen die Tarifvertragsparteien eine Definition des „Redakteurs" mitaufnehmen. Eine Einigung über den Wortlaut konnte bisher noch nicht erzielt werden.

[58] Die LPG verlangen im Impressum eines Presseerzeugnisses die Nennung einer oder mehrerer Personen als verantwortlichen Redakteur. Dadurch soll gewährleistet werden, daß stets zivil- oder strafrechtliche Ansprüche, die sich aus dem Inhalt des Presseerzeugnisses ergeben, gegen eine bestimmte Person geltend gemacht werden können.

„Der presserechtliche Redakteur ist die Persönlichkeit, die eine periodische Druckschrift mit eigener Entscheidungsbefugnis über die Auswahl des zu publizierenden Stoffes redigiert oder mitredigiert“[59]. Diese Definition ist jedoch nicht ohne weiteres auf den Begriff Redakteur im arbeitsrechtlichen Sinne zu übertragen, da die Mehrzahl der Redakteure nicht verantwortliche Aufgaben im beschriebenen Umfang haben. Nach *Löffler*[60] entscheidet über den arbeitsrechtlichen Begriff des Redakteurs der Sprachgebrauch der Presse. Einmal wird als Redakteur bezeichnet, wer unabhängig von seiner tatsächlichen Funktion einen Anstellungsvertrag als Redakteur erhalten hat. Es ist jedoch wenig befriedigend, zur Klärung des Begriffes den Anstellungsvertrag als formelles Kriterium heranzuziehen. Die Frage, wer den Anspruch geltend machen kann, arbeitsrechtlich als Redakteur behandelt zu werden, bliebe unbeantwortet.

Im Pressewesen gilt weiterhin derjenige ArbN als Redakteur, der eine Zeitung oder Zeitschrift redigiert. Demgemäß ist die Tätigkeit des „Redigierens“ entscheidend. Das Wort „Redigieren“ ist etymologisch auf das lateinische „Redigere“ zurückzuführen[61]. Es hat im Laufe der Zeit die Bedeutung von Überarbeiten, in Ordnung bringen (redigere in ordinem), wie auch Zusammenstellung eines Berichtes aus Einzelbeiträgen erhalten[62]. Das „in Ordnung bringen“ enthält auch den Sinn des Verkürzens[63]. Der Redakteur hat also die Aufgabe, das eingehende Material der Presseagenturen[64], der Bilderdienste und der eigenen Mitarbeiter zu sichten und auszuwählen[65]. Ihm obliegt es auch, die Beiträge der anderen Journalisten zu überarbeiten, d. h. stilistische Änderungen und Kürzungen vorzunehmen bis zur sog. Satz- oder Druckreife. *Löffler*[66] verlangt als zusätzliche Abgrenzung von der reinen Berichterstattung (Reportage), daß der Redakteur über den zu veröffentlichenden Stoff ein Bestimmungsrecht haben muß. Grundsätzlich trifft der jeweilige Redigierende, dem das Material zugetragen wird, auch die Entscheidung, ob eine Nachricht gebracht wird oder

---

[59] *Löffler,* Zum arbeitsrechtlichen Redakteurbegriff, RdA 1956, 215; ebenso *Schmidt-Osten,* Das Recht der Presse, S. 324.

[60] *Löffler,* aaO., S. 215.

[61] Redigieren = lat. Ursprungs redigere (von re- und agere) eigentlich zurückführen, zurücktreiben oder bringen; dann zusammenbringen, *Heyse,* Fremdwörterbuch, 21. Aufl. Hannover 1922.

[62] Brockhaus Enzyklopädie, 17. Aufl. 15. Bd., Wiesbaden 1972; Wörterbuch der deutschen Gegenwartssprache, Bd. 4, hersg. von *Klappenbach* und *Steinitz,* Akademie der Wissenschaften der DDR, Berlin 1974; Fremdwörterbuch, bearbeitet vom Redaktionskollektiv, Leipzig 1962.

[63] *Georges,* Lateinisch-Deutsches Handwörterbuch, 8. Aufl., Bd. 2, Hannover und Leipzig 1918; Langenscheidts Großwörterbuch Lateinisch, Teil I, Latein-Deutsch, 17. Aufl., Berlin und München 1971.

[64] Die in der BRD hauptsächlich tätigen Presseagenturen sind die Deutsche Presse-Agentur (dpa), Associates Press (AP), und die United Press International (UPI), *Koszyk-Pruys,* Wörterbuch der Publizistik, S. 230 ff.; *Lahusen,* aaO., S. 106, 107.

[65] *Bäuerlein,* aaO., S. 65, macht auf den amerikanischen Fachausdruck aufmerksam „Copyreader“, wörtlich übersetzt „Materialleser“.

[66] Zum Redakteurbegriff, S. 216.

nicht. Diese Tätigkeit ist verantwortlich, da sie für die Gestaltung und den Inhalt der Zeitung oder Zeitschrift bedeutsam ist. Unerheblich ist, ob der Redakteur zur Kategorie der leitenden, presserechtlich verantwortlichen Redakteure gehört[67]. Der presserechtliche Redakteurbegriff ist mit dem arbeitsrechtlichen bezüglich der verantwortlichen Auswahl des Stoffes identisch. Allerdings dürfen an die Eigenverantwortlichkeit des Redakteurs nicht zu große Anforderungen gestellt werden[68]. Die Entscheidung, wie der eingegangene Stoff, vor allen Dingen die wichtigen Themen, zu behandeln ist, fällt in der Redaktionskonferenz der Chefredakteure oder der Ressortleiter.

Allein die sprachliche Exegese wird dem heutigen arbeitsrechtlichen Begriff „Redakteur" nicht mehr gerecht. Das Aufgabengebiet des Redakteurs erschöpft sich nicht mehr allein im Redigieren des anfallenden Redaktionsmaterials, sondern er ist auch verpflichtet bzw. berechtigt, eigene Beiträge zu verfassen. Die schreibende Tätigkeit des Redakteurs, d. h. die „Formung des Materials", darf gerade bei der meinungsbildenden Presse nicht unterschätzt werden[69]. Ist die Redaktion nach Herstellungsphasen gegliedert, so werden auch die nur schreibenden Journalisten als Redakteure bezeichnet[70]. Damit gilt als Redakteur, wer den eingehenden Stoff eigenverantwortlich sichtet, auswählt, redigiert und/oder eigene Beiträge verfaßt[71].

Die Rechtsprechung erkennt nur denjenigen als Redakteur an, der überwiegend redigiert[72]. Diese Abgrenzung wird der heutigen Situation in den Redaktionen nicht mehr gerecht. Soweit ersichtlich, soll eine Regelung, die auf die

---

[67] *Bäuerlein,* aaO., S. 65, 69.

[68] Zur Klärung des Begriffes Tendenzträger führt das BAG v. 7. 11. 1975 1 ABR 78/74 folgendes aus: „Es kommt allein auf die meinungsbildende oder berichtende Tätigkeit des Redakteurs an, mag dieser auch im Einzelfall nach gewissen vorgegebenen allgemeinen Richtlinien arbeiten."

[69] *Löffler,* Zum Redakteurbegriff, S. 216, 218, trennt die schreibende Tätigkeit des Journalisten von der redaktionellen. Die Aufgabe der Abfassung von Berichten in Manuskriptform und die weisungsgebundene Bearbeitung des Stoffes schreibt er den „Hilfsredakteuren" zu, die eben arbeitsrechtlich keine Redakteure sind. Diese Unterscheidung ist abzulehnen, da die Praxis eine Differenzierung zwischen Redakteuren und Hilfsredakteuren nicht kennt. Die eingehenden Ereignisse zu kommentieren und damit zu schreiben, ist auch Aufgabe des Redakteurs.

[70] *Schmidt-Osten,* Das Steuerrecht der Presse, S. 9.

[71] *Schmidt-Osten* hat für den MTV für Redakteure in Tageszeitungen folgende Definition vorgeschlagen: „Redakteur ist, wer das anfallende Redaktionsmaterial einschließlich eigener Beiträge bis zur Druckreife bearbeitet und/oder leitende Funktionen wahrnimmt, im Redaktionsbereich der Zeitung hauptberuflich tätig und festangestellt ist." Zu beachten ist, daß nach Verlautbarungen Redakteure sehr wohl ausschließlich redigieren oder schreiben. Schon der MTV für Zeitungen von 1926 bezog den festangestellten rein journalistisch tätigen Mitarbeiter, d. h. also den ausschließlich schreibenden, unter den Begriff „Redakteur" mit ein. (MTV 1926 B. Allgemeine Bestimmungen § 1). Die Tätigkeitsmerkmale eines Redakteurs sind so verschieden und vielschichtig in der Praxis, daß die Definition sehr weitgefaßt werden muß.

[72] Zuletzt BAG, RdA 1970, 225 = AP Nr. 32 zu §§ 32, 33 BAT.

überwiegende Tätigkeit des Redigierens abstellt, in den neu abzuschließenden MTV für Redakteure an Tageszeitungen nicht aufgenommen werden.

Der Redakteur erwirbt nicht bei jeder Tätigkeit, die in sein Aufgabengebiet fällt, Urheberrechte. Redigiert er das Manuskript eines anderen Mitarbeiters durch Kürzungen, Berichtigungen der Schreib- und Zeichenfehler, so liegt darin keine schöpferische Tätigkeit; Urheber bleibt der Verfasser des Manuskripts[73]. Anders ist die Sachlage zu beurteilen, wenn der Redakteur den abgelieferten Beitrag in stilistischer Hinsicht redigiert; wird dadurch eine inhaltliche oder auch äußere eigentümliche Formgestaltung erreicht, die sich vom Originalmanuskript unterscheidet, ist dies eine Bearbeitung (§ 3 UrhG) und der Redakteur ist der Urheber der Bearbeitung[74]. (Fraglich ist allerdings, ob der Urheber des Manuskripts auch dem Redakteur das Bearbeitungsrecht eingeräumt hat.)[75]

Wählt der Redakteur hingegen Beiträge nur aus, so ist diese Tätigkeit urheberrechtlich nicht relevant, denn schutzfähig als Sammelwerk (§ 4 UrhG) ist die Zeitung oder Zeitschrift nur als einheitliche Formgestaltung nicht schon in der Zusammenstellung von einigen Beiträgen[76].

Der Redakteur erwirbt also nur dann Urheberrechte, wenn er selbst schutzfähige Beiträge verfaßt, wie Kommentare, Berichte oder Glossen. Benötigt er zum Recherchieren des Nachrichtenmaterials die Hilfe eines Reporters oder des Archivleiters, so ist dies nur eine technische Hilfeleistung, die die alleinige Schöpfung des Redakteurs unberührt läßt[77]. Die Redaktionskonferenz oder der Ressortleiter geben bisweilen Anregungen zum Beitrag und erteilen Anweisungen bezüglich der zu schreibenden Zeilen u.ä.m. Anweisungen und Anregungen sind ein Kennzeichen des Arbeitsverhältnisses, in dem der Redakteur schöpferische Leistungen erbringt; sie ändern aber nichts an seiner alleinigen Urheberschaft, denn der Beitrag beruht in seiner Individualität auf dem Schaffen des angestellten Urhebers[78]. Eine Miturheberschaft ist nur dann anzunehmen, wenn zwei oder mehrere ArbN gemeinsam einen Artikel schreiben und jeder einzelne sich dabei der gemeinsamen Konzeption unterordnet[79].

Eine besondere Stellung nimmt der Bildredakteur ein, denn seine Aufgabe besteht im Heraussuchen der zu veröffentlichenden Photos[80]. In der Regel schreibt er selbst den Text zu den Bildserien. Letzteres kann bei Bildserien in Illustrierten urheberrechtlich relevant werden.

---

[73] *v. Gamm,* § 3 Rdz 8.

[74] *ders.,* § 3 Rdz 7. Allerdings wird dies in der Praxis selten der Fall sein, denn die Rechtsprechung stellt hohe Anforderungen, so ist z. B. die Textänderung am Drehbuch durch den Regisseur noch keine Bearbeitung, BGH GRUR 1972, 143, 145.

[75] OLG Dresden UFITA Bd. 3, S. 201; siehe dazu auch 3. Hauptteil II 3 b.

[76] *Möhring-Nicolini,* § 4 Anm. 2 und 5.

[77] *Hirsch-Ballin,* Miturheberschaft – Miturheberrecht, UFITA Bd. 46, S. 55; *Sonntag,* Das Miturheberrecht, S. 8.

[78] *Sonntag,* aaO., S. 7; *Roithmaier,* aaO., S. 44; *Ulmer,* Lehrbuch S. 160; LAG Berlin *Schulze* Arb 1 S. 10.

[79] So schon RGZ 82, 333, 336.

[80] *Kaesbach-Wortig,* aaO., S. 219.

b) Reporter

Im Gegensatz zum Redakteur ist der Reporter „im Außendienst" tätig. Reporter heißt wörtlich der „Zurückträger"[81]; er wird von der Redaktion ausgesandt, um Ereignisse zu beobachten, Informationen nachzugehen und von diesen der Redaktion Bericht zu erstatten. Der Reporter ist am Sitz der Redaktion tätig und steht mit ihr ständig in persönlichem Kontakt. Seine Aufgabe ist die Beschaffung des Nachrichtenmaterials und die Anfertigung entsprechender Berichte[82]. Der Reporter versucht z. B. durch Behörden (Polizei, Feuerwehr, Stadtverwaltung), bei Pressekonferenzen oder durch Informanten Neuigkeiten in Erfahrung zu bringen. In Pressekonferenzen erhält der Reporter häufig schon vorbereitetes Material, so daß er den Bericht nicht mehr selbständig erarbeiten muß, sondern das Manuskript nur noch für die Zeitung oder Zeitschrift aufzubereiten hat. Die Überarbeitung des Materials macht ihn jedoch nicht zum Redakteur, denn diese Tätigkeit ist kein „Redigieren" im eigentlichen Sinne, sondern die bloße Auswertung des erweiterten Nachrichtenmaterials zu einem Bericht[83].

Der Reporter beschafft also am Sitz der Redaktion Nachrichtenmaterial und erstattet Bericht. Man unterscheidet zwischen dem Photoreporter und dem reinen Berichterstatter, d. h. der ausschließlichen Wortpublizistik[84]. Die bloße Weitergabe von Nachrichtenmaterial an die Redaktion ist für die urheberrechtliche Bewertung der Tätigkeit des Reporters ohne jede Bedeutung. Dies gilt auch dann, wenn er die einzelne Nachricht schöpferisch gestaltet. Nur wenn seine Berichte über die bloße Tatsachenmitteilung hinausgehen, werden sie urheberrechtlich relevant. Auch die Reportage ist nur dann ein Schriftwerk, wenn sie den Nachrichtenkern individuell gestaltet. Es ist nicht ungewöhnlich, daß Reporter Interviews durchführen; insbesondere geschieht dies bei Ereignissen mit den Betroffenen. Ob der Reporter Urheber des Interviews ist, richtet sich nach den obengenannten Kriterien[85].

Durch das bloße Recherchieren von Ereignissen wird der Reporter nicht Miturheber des durch den Redakteur geschriebenen Artikels. Eine Miturheberschaft

---

[81] reportare – lat. Ursprung zurücktragen, -bringen sowie berichten und überbringen, Langenscheidts Taschenwörterbuch, Latein-Deutsch, Deutsch-Latein, 11. Aufl., Berlin und München 1969.

[82] *Bäuerlein,* aaO., S. 77; *Löffler,* Der Redakteurbegriff, S. 216; *Kaesbach-Wortig,* aaO., S. 165.

[83] *Löffler,* aaO., S. 216.

[84] *Lahusen,* aaO., S. 27; *Dovifat,* aaO., Bd. II, S. 27 ff., hingegen unterscheidet zwischen Reporter und Berichterstatter. Danach verschafft sich der Reporter das Nachrichtenmaterial selbst, der Berichterstatter wird von der Redaktion nur zu schon ereigneten Geschehen ausgesandt. Diese strenge Trennung hat sich jedoch in Deutschland nicht eingebürgert, anders allerdings in den U.S.A., vgl. *Bäuerlein,* aaO., S. 77 ff. Für die Tätigkeit des Photoreporters finden sich verschiedene Benennungen: Pressephotograph oder Bildberichterstatter.

[85] Siehe dazu oben S. 19.

ist dann zu bejahen, wenn sowohl der Redakteur wie der Reporter von einer gemeinsamen Konzeption des zu schreibenden Artikels ausgingen, der Reporter die Sammlung des Materials übernahm und der Redakteur das Schreiben des Artikels[86]. Weiterhin muß der Reporter auf die spätere Gestaltung des Werkes einen schöpferischen Einfluß ausgeübt haben[87].

Der Photoreporter, dem es in erster Linie darum geht, als erster „ein Bild zu schießen", wird in der Regel nur ein Leistungsschutzrecht an seinen Bildern erwerben, da die künstlerische Gestaltung hinsichtlich der Motivwahl, Bildschärfe etc. fehlt. Für den Photoreporter zählt nur der Nachrichtenwert des Bildes. Eine andere Beurteilung kann sich z. B. bei einer Reisereportage ergeben, die in einer Illustrierten erscheint. Hier soll keine Nachricht vermittelt werden, sondern die Eigenart und die Schönheit des besuchten Landes. In diesem Falle wird man von einem Lichtbildwerk bei den einzelnen Photographien sprechen können.

c) *Korrespondent*

Der Korrespondent ist eine andere Variante des „Außendienstes"; im Gegensatz zum Reporter ist er jedoch nicht am Sitz der Redaktion tätig, sondern er steht mit der Zentrale nur indirekt über Draht, Funk oder Schriftverkehr in Verbindung[88]. Seine Aufgabe besteht in der Versorgung der Redaktion mit Nachrichten, Berichten und Artikeln[89]. Der Funktion nach unterscheidet sich der Korrespondent vom eigentlichen Reporter durch die zusätzliche Aufgabe der Kommentierung. Ereignisse berichtet der Korrespondent nicht nur an die Hauptredaktion, sondern er interpretiert sie auch aus seiner Sicht[90]. Man unterscheidet den ständigen Korrespondenten von einem Sonderkorrespondenten. Letzterer wird zu bestimmten Ereignissen, z. B. in ein Krisengebiet oder zu zeitlich begrenzten Veranstaltungen – Olympische Spiele –, geschickt. Hingegen ist der ständige Korrespondent an einem bestimmten Ort – z. B. Moskau, Washington, Paris oder London – und berichtet über das dortige Geschehen. Je nach dem Aufenthaltsort bezeichnet man ihn als Auslands- oder Inlandskorrespondenten. Das Büro des Korrespondenten wird häufig als „Außenredaktion" deklariert. Bei den größeren Außenredaktionen werden die Berichte meist schon redigiert der Hauptredaktion zugesandt. Die Aufgabe des Redigierens ist jedoch nur eine Randerscheinung für den Korrespondenten. Der Korrespondent ist also

---

[86] OLG Köln GRUR 1953, 499 „Kronprinzessin Cäcilie I".

[87] *Fromm-Nordemann,* § 8 Anm. 2 c und 3; *v. Gamm,* § 8 Rdz 6.

[88] *Bäuerlein,* aaO., S. 65, 78.

[89] Der Name „Korrespondent" läßt sich etymologisch auf das lateinische respondere = antworten, erwidern, sich melden, zurückführen, Brockhaus Enzyklopädie, Bd. 10, Wiesbaden 1970; Langenscheidts Taschenwörterbuch, Lateinisch, Lateinisch-Deutsch, Deutsch-Lateinisch, 11. Aufl., Berlin, München 1969.

[90] *Bäuerlein,* aaO., S. 80.

ein auswärtiger Mitarbeiter, der die Redaktion über Draht, Funk oder Schriftverkehr mit Nachrichten, Berichten und Kommentaren versorgt[91].

Trotz der grundsätzlichen funktionalen Differenzierung zwischen Redakteur und Korrespondent ist die arbeitsrechtliche Divergenz zumindest für den Zeitschriftenbereich aufgegeben worden. Vor allen Dingen unter dem Aspekt, daß heutzutage die Korrespondenten überwiegend Kommentare verfassen und die Nachrichtenübermittlung in den Hintergrund getreten ist, wird der Korrespondent in den Geltungsbereich des MTV für Redakteure an einer Zeitschrift miteinbezogen[92]. Die arbeitsrechtliche Gleichbehandlung von Redakteur und Korrespondent (zumindest bei den Zeitschriften) zeigt, daß die schreibende Tätigkeit neben der des Redigierens als Aufgabengebiet des Redakteurs angesehen wird[93]. Auch der Korrespondent ist als ArbN-Urheber anzusehen, denn durch das Schreiben von Kommentaren und Berichten erwirbt er Urheberrechte. Das Sammeln, Sichten und Ordnen von Nachrichten ist – wie schon öfters erwähnt – für den Erwerb von Urheberrechten bedeutungslos.

d) Pressezeichner und Graphiker

Die Aufgabe des Pressezeichners ist mit der des Photoreporters identisch, beide sollen den journalistischen Text illustrieren[94]. Der Pressezeichner wird das politische Zeitgeschehen durch Karikaturen kommentieren und Romane und Kurzgeschichten in Zeitschriften mit Illustrationen versehen. Im Gerichtssaal, wo die Aufnahme von Photographien während des Prozesses untersagt ist, spielt der Beruf des Pressezeichners noch eine wichtige Rolle.

Hingegen ist die Tätigkeit eines Graphikers im Pressewesen nicht mehr als eine journalistische zu bezeichnen[95]. Entweder wird er für die Werbung der Zeitung oder Zeitschrift tätig, oder er fertigt statistische und graphische Darstellungen (Schaubilder, Skizzen, Landkarten) zur Texterläuterung an. Diese Unterscheidung ist jedoch im Rahmen dieser Arbeit unwichtig; auch wenn der Graphiker kein Journalist ist, kann er doch durch seine Leistungen Urheberrechte erwerben[96]. Hinzu kommt, daß sich eine klare Arbeitsteilung in der Redaktion nicht durchführen läßt, so daß sich auch ein Pressezeichner graphischen Darstellungen widmen muß. Damit gehören sowohl der Pressezeichner wie der Graphiker zu den angestellten Werkschöpfern.

---

[91] *ders.*, aaO., S. 78.

[92] Erläuterungen des VDZ zum MTV für Redakteure an einer Zeitschrift zu § 1 Geltungsbereiche, abgedruckt bei *Delp*, Bd. II, Nr. 103 d.

[93] Bei dem neu abzuschließenden MTV für Redakteure an einer Tageszeitung soll der Geltungsbereich nach den Vorstellungen der Gewerkschaften auch auf den Korrespondenten erstreckt werden. Bis jetzt konnte noch keine Einigung erzielt werden.

[94] *Schmidt-Osten*, Das Steuerrecht der Presse, S. 8.

[95] ebenda; *Delp*, Erläuterungen zum Berufsbild des Journalisten, Bd. II, Nr. 100 e, S. 3.

[96] siehe dazu S. 21.

II. Die gegenwärtig gebräuchliche Vertragsgestaltung der Urheberrechte

Die Zeitungs- und Zeitschriftenverlage haben in der arbeitsvertraglichen Gestaltung der Urheberrechte ihrer ArbN völlig verschiedene Wege beschritten. Dies ist sicherlich allein schon durch die organisatorische Trennung der beiden Verlagsgruppen bedingt. Eine wesentliche Rolle dürften aber auch die anderen Gegebenheiten bei den Zeitschriften – insbesondere den Fachzeitschriften – gespielt haben, die mit denen der Tagespresse in vielen Punkten nicht übereinstimmen. Bei der Untersuchung der Vertragspraxis werden sich die Gründe für die unterschiedlichen Regelungen aufhellen.

1. *Zeitungsverlag*

Zwischen dem Bundesverband Deutscher Zeitungsverleger (BDZV) einerseits und dem Deutschen Journalisten-Verband (DJV), der Industriegewerkschaft Druck und Papier (Deutschen Journalisten-Union, DJU)[97] sowie der Deutschen Angestellten-Gewerkschaft (DAG) andererseits gilt der MTV für Redakteure an einer Tageszeitung vom 1. Dezember 1971 (ab 1. Januar 1972), der am 1. Juli 1972 für allgemeinverbindlich erklärt wurde[98]. Durch die Allgemeinverbindlichkeit erstreckt sich der Geltungsbereich des MTV auf alle Verlage, die in der BRD und Westberlin Tageszeitungen herausgeben, und alle hauptberuflich an Tageszeitungen festangestellte Redakteure (Wort und Bild)[99]. Ausgenommen sind also Zeitschriftenverlage, Presseagenturen sowie Wochenzeitungen. Letztere wenden aber, soweit die Verlage Mitglieder des BDZV sind, den MTV entsprechend an[100].

Eine Urheberrechtsklausel findet sich im MTV selbst nicht[101]. Gemäß § 2 MTV haben jedoch sowohl der Verlag wie auch der Redakteur einen Anspruch auf einen schriftlichen Anstellungsvertrag, für den ein Musterformular, das in

---

[97] Die Deutsche Journalisten-Union ist eine Berufsgruppe der Journalisten in der IG Druck und Papier; sie ist zahlenmäßig wesentlich kleiner als der DJV, *Koszyk-Pruys*, aaO., S. 69.

[98] BAnz. 1972 Nr. 192 S. 1. Der MTV wurde zum 31. 12. 1974 gekündigt, bis zum 1. 7. 1976 kam es jedoch noch nicht zum Abschluß eines neuen MTV, so daß von der z. Z. bestehenden Rechtslage ausgegangen werden muß. Die Bestrebungen der Tarifvertragsparteien beim Aushandeln einiger Punkte und ihre Entwürfe zum neuen MTV sind, soweit sie urheberrechtlich relevant sind, eingearbeitet worden. Dabei wird kein Anspruch auf Vollständigkeit erhoben.

[99] § 1 MTV für Redakteure an Tageszeitungen, abgedruckt bei *Delp*, Bd. II Nr. 103. Zum Redakteurbegriff vgl. oben I 3 a. Nicht einbezogen sind Korrespondenten. Die am Tarifvertrag beteiligten Gewerkschaften wollen den Geltungsbereich des MTV auf diese Berufsgruppe ausdehnen.

[100] Laut freundlicher Auskunft der Justitiarin des BDZV, Frau Henkel.

[101] Laut freundlicher Auskunft von Herrn Dr. *Schmidt-Osten* will der DJV im neuen MTV eine Regelung der Urheberrechte erreichen.

Zusammenarbeit der Tarifpartner erstellt wurde, empfohlen wird. Eine zwingende Verpflichtung, den Musteranstellungsvertrag (MAV) zu verwenden, besteht nicht. Jeder Zeitungsverleger ist also berechtigt, mit seinem ArbN einen individuellen Arbeitsvertrag abzuschließen[102]. Die arbeitsrechtliche Konkretisierung des § 43 UrhG ist in § 14 des MAV vorgenommen worden[103]. Diese Urheberrechtsklausel befaßt sich mit den Pflichten und Rechten des Redakteurs hinsichtlich seiner Eigenschaft als Urheber. Der MAV kann für alle Redakteure, die als ArbN gelten, herangezogen werden. Als ArbN bezeichnet man im Arbeitsrecht alle Personen, die aufgrund eines privatrechtlichen Vertrages im Dienste eines anderen zur Arbeit verpflichtet und durch Einordnung in dessen Betrieb oder Arbeitsbereich in weisungsgebundener Stellung tätig sind[104]. Auch die leitenden Angestellten, wie der Chefredakteur, der Chef vom Dienst und die Ressortleiter gelten im Rahmen des TVG als ArbN, so daß auch sie auf der Basis des MAV ihren Arbeitsvertrag abschließen können[105]. In der Praxis erhalten die leitenden ArbN jedoch grundsätzlich einen individuellen Arbeitsvertrag.

Bei den Zeitungsverlagen gibt es eine ganze Anzahl von weiteren ArbN-Urhebern, die nicht unter den Geltungsbereich des MTV fallen; zu denken ist hier an den Redaktionsvolontär, den Reporter sowie Photoreporter, den Korrespondenten, an den Pressezeichner und Graphiker. Ein Musterarbeitsvertrag, der vom BVDZ in Verbindung mit den Gewerkschaften empfohlen wird, existiert für diese ArbN nicht[106]. In der Praxis wird bisweilen für den Reporter und häufig für den Korrespondenten auch der MAV beim Abschluß des Arbeitsvertrages verwandt, obwohl diese ArbN keine Redakteure im eigentlichen Sinne sind. In diesem Falle findet für diese Berufsgruppen auch die Urheberrechtsklausel in § 14 MAV Anwendung. Ansonsten wird mit diesen ArbN ein Arbeitsvertrag in individueller Form abgeschlossen. Eine Regelung der Urheberrechte wird nur bei Spitzenkräften zu erwarten sein. Die meisten Arbeitsverträge dieser Berufsgruppen enthalten wohl keine Urheberrechtsklauseln[107].

Zusammenfassend läßt sich also feststellen, daß sich für ArbN-Urheber, die bei einem Zeitungsverlag tätig sind, nur im MAV für Redakteure eine formularmäßige Urheberrechtsklausel findet. Andere Arbeitsverträge haben individuell gestaltete Vereinbarungen über die Urheberrechte des ArbN oder gar keine.

---

[102] Auch in diesem Punkt wird von der Gewerkschaftsseite eine Änderung angestrebt: der MAV soll verbindlich werden.

[103] Siehe Anhang I. Die Auslegung des § 14 MAV folgt auf S. 33 ff.

[104] *Hueck-Nipperdey*, Bd. I, S. 34 ff.; *Nikisch*, Bd. I, S. 91, 92.

[105] *Hueck-Nipperdey-Stahlhacke*, § 1 TVG Rdz 46; a. A. *Löffler*, Presserecht, Kap. 13 Rdz 52. Vgl. zum Begriff des leitenden Angestellten BAG DB 1974, 826.

[106] Ob einzelne Verlage für diese Berufsgruppen Vertragsmuster entworfen haben, konnte im Rahmen dieser Arbeit nicht berücksichtigt werden. Zur Häufigkeit der eigenen Vertragsmuster siehe *Poll*, aaO., S. 33.

[107] Vgl. dazu auch die Statistiken bei *Poll*, aaO.

2. *Zeitschriftenverlag*

Zwischen dem Verband Deutscher Zeitschriftenverleger (VDZ) einerseits und dem DJV, der DJU sowie der DAG gilt der MTV für Redakteure an Zeitschriften vom 2. Oktober 1973 (ab 1. Januar 1974)[108], der durch den Arbeitsminister am 4. April 1974 für allgemeinverbindlich erklärt wurde[109]. Der Tarifvertrag ist verbindlich für alle Redakteure, die bei Verlagen, welche Zeitschriften allgemeiner, fachlicher oder konfessioneller Art herausgeben, festangestellt sind. Wer Redakteur i. S. des MTV ist, wurde zwar nicht definiert, aber anhand der Berufsbilder skizziert. Als Redakteure gelten nicht: Pauschalisten, Honorarempfänger, Layouter, Redaktionsassistenten, Redaktionsvolontäre, technische Hilfskräfte. Hingegen gehört der Korrespondent zu den Redakteuren i. S. des MTV[110]. Der Reporter bleibt unerwähnt.

Der MTV regelt in § 9 die Urheberrechte des Redakteurs. Diese Urheberrechtsklausel ist für alle Redakteure, die für eine Zeitschrift tätig sind, bindend – (vorteilhaftere Regelungen im Einzelvertrag sind für den angestellten Werkschöpfer nach dem Günstigkeitsprinzip natürlich möglich)[111] –, denn die Rechtsnormen des Tarifvertrages gelten unmittelbar und zwingend zwischen den beiderseits Tarifgebundenen (§ 4 I TVG). Eine Wiederholung oder Verweisung auf die Urheberrechtsklausel des MTV ist im Arbeitsvertrag nicht notwendig. Der jetzige Musteranstellungsvertrag für Redakteure an einer Zeitschrift enthält auch keine Urheberrechtsklausel[112]. Eine Anpassung des MAV wird jedoch beabsichtigt. Als konstruktiven Beitrag zu diesen Bemühungen hat der DJV vorgeschlagen, die Regelungen des § 9 MTV in den MAV als Anhang mitaufzunehmen[113].

Von den Tarifvertragsparteien erarbeitete Musterarbeitsverträge für die Berufsgruppen, die nicht unter den Geltungsbereich des MTV fallen, existieren nicht[114]. Auch im Zeitschriftenwesen wird z. B. für einen Reporter bisweilen der MAV für Redakteure herangezogen. In Ermangelung einer Urheberrechtsklausel bleiben die Urheberrechte dieser ArbN, unerheblich, ob sie aufgrund des MAV ihren Arbeitsvertrag abschließen oder nicht, ungeregelt. Damit be-

---

[108] Abgedruckt bei *Delp*, Bd. II, Nr. 103.

[109] BAnz. 1974 Nr. 74 S. 3. Dies ist der erste MTV, der im Zeitschriftenwesen überhaupt vereinbart wurde.

[110] Erläuterungen des VDZ zu dem MTV für Redakteure an einer Zeitschrift vom 2. 10. 1973 (29. 10. 1973) zu § 1 MTV. Hingegen bezeichnet der DJV in seinen Erläuterungen alle Journalisten, die unter Anwendung journalistischer Arbeitstechniken für eine Zeitschrift tätig werden, als Redakteure.

[111] BAG, AP Nr. 11 zu § 4 TVG Günstigkeitsprinzip.

[112] Abgedruckt bei *Delp*, Bd. II, Nr. 103 c. Dieser MAV wurde in langwierigen Verhandlungen zwischen dem VDZ und dem DJV erarbeitet.

[113] Der Journalist 1973, Heft 9, S. 38, 39. Bis zum 1. 7. 1976 konnte zwischen den Tarifpartnern noch keine Einigung erzielt werden.

[114] Die Möglichkeit, daß die jeweiligen Verlage Musterarbeitsverträge verwenden, mußte im Rahmen dieser Arbeit außer Betracht bleiben.

stehen bei diesem Presseerzeugnis nur für Redakteure und Korrespondenten Urheberrechtsklauseln. Den anderen ArbN verbleibt nur eine individuelle Vereinbarung beim Abschluß des Arbeitsvertrages.

III. Urheberrechtsklauseln für Redakteure an einer Zeitung

1. Einräumung der Nutzungsrechte durch den Arbeitnehmer

a) Auslegung des § 14 I S. 1 des Musteranstellungsvertrages

Schließt der Redakteur seinen Arbeitsvertrag mit dem Zeitungsverlag in der Form des MAV ab, so wird auch § 14 MAV Vertragsinhalt. Demgemäß steht dem Verlag an den vom Redakteur im Rahmen seiner vertraglichen Pflichten verfaßten Beiträgen ein ausschließliches Nutzungsrecht zu[115]. Fraglich ist, ob die Pflicht zur Einräumung der ausschließlichen Nutzungsrechte nur eine schuldrechtliche Verpflichtung zur Einräumung beinhaltet, oder ob diese Vertragsklausel darüber hinaus auch schon eine Vorausverfügung über die Nutzungsrechte umfaßt. Bei der insoweit erforderlichen Auslegung der Vertragsklausel sind Sinn und Zweck der vertraglichen Regelung und der im Vertrag zum Ausdruck gekommene Parteiwille zu berücksichtigen[116]. Den Parteien kam es nach dem Vertragsinhalt auch bei Berücksichtigung der wechselseitigen Interessen im wesentlichen auf die sofortige Nutzungsmöglichkeit der Werke durch den ArbG an. Das wirtschaftliche Interesse des Verlages geht dahin, den Beitrag nutzen zu können, ohne daß es bei jedem neuen Werk noch einer Verfügung über die Nutzungsrechte bedarf. Diese Auslegung wird auch gestützt durch die Überlegung, daß die Vorausverfügung vor allen Dingen auch eine anderweitige Verfügung über die Nutzungsrechte seitens des ArbN an Dritte verhindern soll[117]. Infolgedessen ist der Redakteur mit dem Abschluß des Angestelltenvertrages verpflichtet, dem Verlag die ausschließlichen Nutzungsrechte an seinen Beiträgen einzuräumen, gleichzeitig nimmt der ArbN-Urheber auch die Vorausverfügung an allen künftigen Werken, die er im Rahmen seines Arbeitsverhältnisses schafft, vor[118], §§ 413, 398 BGB analog.

---

[115] § 14 I S. 1 MAV, siehe Anhang I.

[116] *Palandt,* § 157, Anm. 2 a.

[117] *Roithmaier,* aaO., S. 92 (ihm folgt *Recher,* aaO., S. 202 ff.), geht im Rahmen eines Arbeitsverhältnisses stets von einer Vorausverfügung aus. Dieser Annahme einer generellen Vorausverfügung kann jedoch nicht zugestimmt werden. Die Vertragsgestaltung muß schon durch ihre Formulierung dafür Anhaltspunkte enthalten oder das konkrete Arbeitsverhältnis muß diese Annahme begründen.

[118] Hier liegen zwei Verträge vor: der Arbeitsvertrag, der die Verpflichtung zur Einräumung beinhaltet, und der Abtretungsvertrag über die Nutzungsrechte. In der Praxis werden diese beiden Rechtsbegriffe – wie auch hier – kaum unterschieden, so daß in einem Arbeitsvertrag beide enthalten sind; *Gloy,* aaO., S. 35; *Honig,* aaO., S. 44; *Hubmann,* Arbeitsergebnis, S. 53; *Roithmaier,* aaO., S. 92; 103 ff.; *Ulmer,* Lehrbuch S. 312 ff.

b) *Zulässigkeit der Vorausverfügung*

Eine Vorausverfügung über die Nutzungsrechte ist jedoch nur dann zulässig, wenn die zukünftigen Werke „hinreichend bestimmt" sind. Die Rechtsprechung[119] hält die Bestimmtheit für gegeben, wenn die „gesamten künftigen Werke" genannt werden. Hingegen zieht *v. Gamm*[120] die Grenzen enger: Die hinreichende Bestimmtheit sei nur dann gegeben, wenn die Werke „ohne Schwierigkeiten durch die im Vertrag festgelegten Einzelheiten individualisierbar sind". Für den ArbN in der Presse würde auch nach der Auffassung *v. Gamm* die Beschränkung auf alle im Arbeitsverhältnis entstehenden Werke für die Bestimmtheit ausreichen; denn welche Werke der Redakteur leisten wird, ergibt sich aus dem Zweck des Arbeitsvertrages[121]. Als Beispiel sei der Lokalreporter genannt, der eben Berichte und Reportagen über das örtliche Geschehen verfassen wird. Es ist kein Grund ersichtlich, im Falle eines Arbeitsverhältnisses die antizipierte Übertragung der Rechte zu versagen.

Mit der Fertigstellung des Werkes erwirbt der ArbG die Nutzungsrechte. Die Nutzungsrechte, sowohl das einfache wie auch das ausschließliche, sind quasidingliche Rechte, die durch die Einräumung in der Person des Nutzungsberechtigten entstehen[122].

c) *Umfang des Rechtserwerbes durch den Arbeitgeber*

Vereinbart wird in § 14 des MAV ein ausschließliches Nutzungsrecht (§ 31 III UrhG). Damit kann der Verlag unter Ausschluß eines jeden Dritten – auch des Redakteurs selbst – das Werk auf die ihm erlaubte Art nutzen und einfache Nutzungsrechte einräumen. Im MAV bleiben die erlaubten Nutzungsarten allerdings unerwähnt. Wenn keine ausdrückliche Vereinbarung über den Umgang der Rechtseinräumung vorliegt, richtet sich dieser nach der „Zweckübertragungstheorie", d. h. dem Verlag stehen nur die Nutzungsarten zu, die sich aus dem Inhalt des abgeschlossenen Arbeitsvertrages ergeben.

Zweck des eingegangenen Arbeitsverhältnisses ist u. a. die Veröffentlichung der vom Redakteur verfaßten Beiträge. Hierzu benötigt der Verlag nur das Vervielfältigungsrecht (§ 16 UrhG) und das Verbreitungsrecht (§ 17 UrhG)[123]. Das Vervielfältigungsrecht erlaubt dem Verlag Vervielfältigungsstücke des Werkes –

---

[119] RGZ 79, 156, 159; BGHZ 22, 347, 350; BGH GRUR 1968, 321 (Haselnuß).

[120] Rdz 7 zu § 32; vgl. auch *Gloy*, aaO., S. 33; *Vinck*, aaO., S. 17.

[121] Ebenso *Blatz*, aaO., S. 59; *Roithmaier*, aaO., S. 83, a. A. *Munk*, Die Rechtstellung des Urhebers nach Übertragung des Urheberrechts, S. 19, der eine Vorausverfügung stets ablehnt.

[122] *Gaul*, aaO., S. 1511; *Hubmann*, Studienbuch S. 191; differenzierend *v. Gamm*, § 31 Rdz 1; *Samson*, Urheberrecht, S. 136; a. A. *Gloy*, aaO., in Anm. 94, der die Meinung vertritt, daß nach jetzt geltendem Recht bei einer Vorausverfügung die Nutzungsrechte nicht mehr unmittelbar in der Person des ArbG entstehen können.

[123] Zu den sonstigen Nutzungsrechten, die der Verlag von anderen Urhebern benötigt vgl. *Rehbinder*, Der Schutz der Pressearbeit, UFITA Bd. 48, S. 107.

gleich, ob es ein Lichtbildwerk, ein Sprachwerk oder ein Werk der bildenden Kunst ist – herzustellen. Er kann den Artikel beliebig oft auf Zeitungspapier drucken lassen. Das Verbreitungsrecht gewährt das Inverkehrbringen des Werkes, die Zeitung kann zum Verkauf angeboten werden. Jedoch aus konkretem Anlaß kann der ArbN-Urheber zur Einräumung weiterer Nutzungsrechte verpflichtet sein. Als Beispiel seien nur Werbemaßnahmen des Verlages genannt.

Gemäß § 14 I S. 1 des MAV ist der ArbG berechtigt, jeden Beitrag, den der angestellte Redakteur aufgrund seiner arbeitsvertraglichen Verpflichtung erbracht hat, in seiner Zeitung erscheinen zu lassen. Einer Einräumung der Nutzungsrechte an dem jeweiligen Werk bedarf es nicht mehr. Alle anderen Verwertungsrechte verbleiben dem Redakteur.

2. *Weiterübertragung der erworbenen Nutzungsrechte*

a) Durch den Verlag

aa) An eine „Redaktionsgemeinschaft", bei „sonstiger redaktioneller Zusammenarbeit" und an „selbständige Verlagsobjekte"

(1) Zustimmungserfordernis des Urhebers

Das im vorhergehenden Abschnitt erarbeitete Ergebnis bedarf noch einer Vertiefung; denn nicht ganz unproblematisch ist die Feststellung, was ein Verlag als „seine Zeitung" bezeichnet. So erscheinen im Verlagshaus Axel Springer u. a. die „Bild-Zeitung", das „Hamburger Abendblatt" und „Bild am Sonntag". Wenn ein Verlag mehrere Objekte hat, stellt sich die Frage, ob die Nutzungsrechte nur für ein Objekt oder für mehrere erworben sind. Eine Klärung erfolgt durch den MTV selbst in § 2 III: Durch schriftliche Vereinbarung kann die Verpflichtung des Redakteurs auf mehrere Verlagswerke des gleichen Verlages erstreckt werden.

Die Vereinbarung geht also davon aus, daß der Redakteur grundsätzlich nur für ein Verlagswerk eingestellt wird. Wollen die Parteien von dieser Norm abweichen, so muß die Regelung im Anstellungsvertrag schriftlich niedergelegt werden[124]. Dies gilt nicht nur für den Abschluß des Arbeitsvertrages, sondern auch für die Dauer des Arbeitsverhältnisses. Hat sich der Redakteur beim Abschluß nur für ein Verlagswerk verpflichtet und wird seine Tätigkeit anschließend auf weitere periodische Druckwerke ausgedehnt, ist das ein zusätzliches Arbeitsgebiet. Der Redakteur hat Anspruch auf ein dafür zu zahlendes Entgelt, das in seinem Anstellungsvertrag zu vereinbaren ist (§ 2 III S. 2 MTV)[125].

Der Verlag erwirbt das ausschließliche Nutzungsrecht an den Beiträgen stets nur für eine Zeitung, es sei denn, es ist schriftlich im Anstellungsvertrag etwas anderes vereinbart worden. Die Einräumung des ausschließlichen Nutzungs-

---

[124] So auch *Löffler*, Presserecht, Kap. 13 Rdz 61.

[125] Andere Verlagswerke i. S. des MTV bedeuten immer nur Zeitungen. Diese Regelung findet aber auch dann Anwendung, wenn der Verlag neben den Zeitungen auch noch Zeitschriften herausgibt, *Schmidt-Osten*, Das Arbeitsrecht, S. 7.

rechts im MAV wird durch den § 2 III MTV inhaltlich bzw. gegenständlich beschränkt[126].

Der ArbG ist zur Weiterverfügung über die Nutzungsrechte berechtigt, und zwar kann er einem Dritten ein ausschließliches oder einfaches Nutzungsrecht einräumen (§ 35 UrhG)[127]. Der Urheber hat ein berechtigtes Interesse zu wissen, in wessen Hand die Nutzungsrechte sind. Diesem Umstand hat der Gesetzgeber Rechnung getragen, indem er die wirksame Weiterbegebung der Nutzungsrechte durch den Nutzungsberechtigten von der Zustimmung des Urhebers abhängig macht (§ 34 I S. 1, 35 I S. 1 UrhG). Diese Zustimmung ist auch in einem Arbeitsverhältnis erforderlich, denn insbesondere die urheberpersönlichkeitsrechtlichen Belange können auch bei einem ArbN-Urheber durch die Weiterverfügung an einen Dritten tangiert werden[128]. Der Gesetzgeber hat, um dem Nutzungsberechtigten die wirtschaftliche Verwertung des Werkes zu ermöglichen, das Zustimmungsrecht unter den Vorbehalt gestellt, daß die Verweigerung nicht gegen Treu und Glauben verstoßen darf (§ 34 I S. 2 UrhG). Unter welchen Bedingungen nun der angestellte Werkschöpfer zur Zustimmung verpflichtet ist, richtet sich nach dem Zweck des Arbeitsvertrages, der durch den § 242 BGB näher bestimmt wird[129].

(2) Im voraus erteilte Zustimmung

Die §§ 34, 35 sind nachgiebiges Recht, so daß die Vertragsparteien das Zustimmungserfordernis abbedingen können. Eine diesbezügliche Vereinbarung ist in § 14 II MAV vorgenommen worden; der Redakteur verzichtet mit dem Abschluß des Arbeitsvertrages auf sein Zustimmungsrecht, oder er erteilt seine Zustimmung zur Weiterübertragung der Nutzungsrechte im voraus.

Diese Vorschrift ist jedoch nur für zwei Arten der Weiterübertragung verbindlich; der Verlag kann ohne Einwilligung des Redakteurs innerhalb einer „Redaktionsgemeinschaft" oder bei „sonstiger redaktioneller Zusammenarbeit" über die Beiträge weiterverfügen. Die Redaktionsgemeinschaften sind eine Erscheinung im Rahmen der Pressekonzentration[130]. Bei einer Redaktionsgemeinschaft versorgt ein Zeitungsverlag mehrere kleine Verlage, die alle rechtlich und wirtschaftlich selbständig sind, mit dem sog. Mantel (Umschlagseiten und redaktionellen Hauptteil mit den politischen Nachrichten und Kommentaren u. a. m.). Der Mantel kann auch durch eine gemeinsame, eigene Redaktion der rechtlich und wirtschaftlich selbständigen Verlage hergestellt werden. Der Lokalteil wird von den jeweiligen Zeitungsverlagen in eigener Redaktion hergestellt[131]. Von der Redaktionsgemeinschaft ist die „Fusion" zu unterscheiden,

---

[126] *Samson,* Urheberrecht, S. 135.

[127] *v. Gamm,* § 34 Rdz 2; mißverständlich *Hubmann,* Studienbuch, S. 191, der die Einräumung nach §§ 34, 35 UrhG nur für die Wahrnehmungsverträge erwähnt.

[128] *Blatz,* aaO., S. 73; *Gloy,* aaO., S. 36; *Ulmer,* Lehrbuch S. 302; *Vinck,* aaO., S. 78.

[129] *Fromm-Nordemann,* § 43 Anm. 30.

[130] *Löffler,* Presserecht, Kap. 1 Rdz 8.

[131] *Koszyk-Pruys,* aaO., S. 289.

bei der zwei oder mehrere Zeitungsverlage zu einer rechtlichen und wirtschaftlichen Einheit verschmelzen. Auch bei einer Fusion haben wir das Erscheinungsbild, daß ein Mantel hergestellt wird und regional verschiedene Lokalteile. Im Gegensatz zur Redaktionsgemeinschaft handelt es sich hier jedoch nur noch um einen Verlag und eine Zeitung, wenn auch mehrere Lokalteile erscheinen[132].

Bei einer sonstigen redaktionellen Zusammenarbeit liefert ein rechtlich selbständiges Zeitungsunternehmen einem anderen selbständigen Zeitungsunternehmen redaktionelle Teile (Seiten, Beilagen u. a. m.)[133]. Nicht geklärt ist, ob auch der regelmäßige Artikelaustausch zwischen zwei rechtlich selbständigen Verlagen noch zur redaktionellen Zusammenarbeit gehört. Die Auffassungen sind in diesem Punkt sehr konträr. Um so begrüßenswerter ist der Versuch der Tarifvertragsparteien, hier im Rahmen der Verhandlungen zum MTV für Redakteure zu einer gemeinsamen Definition zu gelangen[134].

Der Redakteur hat zwar seine Einwilligung zur Weiterverfügung im voraus erteilt, aber wenn sein Beitrag im Rahmen einer redaktionellen Zusammenarbeit weitergegeben wird, steht ihm ein Einspruchsrecht gemäß § 14 III MAV[135] zu (nicht jedoch bei einer Redaktionsgemeinschaft). Von diesem Einspruchsrecht kann er Gebrauch machen, wenn die Weiterverfügung für ihn ideell unzumutbar ist. Diese Voraussetzung ist anzunehmen, wenn der Beitrag an eine Zeitung veräußert wird, deren grundsätzliche Haltung mit der des eigenen Verlages – und damit in der Regel mit der des Redakteurs! – in den wesentlichen Punkten nicht übereinstimmt. Sonstige ideelle Gründe könnten sich aus einer Gefährdung der Urheberpersönlichkeitsrechte des Redakteurs ergeben. Dieser Problembereich wird daher im Zusammenhang mit den Urheberpersönlichkeitsrechten im 3. Hauptteil behandelt.

(3) Zustimmungsverpflichtung des Redakteurs

Eine Weitergabe der redaktionellen Beiträge beschränkt sich nicht auf Redaktionsgemeinschaften und sonstige redaktionelle Zusammenarbeit, z. B. ist die gelegentliche Artikelübernahme von regionalen Zeitungen durch Wochenzeitungen üblich. Diese Art der Weitergabe wird von dem Zustimmungsverzicht des Redakteurs nicht betroffen, denn in § 14 III MAV heißt es: Eine Weiter-

---

[132] *Schmidt-Osten,* Definitionsvorschlag für eine Neuregelung der Urheberrechte im MTV für Zeitungsredakteure, „Eine Redaktionsgemeinschaft i. S. der Ziff. ... liegt vor, wenn ein rechtlich selbständiges Zeitungsunternehmen einem andren rechtlich selbständigen Zeitungsunternehmen, das keine Tochtergesellschaft i. S. der Ziff. 2 ist, den Mantel liefert, wobei es auf die technische Form der Lieferung nicht ankommt. Unter Mantel wird der redaktionelle Teil ohne den von den Anschlußzeitungen hergestellten lokalen oder regionalen Teil verstanden."

[133] *ders.,* „Eine redaktionelle Zusammenarbeit i. S. der Ziff. ... liegt vor, wenn ein rechtlich selbständiges Zeitungsunternehmen, das keine Tochter i. S. der Ziff. 2 ist, redaktionelle Teile (Seiten, Beilagen u. ä.) liefert, wobei es auf die technische Form nicht ankommt."

[134] Dem Vernehmen nach verstehen die Gewerkschaften den Artikelaustausch nicht mehr als redaktionelle Zusammenarbeit.

[135] Siehe Anhang I.

verfügung über Beiträge des Redakteurs an andere selbständige Verlagsobjekte bedarf der Einwilligung des Redakteurs. Andere Verlagsobjekte sind sowohl Zeitungen und Zeitschriften des anstellenden Verlages wie auch die Presseerzeugnisse Dritter[136].

Wie bereits erwähnt, darf der Werkschöpfer seine Zustimmung nicht wider Treu und Glauben verweigern. Treu und Glauben werden durch das eingegangene Arbeitsverhältnis konkretisiert[137]. Als ArbN des Verlages unterliegt der Redakteur der Treuepflicht, er darf die Interessen seines ArbG nicht verletzen[138]. Für den Verlag ist die Weiterveräußerung der Beiträge aus zwei Gründen angebracht: zum einen stellt sie einen zusätzlichen finanziellen Gewinn dar, zum anderen bewirkt sie eine Werbung für die verkaufende Zeitung, da ihr Name als Quelle des Beitrages nach einer Vereinbarung meist angegeben werden muß.

Die Weitergabe des Artikels liegt also in der Regel im Interesse des Verlages. Der Redakteur hat demgemäß seine Einwilligung zu erteilen. Die Treuepflicht des ArbN wird jedoch durch die Zumutbarkeit beschränkt; danach kann der Redakteur seine Einwilligung versagen, wenn die Weitergabe seines Artikels für ihn ideell untragbar wäre. In diesem Punkt ist das Einspruchsrecht bei der sonstigen redaktionellen Zusammenarbeit mit dem Recht der Zustimmungsverweigerung bei der Veräußerung der Beiträge an selbständige Verlagsobjekte in den Voraussetzungen identisch. Wirtschaftliche Belange des Redakteurs – er könnte den Artikel selbst günstig an eine andere Zeitung weitergeben – begründen in der Regel keine Verweigerung der Einwilligung[139]. Der Redakteur erhält für seine Arbeitsleistung, die u. a. auch im Schreiben von Artikeln und Berichten besteht, den vereinbarten Lohn. Die wirtschaftliche Sicherung des ArbN ist damit erreicht. Einer zusätzlichen eigenen Verwertung des Beitrages bedarf es grundsätzlich nicht mehr[140].

Mit diesem Ergebnis wird jedoch nicht die Fragestellung präjudiziert, ob der Redakteur, wenn der Verlag die Beiträge weitergibt, einen zusätzlichen finanziellen Anspruch hat.

---

[136] Der Vorschlag für eine Neuformulierung des § 14 MAV lautet hier: „Eine Weiterverfügung für andere Verlagsobjekte des gleichen Verlags oder eine Übertragung der Nutzungsrechte an Dritte bedarf der Einwilligung des Redakteurs ..."

[137] *v. Gamm,* § 34 Rdz 16, danach ist für die Bestimmung von Treu und Glauben eine Interessenabwägung notwendig, wobei die vermögensrechtlichen und urheberpersönlichkeitsrechtlichen Interessen des Urhebers herangezogen werden müssen. Hingegen betonen *Möhring-Nicolini,* § 34 Anm. 3 a, daß die Pflicht zur Zustimmung nicht weitergehen könne, als der Zweck der Einräumung des Nutzungsrechts an den Erstberechtigten es erfordere. Diese enge Auslegung wird allerdings der besonderen Stellung des ArbN-Urhebers nicht gerecht.

[138] *Hueck-Nipperdey,* Bd. I, S. 241 ff.

[139] Zu recht weist *Küfner,* Die Vergütungsansprüche des Urhebers nach dem Urheberrechtsgesetz, S. 176, 177, darauf hin, daß § 34 UrhG auch vermögensrechtliche Interessen beinhaltet.

[140] So auch *Vinck,* aaO., S. 78–80.

bb) Vergütungsansprüche des Redakteurs

(1) Weitergabe als zusätzliche Werknutzung

Der MAV besagt nichts über eine Vergütungspflicht des Verlages für die Weitergabe der Beiträge. In der Praxis haben sich jedoch Betriebsübungen[141] im arbeitsrechtlichen Sinn entwickelt. So erhält der Redakteur bei der Weitergabe seiner Artikel oder Berichte innerhalb einer Redaktionsgemeinschaft keine weitere Vergütung, bei redaktioneller Zusammenarbeit sowie bei der Weitergabe der Beiträge an selbständige Verlagsobjekte wird ihm grundsätzlich ein zusätzliches Entgelt gewährt. Damit bleibt zu klären, ob der Redakteur abgesehen von der arbeitsrechtlichen Bindung des ArbG auch aus urheberrechtlichen Gründen für die Weitergabe seiner Beiträge eine zusätzliche Vergütung beanspruchen kann.

Schon das Reichsgericht prägte den Grundsatz, daß dem Urheber überall, wo aus seinem Werk finanzieller Gewinn gezogen wird, grundsätzlich die Möglichkeit gewährt werden soll, daran teilzunehmen[142]. Diese Rechtsprechung wurde vom BGH[142a] fortgesetzt und fand u. a. in der nunmehr normierten Zweckübertragungstheorie ihren Niederschlag. Wir hatten festgestellt, daß der Redakteur dem Verlag das Vervielfältigungs- und das Verbreitungsrecht nur für eine Zeitung einräumt. Die Veröffentlichung des Beitrages in einer anderen Zeitung oder auch Zeitschrift, die rechtlich vom anstellenden Verlag unabhängig ist, stellt somit eine weitere Verwertung des Werkes dar, an der der Urheber wirtschaftlich zu beteiligen ist[142b].

Aus der grundsätzlichen Zustimmung zur Weitergabe der Beiträge kann nicht gefolgert werden, daß der Redakteur auch auf einen weiteren Vergütungsanspruch verzichtet hat, denn sonst würde die in § 2 III MTV erfolgte Vereinbarung (der Redakteur wird nur für eine Zeitung des Verlages tätig) zur Leerformel. Der anstellende Verlag könnte die Beiträge des ArbN-Urhebers an alle rechtlich selbständigen Zeitungsunternehmen, die zu seinem Konzern gehören, weitergeben, da der Redakteur ja auf sein Zustimmungsrecht verzichtet hat, bzw. er es nicht verweigern darf. Diese Praxis will aber gerade die in § 2 III MTV getroffene Vereinbarung unterbinden. Da schon ein Anspruch auf ein zusätzliches Entgelt besteht, wenn der Redakteur für mehrere Verlagswerke des anstellenden Verlages tätig wird, so muß dies erst recht gelten, wenn der Beitrag des Werkschöpfers an andere nicht zum Verlag gehörende Zeitungsunternehmen weitergegeben wird. Folgerichtig wird ja auch in der Praxis dem Redakteur bei der Veräußerung der Beiträge an andere selbständige Verlagsobjekte oder bei redaktioneller Zusammenarbeit ein zusätzliches Entgelt gezahlt.

---

141 *Hueck-Nipperdey,* Bd. I, S. 152.

142 RGZ 118, 282 ff.; 122, 66; 123, 312, 318; 128, 102 ff.; 134, 198 ff.; 153, 1, 2.

142a BGHZ 11, 135 ff.; 13, 115, 118; 33, 1, 16; 36, 171, 179.

142b *Hubmann,* Arbeitsergebnis, S. 55; *Sahmer,* aaO., S. 38; *Westen,* aaO., S. 402, a. A. wohl *Recher,* aaO., S. 273; *Reichel,* aaO., S. 585; *Rehbinder,* Recht am Arbeitsergebnis, S. 498, gewährt ein zusätzliches Entgelt nur bei Sonderleistungen.

Dieser Anspruch besteht aber auch bei einer Redaktionsgemeinschaft, denn die Redakteure des „Mantelvertrages“ räumen nur ihm die notwendigen Nutzungsrechte ein und nicht den Anschlußblättern. Die bisherige Übung, den Redakteuren in diesem Fall keine zusätzliche Vergütung zu zahlen, ist zwar verständlich, denn der Zusammenschluß zur Redaktionsgemeinschaft erfolgte ja gerade, um die Kosten für den „Mantel“ zu senken, aber mit dem Urheberrecht der Redakteure nicht vereinbar. In einem Entwurf für die Neuformulierung des § 14 des MAV, der der Tarifkommission als Diskussionspapier zugeleitet wurde, ist die Vergütungspflicht für jegliche Weitergabe von Beiträgen festgelegt worden[143]. Bei der Höhe des Entgelts werden die wirtschaftliche Sicherheit der Redakteure und der Gesichtspunkt, daß der angestellte Werkschöpfer für die Schaffung eines Werkes und die Einräumung der Nutzungsrechte entlohnt wird, zu berücksichtigen sein. Als Beispiel sei hier die Übung eines Verlages erwähnt, der seinen Mitarbeitern bei einem Weiterverkauf von Artikeln (ausgenommen Redaktionsgemeinschaft) 50% des Erlöses gewährt.

(2) Anwendung des § 36 UrhG

Es gilt noch zu klären, ob der Redakteur, wenn der ArbG die Nutzungsrechte im Rahmen einer Redaktionsgemeinschaft an die Anschlußblätter überträgt, seinen Anspruch auf zusätzliche Vergütung auch auf § 36 UrhG begründen kann. § 36 UrhG gehört zu den unabdingbaren Rechten des Urhebers; daraus kann allerdings nicht geschlossen werden, daß dies auch im Arbeitsverhältnis gilt, denn der Vorbehalt des § 43 UrhG umfaßt ebenfalls die unabdingbaren Rechte[144]. Sinn und Zweck des § 36 UrhG ist es, vor allen Dingen den freischaffenden Urheber vor Ausbeutung zu schützen[145]; ob diese Norm überhaupt in einem Arbeitsverhältnis Anwendung finden kann, ist daher umstritten[146]. Grundsätzlich wird mit dem Lohn die Leistung des ArbN abgegolten. Dieser ist daher wirtschaftlich gesichert. Trotzdem ist es auch in einem Arbeitsverhältnis möglich, daß zwischen dem vereinbarten Lohn und dem aus dem Werk des ArbN gezogenen Gewinn des ArbG ein grobes Mißverständnis besteht. Insofern kann die vom Gesetzgeber in § 36 UrhG geregelte Interessenlage ebenso

---

[143] Vorschlag zum neu abzuschließenden § 14 MAV: „Eine Weiterverfügung über die Beiträge des Redakteurs durch den Verlag für andere Verlagsobjekte des gleichen Verlags oder eine Übertragung von Nutzungsrechten an Dritte bedarf der Einwilligung des Redakteurs und ist angemessen zu honorieren. Der Einwilligung bedarf es nicht a) bei Bildbeiträgen, b) bei Beiträgen für Zeitungen einer Redaktionsgemeinschaft sowie bei sonstiger redaktioneller Zusammenarbeit; in diesen Fällen hat der Redakteur Anspruch auf angemessene Vergütung.“

[144] Amtl. Begr. S. 62.

[145] ebenda.

[146] *Löffler,* Die Urheberrechtsreform, S. 18, hält § 36 UrhG im Arbeitsverhältnis für unanwendbar; a. A. *Blatz,* aaO., S. 99, 100; *Fromm-Nordemann,* § 43 Anm. 4; *Poll,* aaO., S. 75; *Rehbinder,* Das Arbeitsverhältnis, S. 315; *Vinck,* aaO., S. 61. Die amtl. Begr. hält die Anwendung nur in den seltensten Ausnahmefällen für gegeben, schließt damit aber die Gültigkeit des § 36 UrhG für den ArbN-Urheber nicht gänzlich aus.

bei einem Arbeitsverhältnis vorkommen wie bei einem freiberuflich tätigen Urheber; § 36 UrhG findet daher in einem Arbeits- und Dienstverhältnis grundsätzlich Anwendung und ist auch hier nicht abdingbar.

Bei der Weitergabe der Beiträge innerhalb einer Redaktionsgemeinschaft wird es freilich meist schon an den Tatbestandsvoraussetzungen des § 36 UrhG fehlen: Durch die aus Rationalisierungs- und anderen ökonomischen Gründen erfolgte Zusammenlegung der Redaktionen erzielt der „Mantelverlag" keinen außergewöhnlich hohen Gewinn, ein Anspruch aus § 36 UrhG ist nicht gegeben.

b) Weiterübertragung der Nutzungsrechte durch den Redakteur selbst

aa) Gesetzliche Regelung

Zur Verwertung des Arbeitsergebnisses benötigt der ArbG die Einräumung des Vervielfältigungs- und des Verbreitungsrechts durch den Redakteur. Diese Rechte sind auf eine Zeitung beschränkt. Somit drängt sich die Frage auf, ob der angestellte Werkschöpfer selbst noch über seine Beiträge verfügen darf. Der MAV spricht nur global von einem ausschließlichen Nutzungsrecht, so daß schon zur Feststellung der Nutzungsarten die Zweckübertragungstheorie herangezogen werden mußte. Das Urheberrechtsgesetz enthält für den Zeitungsbereich in § 38 III eine zusätzliche Auslegungsregel über den Inhalt der eingeräumten Nutzungsrechte: Danach kann der Urheber nach Erscheinen des Beitrages in einer Zeitung über diesen weiterverfügen. Obwohl im Vertrag ein ausschließliches Nutzungsrecht eingeräumt wurde, ist es zeitlich beschränkt (§ 38 III S. 2 UrhG). § 38 UrhG findet auch im Arbeitsverhältnis Anwendung[147]. Die Interessenlage des Verlages ist in diesem Punkt gegenüber einem angestellten Redakteur nicht anders zu beurteilen als bei einem freien Mitarbeiter, der auf der Basis von Honorarvereinbarung arbeitet. Die Zeitungen „leben davon", als erste eine Nachricht oder einen Kommentar zu bringen; ist ihnen dies gelungen, ist das Interesse an dem erschienenen Artikel erschöpft.

bb) Vertragliche Regelung

Allerdings ist § 38 III UrhG abdingbar. Der MAV stellt in § 14 II das Recht der Weiterverfügung der Beiträge durch den Redakteur unter den Vorbehalt der Einwilligung des Verlages. Die Einwilligung darf jedoch nach Treu und Glauben nur aus berechtigten Gründen verweigert werden, denn nach arbeitsrechtlichen Grundsätzen ist der ArbG „verpflichtet, im Rahmen des Arbeitsverhältnisses sich für den ArbN einzusetzen, ihm Schutz und Fürsorge zuteil werden zu lassen und alles zu unterlassen, was die Interessen des ArbN zu schädigen geeignet ist"[148]. Für den ArbN ist die Weiterverfügung von Artikeln aus zwei Gründen von großer Bedeutung. Dies ist einmal natürlich der zusätzliche Verdienst und zweitens – was in der Regel wichtiger sein dürfte! – das berufliche

---

147 *Schmidt-Osten,* Die Presse im kommenden Urheberrecht, Der Journalist 1962, Heft 4 Beilage Nr. 39 S. 3.

148 *Hueck-Nipperdey,* Bd. I, S. 390.

Fortkommen. Kann ein Redakteur, der bei einer relativ unbedeutenden Zeitung angestellt ist, häufig bei überregionalen Zeitungen seine Artikel unterbringen, so steigert dies seinen Bekanntheitsgrad und damit seine Möglichkeiten, eine Anstellung bei einer für ihn interessanten Zeitung zu erlangen. Da auch der ArbG den ArbN an seinem beruflichen Fortkommen nicht hindern darf, ist also grundsätzlich die Einwilligung zu erklären.

Ausnahmsweise kann die Einwilligung verweigert werden, wenn die wirtschaftlichen oder ideellen Interessen des Verlages vorrangig sind. So kann die Veräußerung des Artikels an ein Konkurrenzunternehmen versagt werden.

Wollen sowohl der Redakteur wie auch der Verlag den Beitrag an Dritte weitergeben – diese Konfliktsituation kann sich bei der Weitergabe einer Serie ergeben –, dann müssen die Belange des Werkschöpfers hinter denen des ArbG zurückstehen. Die schöpferische Tätigkeit des Redakteurs erfolgt im Dienste des Verlages, der seinen Geschäftsbetrieb auf die Verwertung der geschriebenen Beiträge ausgerichtet hat. Die Nutzung des Arbeitsergebnisses gebührt grundsätzlich dem ArbG. Der ArbN-Urheber muß aufgrund der Treuepflicht dem Verlag die Einwilligung zur Weitergabe erteilen, insbesondere da seine fundamentalen Interessen nicht verletzt werden. Der Redakteur hat in diesem Falle Anspruch auf ein Entgelt, und die Weitergabe durch den Verlag wird auch ihm einen Prestigegewinn bringen.

In diesem Zusammenhang erscheint es erwähnenswert, daß auch die Verwertung der dem Redakteur verbleibenden Rechte durch das Arbeitsverhältnis beeinflußt wird. Der angestellte Urheber darf durch eine erneute Verwertung seiner im Rahmen des Arbeitsverhältnisses geschaffenen Werke die berechtigten Interessen des Verlages nicht verletzen[149].

Durch eine Zusatzvereinbarung kann das Recht der Weiterverfügung abbedungen werden. Diese Vereinbarung findet sich bei „Spitzenkräften", die sich auf dem publizistischen Sektor einen Namen gemacht haben. Mit der Auflage, nur für den Verlag tätig werden zu dürfen, ist zumeist auch ein höheres Entgelt verbunden. Ob trotz des „Exklusivvertrages" der ArbN unter einem Pseudonym seine Beiträge in einem anderen Presserzeugnis veröffentlichen darf, ist nach den Umständen des Einzelfalles zu beurteilen.

Nach Beendigung des Arbeitsverhältnisses kann der Redakteur ohne Einwilligung des Verlages über seine Beiträge weiterverfügen, wenn seit dem Erscheinen des Artikels oder Berichtes mindestens drei Jahre verstrichen sind[150]. Er braucht dann weder auf die wirtschaftlichen noch ideellen Belange des Ver-

---

[149] „Der Urheber darf nicht durch eine gleichzeitige Ausübung der bei ihm verbleibenden Urheberrechte die ordnungsgemäße Ausnutzung der von ihm übertragenden Rechte stören und darüber die Rechte des Erwerbers verletzen". OLG München UFITA Bd. 25, S. 472. Da dies schon grundsätzlich bei einer Nutzungseinräumung gilt, ist dies bei einem Arbeitsverhältnis verstärkt zu beachten. Vgl. auch *Bußmann,* aaO., S. 23; *Gloy,* aaO., S. 41, 45; *Hubmann,* Arbeitsergebnis, S. 55; *Vinck,* aaO., 32, 33.

[150] § 14 II MAV. Anhang I.

lages Rücksicht zu nehmen. Da gerade die Berichte und Artikel in Tageszeitungen durch die Aktualität ihrer Themen geprägt sind, verbleiben dem Redakteur nach dieser Vereinbarung wenig Möglichkeiten zur Weiterverfügung über die Nutzungsrechte. Nutzbringend z. B. wäre nur die Zusammenfassung von Kommentaren in Buchform oder das Erscheinen des Artikels in einem „Rückblick".

Die Nutzungsrechte an Bildbeiträgen bleiben unbefristet beim Verlag[151]. Diese Ungleichbehandlung der Bildredakteure[152] und der Wortredakteure ist aus sachlichen Gründen gerechtfertigt. Während das Interesse des Verlages an Wortbeiträgen nach ihrer Veröffentlichung erlischt, haben die Photos für die Zeitung weiterhin ihren Wert. Sie werden archiviert und können so jederzeit wieder veröffentlicht werden[153]. Hier hat der Bildredakteur nach seinem Ausscheiden aus dem Arbeitsverhältnis keine Möglichkeit der Weiterverwertung. Eine Weiterverfügung während des Arbeitsvertrages mit Einwilligung des Verlages bleibt davon unberührt.

IV. Urheberrechtsklauseln im Tarifvertrag für Redakteure an einer Zeitschrift

1. *Zulässigkeit von Urheberrechtsklauseln im Tarifvertrag*

Für die Zeitschriftenredakteure findet sich – wie schon erwähnt – eine Urheberrechtsklausel direkt im MTV. Vereinbarungen über Urheberrechte der ArbN in Tarifverträgen aufzunehmen, ist nicht erst eine Erscheinung der letzten Jahre. Schon im Jahre 1954 hat der (ehemalige) Nordwestdeutsche Rundfunk eine solche Vertragsklausel mit den Gewerkschaften im MTV vereinbart[154]. Trotz der allgemeinen Vertragspraxis ist die Zulässigkeit dieser Regelungen keine Selbstverständlichkeit. Das Urheberrecht ist weder ein reines Persönlichkeits- noch ein reines Vermögensrecht, sondern ein einheitliches aus beiden Elementen bestehendes Recht. Im Hinblick auf die urheberpersönlichkeitsrechtlichen Befugnisse stellt sich die Frage, ob das Urhebervertragsrecht überhaupt einer kollektiven Regelung im Rahmen eines Tarifvertrages zugänglich ist[155].

Die Reichweite der Tarifverträge wird durch § 1 TVG bestimmt: „Der Tarifvertrag regelt die Rechte und Pflichten der Tarifvertragsparteien und enthält

---

[151] § 14 II S. 3 MAV, Anhang I.

[152] Auch Bildredakteure machen gelegentlich selbst Fotos, *Schmidt-Osten,* Wem steht das Eigentum am Bildabzug zu?, Der Journalist, 1959, Heft 2, Beilage Nr. 20.

[153] ebenda.

[154] *Honig,* aaO., S. 45; *Silberschmidt,* aaO., S. 710, schon in den 20er Jahren wollte man die Urheberrechte der ArbN-Urheber in Tarifverträgen regeln.

[155] *Kunze,* aaO., S. 48; *Roeber,* Zum Thema Urhebervertragsrecht, FuR 1975, 321; *Samson,* Die urheberrechtliche Regelung in Dienst- und Arbeitsverträgen, S. 548. Der BDZV hat in den bisherigen Verhandlungen zum neuen MTV die Aufnahme einer Urheberrechtsklausel abgelehnt, da nach seiner Rechtsauffassung die Urheberrechte von ArbN nicht tariflich geregelt werden können. Der Standpunkt der Rundfunkanstalten ist auch nicht eindeutig, vgl. dazu die Diskussion bei *Roeber,* aaO., S. 322.

Rechtsnormen, die den Inhalt, den Abschluß und die Beendigung von Arbeitsverhältnissen sowie betriebliche und betriebsverfassungrechtliche Fragen ordnen können." Zum Inhalt des Arbeitsverhältnisses gehören auch die aus ihm resultierenden Rechte und Pflichten des ArbN und des ArbG, so daß in einem Tarifvertrag alles das geregelt werden kann, was auch in einem Einzelarbeitsvertrag zulässig ist[156]. Der ArbN-Urheber verpflichtet sich mit der Aufnahme des Arbeitsverhältnisses zur Einräumung der für den Betrieb notwendigen Nutzungsrechte und zum Verzicht oder der Nichtausübung mancher Urheberpersönlichkeitsrechte. Dies kann stillschweigend geschehen oder auch in Form von Urheberrechtsklauseln im Arbeitsvertrag selbst. Insoweit ist die urheberrechtliche Vereinbarung ein Teilgebiet des Arbeitsvertrages. Die Urheberrechtsklauseln regeln Arbeitsbedingungen. Bestimmungen, die in einem Einzelarbeitsvertrag vereinbart werden können, sind Inhalt des Arbeitsverhältnisses und damit einer kollektiven Regelung zugänglich. Urheberrechtsklauseln können grundsätzlich in einen Tarifvertrag aufgenommen werden[157].

2. *Gleichstellung von Urheberrechten und Leistungsschutzrechten*

Der MTV stellt in § 9 die verwandten Schutzrechte dem Urheberrecht gleich[158]. Dies wird auf den ersten Blick der Wertung des Gesetzgebers nicht gerecht; denn das Urheberrecht ist mit einem viel stärkeren Schutz ausgestattet worden als die verwandten Schutzrechte[159]. Für eine einheitliche Regelung spricht allerdings, daß die Leistungsschutzrechte häufig im Zusammenhang mit dem urheberrechtlich geschützten Werk erbracht werden, und sie bisweilen den Leistungen des Urhebers ähnlich sind[160].

Die Grenzziehung zwischen Urheberrechten und den Leistungsschutzrechten kann sich als schwierig erweisen. Fraglich ist z. B., ob der Redakteur einer wissenschaftlichen Zeitschrift, der den Urtext eines Gedichtes wiedererstellt und mit einigen Anmerkungen versieht, ein Urheberrecht erwirbt (§ 2 I Ziff. 1 UrhG) oder nur in den Genuß des Leistungsschutzes kommt (§ 70 I UrhG)[161]. Eine unterschiedliche Handhabung der Rechte birgt eine Fülle von Streitpunkten in sich. Sinn und Zweck des Tarifvertrages ist es aber u. a., eine Kollektiv-

---

[156] *Hueck-Nipperdey-Stahlhacke,* § 1 TVG Rdz 47; a. A. *Hueck-Nipperdey,* Bd. II 1. Halbb. S. 408. Dieser Satz muß jedoch im Hinblick auf die Grenzen der Tarifautonomie modifiziert werden, vgl. dazu unten 2. Hauptteil III 2 b aa.

[157] So im Ergebnis auch *Kunze,* aaO., S. 48; *Roeber,* aaO., S. 321; *Samson,* aaO. S. 55. Obwohl Urheberrechtsklauseln in MTV in der Rspr. schon relevant wurden, LG Saarbrücken Schulze LGZ 81; BGH FuR 1974, 576; LG Hamburg FuR 1975, 358, ist ihre grundsätzliche Zulässigkeit nie Gegenstand einer Erörterung gewesen.

[158] § 9 I MTV, Anhang II.

[159] *v. Gamm,* § 70 Rdz 2; vgl. auch die ausführliche Darstellung der verwandten Schutzrechte bei *Ulmer,* Lehrbuch S. 15–19.

[160] *Riepenhausen,* Tarifvertragliche Regelung der Urheberrechte, AR-Blattei, Urheberrecht II, *Runge,* Urheberrechts- oder Leistungsschutz, GRUR 1959, 76.

[161] KG UFITA Bd. 71, S. 206ff.; BGH GRUR 1975, 667 „Reichswehrprozeß".

behandlung der Arbeitspflichten und -rechte zu erreichen, sowie mögliche Konflikte von vornherein zu vermeiden. Die tarifliche Gleichbehandlung von Urheberrechten und verwandten Schutzrechten ist für den Urheber mit keinem Verzicht verbunden, sondern beinhaltet nur eine Begünstigung des Leistungsschutzberechtigten. Der ArbG ist frei, seinem ArbN vertraglich ein Mehr an Rechten zuzugestehen, als er es von Gesetzes wegen müßte. Die Gleichstellung von Urheberrechten und Leistungsschutzrechten ist daher aus Gründen der Praktikabilität und des zu regelnden Sachverhalts gerechtfertigt[162].

3. *Einräumung der Nutzungsrechte durch den Arbeitnehmer (Zulässigkeit von Verfügungen im Tarifvertrag)*

Die Übertragung der urheberrechtlichen Befugnisse regelt sich nach § 9 I MTV:

„Der Redakteur räumt dem Verlag das ausschließliche, zeitliche, räumliche und inhaltlich unbeschränkte Recht ein, Urheberrechte und verwandte Schutzrechte im Sinne des Urheberrechtsgesetzes, die er in Erfüllung seiner vertraglichen Pflichten aus dem Arbeitsverhältnis als Urheber oder Miturheber erworben hat, vom Zeitpunkt der Rechtsentstehung an zu nutzen."

In dieser Regelung liegt einmal die Verpflichtung des Redakteurs, dem Verlag das ausschließliche Nutzungsrecht einzuräumen, gleichzeitig aber auch die Vorausverfügung über die Rechte selbst, denn nur dann hat der Verlag die Möglichkeit, die eingeräumten Nutzungsrechte vom Zeitpunkt der Rechtsentstehung an zu nutzen[163]. Diese Vereinbarung in § 9 I MTV führt uns zu der Frage, ob eine Verfügung über die Nutzungsrechte in einem Tarifvertrag überhaupt geregelt werden kann. Das Problem der Verfügungen in Tarifverträgen ist bisher – soweit ersichtlich – kaum Gegenstand von Diskussionen in der Lehre gewesen[164].

Nipperdey[165] zählt zu den Inhaltsnormen des Tarifvertrages vor allen Dingen die Pflichten des ArbG und die Pflichten des ArbN. Diese Aufzählung ist jedoch nicht abschließend. Inhaltsnormen sind nicht beschränkt auf den typisch arbeitsvertraglichen Inhalt; entscheidend ist vielmehr, ob diese Regelung des § 9 I MTV auch in einem Einzelarbeitsvertrag zulässig wäre[166]. Ein Arbeitsvertrag selbst kann keine Verfügungen enthalten, da durch ihn nur die gegenseitigen

[162] Ebenso *Riepenhausen*, aaO.

[163] *Anamiadis*, Die Auslegung von Tarifverträgen, S. 71.

[164] Soweit ersichtlich haben bisher nur *Nipperdey* hinsichtlich der Verfügung allgemein, Die Frage der tariflichen Regelung der Einziehung der Gewerkschaftsbeiträge durch die Betriebe, S. 34 und die Teilnehmer an der dritten Diskussionssitzung beim Institut für Film- und Fernsehrecht, FuR 1975, 322, hinsichtlich der Nutzungsverfügung dazu Stellung genommen.

[165] *Hueck-Nipperdey*, Bd. II 1. Halbb., S. 253.

[166] *Hueck-Nipperdey-Stahlhacke*, § 1 Anm. 47; a. A. *Hueck-Nipperdey* Bd. II, 1. Halbb., S. 408.

Rechte und Pflichten der Vertragsparteien begründet werden[167]. In der Praxis wird in der Regel zwischen Verpflichtung zur Einräumung der Nutzungsrechte und der Verfügung nicht unterschieden. Zumeist wird beim Abschluß des Arbeitsvertrages gleichzeitig eine Vorausverfügung über die Nutzungsrechte vereinbart. Dies darf nicht darüber hinwegtäuschen, daß zwei Verträge vorliegen, nämlich einerseits der Arbeitsvertrag, der die arbeitsrechtlichen Rechte und Pflichten beeinhaltet und die causa für die Verfügung darstellt, sowie andererseits die Vorausverfügung über die Nutzungsrechte, §§ 398, 413 BGB analog.

In einem Tarifvertrag kann aber nicht mehr geregelt werden als in einem Arbeitsvertrag[168]; somit kann der Tarifvertrag auch keine Verfügungen enthalten. Der Tarifvertrag kann keine Übertragungen des Rechts vornehmen, daran ändert auch die Allgemeinverbindlichkeitserklärung nichts. Noch ein Argument spricht gegen eine Vorausverfügung der Nutzungsrechte in einem Tarifvertrag. Wenn in einem Einzelarbeitsvertrag der ArbG und der ArbN von dem Tarifvertrag abweichen wollen, was ja bei einer günstigeren Vereinbarung zulässig ist, müßte der ArbG die eingeräumten Nutzungsrechte, auf die er verzichten will, dem ArbN zurückübertragen.

Die Verfügung in einem Tarifvertrag ist unzulässig[169]. Eine Vorausverfügung über die Nutzungsrechte muß daher im Zusammenhang mit dem Individualarbeitsvertrag oder sonstwie vorgenommen werden.

4. Umfang des Rechtserwerbes durch den Arbeitgeber

a) Auslegung des § 9 I des Manteltarifvertrages

Im Gegensatz zum MAV werden im MTV diejenigen Nutzungsrechte, die der Urheber dem Verlag einräumen muß, beispielhaft aufgezählt:

„Das Nutzungsrecht umfaßt insbesondere das Recht des Verlages, die in Satz 1 bezeichneten Werke des Redakteurs im In- und Ausland zur Vervielfältigung und Verbreitung, zur audiovisuellen Wiedergabe, zur Sendung in Hörfunk und Fernsehen, zur Verfilmung und Vorführung, sowie zur Werbung für den Verlag in körperlicher und unkörperlicher Form zu nutzen.“[170]

Auf den ersten Blick scheint der Redakteur verpflichtet zu sein, alle nur denkbaren Nutzungsrechte dem Verlag einzuräumen; aber auch wenn in einem Vertrag (hier im MTV) alle Nutzungsrechte aufgezählt werden, ist damit noch nichts über die erlaubten Nutzungsarten ausgesagt. Auf welche Art der Nut-

---

[167] Vgl. dazu oben Einleitung II 1.

[168] Dieser Satz gilt in seiner Absolutheit nur für den hier besprochenen Problemkreis, vgl. insgesamt *Hueck-Nipperdey-Stahlhacke,* § 1 Anm. 158.

[169] Ebenso *Nipperdey,* Die Frage der tariflichen Regelung der Einziehung von Gewerkschaftsbeiträgen durch die Betriebe, S. 34; *Hueck-Nipperdey,* Bd. II 1. Halbb., S. 404 Anm. 169; vgl. auch *Roeber,* aaO., allerdings ohne nähere Begründung.

[170] § 9 I MTV, Anhang II.

zungsberechtigte die Nutzungsrechte verwerten darf, richtet sich auch hier nach der Zweckübertragungstheorie[171]. In der Urheberrechtsklausel des MTV sind zum Teil die Nutzungsrechte selbst genannt, zum Teil aber auch schon die Nutzungsarten: audiovisuelle Wiedergabe, zur Sendung in Hörfunk und Fernsehen. Es gilt nun zu klären, welche Arten der Nutzungen von den in § 9 I MTV aufgezählten Rechten umfaßt werden.

Zweck des Arbeitsvertrages ist es, daß der Verlag die vom Redakteur geschaffenen Werke im Rahmen seines Geschäftsbetriebes verwerten kann. Demgemäß kann der Verlag den Beitrag des Urhebers in seiner Zeitschrift veröffentlichen und diese zeitlich und räumlich unbeschränkt verbreiten. Aus dem Zusammenhang des § 9 MTV ergibt sich, daß die Tarifvertragsparteien das Vervielfältigungsrecht und Verbreitungsrecht auch in Buchform miteingeschlossen haben[172].

Der Redakteur ist darüber hinaus verpflichtet, das Verfilmungsrecht einzuräumen. Da die audiovisuelle Auswertung besonders erwähnt wurde, wird hier nur noch die Verfilmung zu Kinozwecken zu verstehen sein. Fraglich ist, ob der ArbN-Urheber auch noch die Schmalfilmauswertung dulden muß. Dies ist abzulehnen, denn wenn man das Verfilmungsrecht einräumt, so versteht man darunter generell die spätere Kinoauswertung[173]. Will man noch andere Arten einbeziehen, so muß dies entweder ausdrücklich vereinbart werden oder sich konkludent aus dem Vertragszweck ergeben. In der Urheberrechtsklausel ist als zusätzliche Verwertungsart nur die audiovisuelle genannt worden, so daß andere technische Möglichkeiten hier nicht in Betracht kommen. Hinsichtlich der audiovisuellen Wiedergabe ist der Verlag berechtigt, das Werk – einschließlich der eventuell notwendigen Bearbeitung (§ 23 UrhG) – auf einen Bildtonträger zu vervielfältigen und zu verbreiten, d. h. der Beitrag kann auch durch eine Bildkassette oder andere audiovisuelle Techniken verbreitet werden[174].

Der Werkschöpfer hat dem Verlag das Senderecht für Ausstrahlungen im

---

[171] So BGH GRUR 1974, 787 „Kassettenfernseher" = FuR 1974, 576. Dieses Urteil ist in der Lehre zum Teil auf heftige Kritik gestoßen. Dünnwald spricht in seiner Urteilsanmerkung, GRUR 1974, 789, von einer „Atomisierung" des Urhebervertragsrechts, da jedes Verwertungsrecht in eine Vielzahl von Nutzungsarten zerlegt wird. Dieser Kritik ist jedoch nicht zu folgen; der BGH hat mit diesem Urteil die bisherige Rechtssprechung zum Schutze des Urhebers fortgesetzt, indem er die neuen technischen Möglichkeiten durch die Zweckübertragungstheorie beschränkt. Wenn also das Vervielfältigungs- und Verbreitungsrecht eingeräumt werden, muß geklärt werden, auf welche Arten, z. B. durch Druck oder Vervielfältigung von Tonträgern, der Nutzungsberechtigte das Werk verwerten darf. So auch *Movsessian,* Zweckübertragungstheorie und neue audiovisuelle Medien, FuR 1974, 549–554 (553, 554). Im Rechtsausschuß wurde die Nennungspflicht der einzelnen Nutzungsarten bei ihrer Einräumung noch abgelehnt, vgl. *Reischl,* zu BT-Drucksache IV/3401, S. 5 zu § 31.

[172] § 9 III MTV, Anhang II.

[173] BGH GRUR 1974, 787.

[174] *Dünnwald,* Die Rechtsentwicklung im Bereich der Audiovision, NJW 1974, 22, 23.

Hörfunk und im Fernsehen eingeräumt. Nicht erfaßt sind daher Sendungen durch Kabelanlagen, die von einem Privatunternehmen veranstaltet werden[175]. Zu Werbezwecken kann der Verlag den Beitrag in allen möglichen Nutzungsarten verwenden. Eine Beschränkung könnte sich hier nur aus der konkreten Fallgestaltung des individuellen Arbeitsverhältnisses ergeben.

Nach der eben vorgenommenen Auslegung ist der Redakteur zur Einräumung fast aller Nutzungsarten verpflichtet, so daß ihm selbst kaum Verwertungsrechte verbleiben. Vor allen Dingen ist zu beachten, daß die genannten Nutzungsrechte und -arten nur beispielhaft genannt worden sind. Im Einzelfall können sich noch weitere Verpflichtungen des Redakteurs ergeben.

b) Vergütungsansprüche des Redakteurs

Es erscheint fraglich, ob diese weitgehende Verpflichtung zur Einräumung der Nutzungsrechte noch mit dem Sinn und Zweck des Arbeitsvertrages in Einklang steht; denn schließlich besteht der Geschäftsbereich eines Zeitschriftenverlages in der Publikation von Zeitschriften. Im Rahmen der Vertragsfreiheit ist es jedoch zulässig, daß sich der ArbG mehr Nutzungsrechte einräumen läßt, als er für den angestrebten Vertragszweck braucht. Die Grenze der Vertragsfreiheit wird auch für Urheberrechtsklauseln nur durch § 138 BGB bestimmt. Für das Vorliegen einer sittenwidrigen Vereinbarung gibt es keine Anhaltspunkte, denn der weitgehenden Rechtseinräumung steht ein über den vereinbarten Lohn hinausgehender finanzieller Anspruch gegenüber[176].

(1) Der Redakteur hat Anspruch auf eine angemessene Vergütung, wenn der Verlag den Beitrag in unkörperlicher Form nutzt, es sei denn zu Werbezwecken[177].

Es ist nicht ganz klar, welche Nutzungsrechte der Verlag selbst hier noch nutzen will, für die dann eine zusätzliche Vergütungspflicht entsteht. Die Herstellung und der Vertrieb von Bildkassetten etc. fallen unter die Nutzungsrechte der Vervielfältigung und der Verbreitung (§§ 16, 17 UrhG) und gehören damit zu den körperlichen Verwertungsrechten[178]. Das Abspielen dieser Bild- oder Bild- und Tonträger im privaten Bereich ist niemals Sendung. Lediglich unter der Voraussetzung, daß die Bild-Ton-Kassetten, Bild-Ton-Bänder oder Bildplatten in der Öffentlichkeit vorgeführt werden, wird das Vorführungs- und Senderecht notwendig[179]. Das Senderecht als solches können die Verlage nicht selbst nutzen, sondern nur den Rundfunkanstalten einräumen. Da das Senderecht nur für die Ausstrahlung über die öffentlich-rechtlichen Anstalten einge-

---

[175] Zu den Bestrebungen der Verlage sich auf dem Gebiet des Kabelfernsehens zu engagieren vgl. *Fette,* Kommerzielles Fernsehen – auch auf Umwegen?, FuR 1969, 282–297.

[176] § 9 IV MTV, Anhang II.

[177] § 9 IV a) MTV, Anhang II.

[178] *Dünnwald,* aaO., S. 22.

[179] § 9 IV c) MTV, Anhang II.

räumt wurde, können die Zeitschriftenverlage die in der Zukunft vielleicht relevant werdenden Möglichkeiten über das Kabelfernsehen („Bildschirmzeitung") nicht nutzen, es sei denn zu Werbezwecken. Der Verlag benötigt das Vortrags- und Vorführungsrecht (§§ 19 I, 19 IV UrhG), wenn er das Werk des Redakteurs bei einem Vortrag verwerten will oder ein Lichtbildwerk sowie den verfilmten Beitrag vorführen will. Die praktische Bedeutung dieser Vergütungsregelung ist im jetzigen Zeitpunkt wohl noch gering, da der größere Anwendungsbereich dieser Nutzungsrechte auf dem Gebiet der vergütungsfreien Werbemaßnahmen liegt.

(2) Der Redakteur hat einen Anspruch auf eine angemessene Vergütung, wenn seine Textbeiträge in anderen Objekten desselben Verlages, auf die sich der Anstellungsvertrag nicht erstreckt, genutzt werden, einschließlich der Nutzung in Buchform[180].

Die Pressekonzentration ist auch im Zeitschriftenverlag erfolgt. Es gibt einige große Pressekonzerne wie die Springer-Gruppe, Gruner + Jahr, Bauer-Gruppe, die eine Reihe von Zeitschriften herausgeben[181]. Um möglichst rentabel zu arbeiten, werden insbesondere teure Reportagen oder aufwendige Umfragen für mehrere Zeitschriften verwandt[182]. Nutzt der Verlag den Textbeitrag des Redakteurs auch in seinen anderen Zeitschriften[183], so kann der Werkschöpfer eine angemessene Vergütung verlangen. Dies gilt jedoch nur, wenn sich der Anstellungsvertrag nicht auch auf die anderen Verlagsobjekte erstreckt, insofern ist die Regelung mit der bei den Tageszeitungen identisch[184]. Ausgenommen von dieser Vergütungspflicht sind Bildbeiträge, da in § 9 IV c) MTV ausdrücklich nur die Textbeiträge erwähnt werden und die Vergütungspflicht für Bildbeiträge in § 9 IV d) MTV nur im Zusammenhang mit der Verwendung in Buchform genannt werden[185]. Ob sich diese Differenzierung allein durch das Archivierungsrecht begründen läßt, erscheint zweifelhaft. Dem Verlag ist das Recht zuzubilligen, daß die für die Bildbeiträge eingeräumten Nutzungsrechte ihm zeitlich unbeschränkt verbleiben, damit er jederzeit die Möglichkeit hat, das Bild noch einmal zu verwerten. Für den Verlag ist es natürlich wirtschaftlich sinnvoll, wenn er den Bildbeitrag in mehreren Verlagsobjekten verwerten

---

[180] ebenda.

[181] IG Druck und Papier, Die Konzentration im Presse- und Verlagswesen in der BRD, o. J., S. 59.

[182] So erschien dasselbe Reisejournal über England 1976 in Heft 3 der Frauenzeitschriften „Für Sie", „Petra" und „Zuhause".

[183] Andere Verlagsobjekte sind auch Zeitungen, wenn der im Arbeitsvertrag als ArbG bezeichnete Verlag beide Arten der Presseerzeugnisse herausgibt. Allerdings dürfte der Austausch der Beiträge in diesem Bereich – bedingt durch die unterschiedliche Aufgabenstellung – äußerst gering sein.

[184] § 2 III MTV für Redakteure an Zeitschriften = § 2 III MTV für Redakteure an Tageszeitungen.

[185] So auch Erläuterungen des DJV zum § 9 MTV, die Differenzierung wird nicht begründet.

kann. Warum diese Weitergabe im Gegensatz zu Textbeiträgen unentgeltlich vereinbart wurde, ist nicht ersichtlich. Auch das Argument, daß die Photos mehrfach in den anderen Verlagsobjekten veröffentlicht werden und dann stets eine Vergütungspflicht auslösen würden, überzeugt nicht. Die Weitergabe als solche könnte mit einer einmaligen Abgeltung geregelt werden.

Andere Verlagsobjekte sind nicht nur Zeitschriften- sondern auch Buchverlage. Insbesondere die großen Verlage haben neben ihren Zeitschriften eine umfangreiche Buchproduktion[186]. Schreibt ein Redakteur eine beliebte Serie, so ist es für den Verlag verlockend, einen zusätzlichen finanziellen Erfolg durch eine Buchausgabe zu erreichen; dem Redakteur ist dafür sowohl für die Text- wie auch für Bildbeiträge ein angemessenes Entgelt zu zahlen.

Die großen Verlagskonzerne beabsichtigen, sich auf dem Gebiet des audiovisuellen Marktes zu engagieren. Einige Verlage haben schon Beteiligungen an Video-Kassetten-Unternehmen oder bauen selbst Unternehmen dafür auf[187]. Verwendet ein Verlag Textbeiträge des Redakteurs für seine Kassettenproduktion, ist dies eine Nutzung für ein anderes Verlagsobjekt, das eine Vergütungspflicht des Verlages begründet. Dies gilt auch für Bildbeiträge, da die Verwertung für Kassetten der der Bücher gleichgestellt werden muß.

Dieser Regelungspunkt ist sehr zukunftsorientiert. Es bleibt abzuwarten, welche Möglichkeiten der Markt für die verschiedenen audivisuellen Systeme überhaupt bietet, und in welchem Umfang sich Textbeiträge für die Vervielfältigung und Verbreitung in Form von Kassetten etc. eignen. Aus den gegenwärtigen Programmplänen läßt sich nur entnehmen, daß die audiovisuelle Auswertung vor allen Dingen Beiträge von Fachzeitschriften erfassen wird. Ullstein A. V. (Verlagshaus Springer) z. B. hat ein Fortbildungsprogramm für Ärzte erstellt[188]. Insgesamt läßt sich sagen, daß im gegenwärtigen Zeitpunkt diese Vereinbarung noch keine große Aktualität hat.

5. *Weiterübertragung der erworbenen Nutzungsrechte*

Der Verlag kann nicht in allen Dingen die Nutzungsrechte selber ausüben, etwa das Senderecht oder das Verfilmungsrecht; in der Regel ist der Verlag auch nicht in der Lage, das Werk durch audiovisuelle Systeme zu nutzen. Daher wurde im MTV vereinbart, daß der Verlag berechtigt ist, alle erworbenen Nutzungsrechte auch an Dritte zu übertragen[189]. Dritter ist jedes rechtlich selbständige Verlagsunternehmen oder ein anderes Unternehmen. Aus Sachgründen kann die Zeitschriftenpresse ihre Kosten nicht durch den Zusammenschluß in Redaktionsgemeinschaften senken, so daß sich eine diesbezügliche Regelung im Gegensatz zur Zeitung erübrigt.

---

[186] IG Druck und Papier, aaO., S. 44 ff.
[187] ibidem.
[188] ZDF, Fernsehen und Kassette, S. 15, 16.
[189] § 9 III MTV, Anhang II.

Der Nutzungsberechtigte kann nur mit Zustimmung des Urhebers die Rechte an Dritte weitergeben (§§ 34, 35 UrhG). Die genannte Regelung im MTV beinhaltet jedoch die im voraus erteilte Zustimmung des Werkschöpfers. Ein Einspruchrecht – wie z. B. im MAV für Redakteure an Tageszeitungen – ist hier nicht vorgesehen. Die Zustimmung ist jedoch nur insoweit als erteilt anzusehen, wie mit der Weiterbegebung der Nutzungsrechte an Dritte keine Belange des Redakteurs verletzt werden. Daher muß dem Urheber ein Einspruchsrecht gegen die Weiterverfügung der Beiträge zugebilligt werden, wenn seine ideellen Interessen gefährdet sind[190].

Der Verlag ist also berechtigt, das Sende- und Verfilmungsrecht einer Rundfunkanstalt zu übertragen oder einer Filmgesellschaft die Verfilmung des Beitrages zu gestatten. Der praktische Anwendungsbereich ist zwar gegeben – eine Rundfunkanstalt kann durchaus daran interessiert sein, die Thematik einer Zeitschriftenserie zu senden –, aber er wird wohl eine seltene Ausnahmeerscheinung bleiben. Dasselbe gilt auch für das Verfilmungsrecht sowie für das Vortrags- und Vorführungsrecht. Im Einzelfall kann es vorkommen, daß der Verlag das Verfilmungsrecht weitergeben möchte, aber für die tägliche Arbeitsleistung des Redakteurs spielen andere Nutzungsmöglichkeiten eine Rolle. Zum einen die Weitergabe der Beiträge an andere Zeitschriften und Zeitungen, zum anderen dürfte auch die Weitergabe der Nutzungsrechte an Buchverlage von größerer Bedeutung sein.

Für die Übertragung der Nutzungsrechte an Dritte steht dem Redakteur stets eine angemessene Vergütung zu. Dies gilt sowohl für die Text- wie für Bildbeiträge. Der MTV enthält keine Richtlinien für die „Angemessenheit" der Vergütung. Was angemessen ist, kann nur nach den Umständen des Einzelfalles beurteilt werden. Als Anhaltspunkt wird man in der Regel den Betrag ansetzen, den der Redakteur bei eigenständiger Verwertung erhalten hätte. Ansonsten ist „angemessen" ein unbestimmter Rechtsbegriff, der vom Gericht voll nachprüfbar ist[191]. Die Vergütung für alle erwähnten Fälle kann durch Einzelabrechnung oder durch eine Monatspauschale erfolgen[192].

Zum Schluß bleibt noch zu klären, ob der Redakteur an einer Zeitschrift über seine Beiträge selber verfügen kann. Die Zeitschrift ist eine periodisch erscheinende Sammlung, so daß der Werkschöpfer gemäß § 38 I UrhG nach einem Jahr seit Erscheinen seines Beitrages diesen anderweitig vervielfältigen und verbreiten kann, wenn nichts anderes vereinbart ist. Der Redakteur ist jedoch durch den MTV verpflichtet, dem Verlag das zeitlich und räumlich unbeschränkte Nutzungsrecht einzuräumen, so daß für die Anwendung des § 38 I UrhG kein Raum mehr bleibt. Der Redakteur an einer Zeitschrift kann im Gegensatz zu seinem Kollegen an einer Tageszeitung nicht mehr über seine Rechte verfügen, auch

---

190 Zu den Voraussetzungen vgl. oben S. 35 ff.

191 *Reimer-Schade-Schippel*, § 9 ANErfG Rdz 33.

192 § 9 IV d) S. 2 MTV, Anhang II.

nicht nach Beendigung seines Arbeitsverhältnisses. Er kann das Werk nur noch durch die ihm verbleibenden Verwertungsrechte nutzen. Die praktische Relevanz dürfte jedoch äußerst gering sein.

V. Arbeitsverträge ohne Urheberrechtsklauseln (Reporter, Korrespondent, Zeichner, Graphiker)

1. Stillschweigende Nutzungseinräumung durch den Arbeitnehmer unter besonderer Berücksichtigung des § 40 UrhG

In der Presse gibt es eine Anzahl von ArbN, die nicht unter den MTV für Redakteure an Zeitschriften fallen, und bei deren Vertragsabschluß auch nicht der MAV für Redakteure an Zeitungen herangezogen wird. Zu denken wäre hier an den Redaktionsvolontär, Reporter, sowie bei Zeitungen auch an den Korrespondenten, Pressezeichner und Graphiker.

Auch diese ArbN sind Werkschöpfer. Wie oben bereits festgestellt wurde, entstehen die Urheberrechte in der Person des ArbN, so daß der ArbG das Werk nur nutzen kann, wenn ihm die benötigten Nutzungsrechte eingeräumt werden. Dies kann in Form einer Urheberrechtsklausel ausdrücklich im Einzelarbeitsvertrag geregelt werden. Eine genaue Vereinbarung bezüglich des Umfangs des Rechtserwerbes wird auch im Einzelarbeitsvertrag die Ausnahme sein.

Der überwiegende Teil der Arbeitsverträge dieser ArbN-Urheber enthält keine Urheberrechtsklausel. Die Einräumung von Nutzungsrechten braucht nicht unbedingt ausdrücklich erfolgen; sie ist auch stillschweigend möglich. Ob eine solche Einräumung anzunehmen ist, ergibt die Vertragsauslegung[193]. Nicht jedes Arbeitsverhältnis berechtigt dazu, eine stillschweigende Nutzungseinräumung zu bejahen[194]. Die Frage, welche Kriterien zur Beurteilung herangezogen werden müssen, wird in der Rechtsprechung und Lehre ziemlich einheitlich beantwortet. Zunächst ist auf den Vertragszweck selbst abzustellen; Anhaltspunkte geben der Tätigkeitsbereich[195] und die Höhe des Entgelts[196]. Der Tätigkeitsbereich des ArbN wird meist im Arbeitsvertrag durch seine Berufsbezeich-

---

[193] siehe dazu oben S. 8.

[194] RGZ 110, 394, 395.

[195] RGZ 110, 394, 395; RG GRUR 1933, 323; BGH LM § 11 LUG Nr. 1 (Krankenhauskartei); BGHZ 24, 55 stellt zusätzlich auf die Willensrichtung der Parteien ab. Bedenklich BGH NJW 1974, 904 (Hummelrechte), der entschied, daß die zur vertragsgemäßen Werkverwertung erforderlichen Nutzungsrechte an einem Werk, das in einem Dienst- oder sonstigen Abhängigkeitsverhältnis für bestimmte Zwecke des Dienstherrn geschaffen worden ist, im allgemeinen stillschweigend auf den Dienstherrn übergehen. Will der Urheber das nicht, muß er sich ausdrücklich die Rechte vorbehalten. Zur Literaturmeinung vgl. *Honig,* aaO., S. 45; *Hubmann,* Studienbuch S. 114; *Poll,* aaO., S. 34; *Rehbinder,* Das Arbeitsverhältnis, S. 312; sehr ausführlich *Roithmaier,* aaO., S. 97 ff.; *Vinck,* aaO., S. 19.

[196] *Honig,* aaO., S. 46; *Schwagmeier,* aaO., S. 25; a.A. *Recher,* aaO., S. 277.

nung umrissen. Es finden sich Formulierungen wie „angestellt als Photoreporter", „als Redaktionsvolontär" oder „als Pressezeichner". Gegebenenfalls wird auch noch das Ressort genannt, in dem der ArbN tätig werden soll. Der angestellte Reporter oder Pressezeichner ist aufgrund des eingegangenen Arbeitsverhältnisses verpflichtet, schöpferisch tätig zu werden. Beide Vertragsparteien sind sich auch darüber einig, daß der ArbG das Arbeitsergebnis für sich verwerten kann. Damit läßt sich für den Pressebereich grundsätzlich aus dem Zweck des Arbeitsvertrages auf eine stillschweigende Übertragung der Nutzungsrechte schließen. Kann man ausnahmsweise aus dem Vertrag selbst keine eindeutige Klärung erzielen, so kann auf die Branchenüblichkeit abgestellt werden[197].

Das Interesse des ArbG geht dahin, daß die Verpflichtung des ArbN zur Einräumung der Nutzungsrechte an allen im Rahmen des Arbeitsverhältnisses zu schaffenden Werken schon mit Beginn des Arbeitsverhältnisses besteht. Der Arbeitsvertrag würde dann – wenn auch stillschweigend – eine Verpflichtung zur Einräumung von Nutzungsrechten an künftigen Werken beinhalten. Diese stillschweigende Einräumung könnte jedoch an § 40 UrhG scheitern, der für Verträge über künftige Werke die Schriftform verlangt, soweit diese Werke „überhaupt nicht oder nur der Gattung nach bestimmt sind". Von dieser Formvorschrift wird nur das Verpflichtungsgeschäft, nicht aber die Verfügung getroffen[198].

In der Regel sind die vom ArbN zu schaffenden Werke nur der Gattung nach bestimmt. Beispielsweise wird einem ArbN der Aufgabenkreis eines Polizeireporters zugewiesen. Er muß Berichte und Reportagen mit kriminalistischem Inhalt schreiben. Es wird daher die Ansicht vertreten, daß die Verpflichtung zur stillschweigenden Einräumung bei Abschluß des Arbeitsvertrages nicht möglich ist. Die Nutzungsberechtigung des ArbG entsteht erst durch stillschweigenden Vertrag bei der Ablieferung des jeweiligen Werkes[199]. Allein dieser Lösungsweg ist nicht gangbar. Es wird verkannt, daß der § 40 UrhG eine Warnfunktion zugunsten des Urhebers erfüllen soll. Durch den Formzwang soll der Werkschöpfer auf die weitgehende Verpflichtung und damit Bindung hingewiesen werden. Diese Regelung ist für den freischöpferisch tätigen Urheber unabdingbar. Dies ist jedoch nicht ohne weiteres auch auf den im Arbeitsverhältnis stehenden Werkschöpfer zu übertragen, sondern der Sinn und Zweck des § 40 UrhG muß im Lichte des Arbeitsverhältnisses interpretiert werden. Nicht jeder ArbN-Urheber bedarf des Schutzes des § 40 UrhG; daher kann diese

---

[197] ibidem.

[198] *v. Gamm,* § 31 Rdz 2 und 4; *Möhring-Nicolini,* § 40 Anm. 1b; a.A. entgegen der h. M. *Poll,* aaO., S. 45, der § 40 UrhG auch für die Vorausverfügung im Arbeitsverhältnis für einschlägig hält.

[199] *Fromm-Nordemann,* § 43 Anm. 3 (eine grundsätzliche Auseinandersetzung noch in der 1. Aufl. 1966 § 43 Anm. 3a); *Poll,* aaO., S. 45; *Vinck,* aaO., S. 16; *Bollack,* Die Rechtstellung des Urhebers im Dienst- und Arbeitsverhältnis, GRUR 1976, 77, stellt auf das konkrete Arbeitsverhältnis ab.

Formvorschrift nicht global auf alle Arbeitsverhältnisse angewandt werden, vielmehr muß differenziert werden[200].

Die Berufsbilder der in der Presse tätigen ArbN-Urheber sind fest umrissen. Allein schon durch die Berufsbezeichnung ist ersichtlich, ob der ArbN schöpferisch tätig wird oder nicht. Geht ein ArbN-Urheber mit einem Zeitungs- oder Zeitschriftenverlag ein Arbeitsverhältnis ein, so sind ihm die damit verbundenen Konsequenzen bewußt; alle Werke, die er im Rahmen des Arbeitsverhältnisses schafft, soll der Verlag nutzen können. Eine Warnfunktion ist hier überflüssig[201]. § 40 UrhG findet daher bei einem Arbeitsvertrag in der Presse keine Anwendung.

Bei ArbN in anderen Wirtschaftszweigen ist die arbeitsrechtliche Verpflichtung zur schöpferischen Tätigkeit keine Selbstverständlichkeit[202]. In diesem Falle kann der ArbN die Auswirkungen einer Verpflichtung zur Einräumung der Nutzungsrechte an allen künftigen im Arbeitsverhältnis zu schaffenden Werken nicht überblicken. Wenn der ArbN nicht zum Zwecke einer schöpferischen Tätigkeit eingestellt wurde, sondern er nur beiläufig schutzfähige Werke schafft, findet die Einräumung der Nutzungsrechte erst mit Ablieferung des Werkes statt, da die Schriftform des § 40 UrhG bei dieser Fallgestaltung zwingend ist[203].

2. *Umfang des Rechtserwerbes durch den Arbeitgeber*

Infolge der stillschweigenden Einräumung der Nutzungsrechte ist nicht offensichtlich, in welchem Umfang dem Verlag die Rechte übertragen worden sind. Zur Klärung dieser Frage muß die Zweckübertragungstheorie herangezogen werden. Zweck des Arbeitsvertrages ist es, daß der Verlag die Beiträge seiner ArbN in einer Zeitung oder Zeitschrift verwerten kann; damit erwirbt der ArbG das Vervielfältigungs- und das Verbreitungsrecht. Auch wenn dem ArbN bekannt ist, daß dem Verlag ein Buchverlag angegliedert ist, beschränkt sich die Verpflichtung zur Einräumung auf diese beiden Nutzungsrechte[204]. Nach übereinstimmendem Parteiwillen wird der ArbN nur für die Zeitung oder die Zeitschrift tätig. Der Zweck des Arbeitsvertrages wird durch die Nutzungseinräumung des Vervielfältigungs- und Verbreitungsrecht erreicht.

Eine spezielle Auslegungsregel über den Umfang des Rechtserwerbes enthält

---

[200] So auch *Rehbinder,* Das Arbeitsverhältnis, S. 313.

[201] Auch der Gesetzgeber hebt die strenge Formvorschrift auf, wenn die Vertragspartner nicht mehr schutzwürdig sind, z. B. § 766 BGB im Verhältnis zu § 356 HGB.

[202] *Sahmer,* aaO., S. 38, ist der Ansicht, daß in der Mehrzahl aller Fälle bei der Eingehung von Arbeitsverhältnissen, nicht an die Einräumung von Nutzungsrechten gedacht wird. Dem ist jedoch nicht zuzustimmen; bei denen für urheberrechtliche Probleme in Betracht kommenden Arbeitsverhältnisse wird größtenteils auch das Bewußtsein einer Arbeitnehmerurheberschaft vorhanden sein, so auch *Amtmann,* aaO., S. 62.

[203] a. A. wohl *Recher,* aaO., S. 269, allerdings im Hinblick auf eine Vorausverfügung.

[204] Ebenso *Recher,* aaO., S. 270.

§ 38 III UrhG für Zeitungen: der Verleger erwirbt nur ein einfaches Nutzungsrecht, wenn nichts anderes vereinbart ist. Der Reporter könnte seine Reportage gleichzeitig an mehrere Zeitungen abgeben. Eine andere Vereinbarung findet sich zwar nicht ausdrücklich im Arbeitsvertrag, ergibt sich aber aus dem Vertragszweck selbst. Der ArbN-Urheber wird für seine schöpferischen Tätigkeiten entlohnt, damit der Verlag die im Arbeitsverhältnis geschaffenen Werke unter Ausschluß eines jeden Dritten – auch des ArbN – für seine Zeitung nutzen kann. Auch bei einer stillschweigenden Einräumung ist daher stets von einem ausschließlichen Nutzungsrecht auszugehen[205].

Für Zeitschriften gilt § 38 I UrhG, wonach der Verleger im Zweifel ein ausschließliches Nutzungsrecht zur Vervielfältigung und Verbreitung erwirbt. Man wird auch hier aus den oben genannten Gründen stets von der Einräumung eines ausschließlichen Nutzungsrechtes ausgehen müssen.

Wenn der Verlag den Beitrag des angestellten Urhebers in einem Buch veröffentlichen will – z. B. die gesammelten Karikaturen des Pressezeichners –, dann muß sich der Verlag das Vervielfältigungs- und Verbreitungsrecht für diese Nutzungsart ausdrücklich einräumen lassen.

3. *Weiterübertragung der erworbenen Nutzungsrechte*

Der Verleger kann über die Beiträge des ArbN-Urhebers nur wirksam weiterverfügen, wenn er dazu die Zustimmung des Werkschöpfers hat (§§ 34, 35 UrhG). Das Recht der Weiterbegebung umfaßt nur die vom Verlag selbst erworbenen Nutzungsrechte: das Verbreitungs- und Veröffentlichungsrecht in Presseerzeugnissen. Diese Zustimmung kann auch stillschweigend erteilt werden[206]. Ist der Verlag einer Redaktionsgemeinschaft angegliedert, weiß der ArbN schon bei Abschluß des Vertrages, daß seine Werke auch in den Anschlußblättern erscheinen werden. Bei dieser Fallgestaltung kann von einer stillschweigenden Zustimmung ausgegangen werden. Auch bei der sonstigen redaktionellen Zusammenarbeit ist diese Annahme berechtigt, da der angestellte Urheber hier die Zustimmung nicht gegen Treu und Glauben verweigern darf. Weitergaben an andere Zeitungen oder Zeitschriften bedürfen der ausdrücklichen Zustimmung des ArbN; denn diese liegen nicht mehr im Rahmen des üblichen Geschäftsbetriebes. Eine Gefährdung der ideellen Interessen des Urhebers ist hier eher zu erwarten als in den anderen Fällen.

Generell wird man dem Werkschöpfer trotz stillschweigender, im voraus erklärter Zustimmung ein Einspruchsrecht zubilligen müssen, wenn seine berechtigten Interessen verletzt werden[207].

---

[205] So auch *Schmidt-Osten,* Die Presse im kommenden Urheberrecht, S. 2, 3.

[206] *Fromm-Nordemann,* § 43 Anm. 3 c. Bei einem freien Mitarbeiter müßte die Vereinbarung ausdrücklich vereinbart werden, Schweizerischer BGH GRUR Int. 1976, 180 bis 182.

[207] Vgl. dazu oben S. 35 ff.

Der bei einer Zeitung angestellte Urheber kann nach dem Erscheinen des Beitrages sein Werk anderweitig vervielfältigen und verbreiten (§ 38 III UrhG). Im Gegensatz dazu kann der Urheber bei einer Zeitschrift über seine Werke erst nach einem Jahr seit dem Erscheinen weiterverfügen (§ 38 I UrhG). Die Werkschöpfer dürfen durch diese Maßnahmen ihren ArbG nicht schädigen. Der Beitrag darf weder an eine Konkurrenzzeitung verkauft werden noch in einem politisch anders orientierten Verlag erscheinen.

Die Bildbeiträge bleiben auch bei einer stillschweigenden Einräumung der Nutzungsrechte beim Verlag, da der Vertragszweck die Archivierung des Bildes und die damit verbundenen Rechte der nochmaligen Veröffentlichung einschließen[208].

VI. Zusammenfassende Beurteilung der Urheberrechtsklauseln im Pressewesen

Die vorausgegangene Untersuchung hat gezeigt, daß die Gestaltung der Urheberrechtsklausel im Pressewesen sowohl inhaltlich wie auch formell recht unterschiedlich vorgenommen worden ist. Während sich für den Redakteur an einer Tageszeitung nur im MAV eine recht knappe Regelung findet, wird den Urheberrechten im MTV für Redakteure an Zeitschriften ein breiter Raum gewidmet.

Der Zeitungsverlag läßt sich von seinem Redakteur nur diejenigen Nutzungsrechte einräumen, die er für die Verwertung des Werkes in seinem Geschäftsbetrieb benötigt. Dieses Ergebnis ist nur durch die Anwendung der Zweckübertragungstheorie zu erzielen. Eine größere Rechtssicherheit könnte gewonnen werden, wenn im MAV die Nutzungsrechte und -arten selbst genannt würden. Welcher ArbN durch seine Tätigkeit als Redakteur zu bezeichnen ist, wird weder durch den MTV für Redakteure an Tageszeitungen noch durch den MAV selbst geklärt. Um so begrüßenswerter ist das Anliegen der Tarifvertragsparteien, hierfür eine verbindliche Definition im MTV aufzunehmen.

Ohne Zustimmung des Redakteurs kann der Verlag die geleisteten Beiträge an eine Redaktionsgemeinschaft oder an eine andere Zeitung, die mit ihm in sonstiger redaktioneller Zusammenarbeit verbunden ist, weiterverfügen. Gehen die Beiträge an selbständige Verlagsobjekte, so muß die Zustimmung des Redakteurs erst eingeholt werden. Auch hier finden sich keine Definitionen. Was unter „Redaktionsgemeinschaft“, „redaktioneller Zusammenarbeit“ und „andere Verlagswerke“ verstanden wird, wird in der Praxis nicht einheitlich beantwortet. Eine zukünftige Änderung des § 14 MAV wird auch hier mehr Klarheit bringen. Dasselbe ist zu der finanziellen Abgeltung für die Weiterbegebung der

---

208 *Schmidt-Osten*, Wem steht das Eigentum am Bildabzug zu?, S. 3. Zum Umfang des Rechtserwerbes bei Lichtbildwerken durch den ArbG siehe auch KG GRUR 1976, 264.

Nutzungsrechte zu sagen, die im gegenwärtig verbindlichen § 14 MAV noch nicht erwähnt wird.

Der Redakteur selbst darf mit Einwilligung des Verlages ebenfalls über seine Beiträge weiterverfügen. Unter welchen Umständen die Einwilligung vom Verlag versagt werden kann, wurde im MAV nicht geregelt. Dies ist jedoch kein Mangel, denn der Versagungsgrund wird jeweils durch den vielschichtigen Einzelfall bestimmt. Eine Aufzählung im MAV würde auf eine „Generalklausel" hinauslaufen. Im Einzelfall müßten auch dann wieder Wertungen vorgenommen werden.

Eine endgültige Stellungnahme zum MAV ist erst dann möglich, wenn auch die Urheberpersönlichkeitsrechte des ArbN näher erörtert worden sind. Hier sei nur soviel gesagt: Der MAV wird unter Berücksichtigung der angestrebten Verbesserungen den für die Zeitungspresse bestehenden Erfordernissen gerecht. Wünschenswert wäre nur, daß im neuen MAV die Nutzungsrechte und -arten genannt werden.

Der MTV für Zeitschriften verpflichtet den Redakteur zu einer sehr weitgehenden Nutzungseinräumung, die zunächst Erstaunen hervorrufen mag; denn der Verlag benötigt für seinen eigentlichen betrieblichen Zweck – nämlich die Herausgabe von Zeitschriften – nur das Vervielfältigungs- und das Verbreitungsrecht für seine Zeitschrift. Die Untersuchung hat aber gezeigt, daß die Verlage sich heutzutage nicht mehr auf die Herausgabe von Zeitschriften beschränken, sondern auch Bücher und zum Teil schon Kassetten vertreiben. Der Zeitschriftenverlag gehört also zu den Unternehmen, die an einer umfassenden Verwertung des Werkes interessiert sind. Der MTV ist sehr zukunftsorientiert abgefaßt worden. Ob die Verlage die Vielzahl der Nutzungsrechte wirklich ausschöpfen können, bleibt abzuwarten. Nicht zu verkennen ist, daß die Verlage aufgrund ihrer wirtschaftlichen Stellung mehr Möglichkeiten haben – auch hinsichtlich der Weitergabe der Nutzungsrechte an Dritte – als der einzelne Redakteur. Ein gerechter Interessenausgleich zwischen Verlag und Redakteur wird durch den zusätzlichen finanziellen Anspruch als Gegenleistung für die Einräumung der Nutzungsrechte erreicht, die vom eigentlichen Vertragswerk nicht mehr erfaßt werden.

Bedenken können sich gegen die weitgehende Rechtseinräumung aus der Tatsache ergeben, daß ein Teil der Verlage, vor allem die wirtschaftlich schwächeren und bestimmte Fachverlage, gar nicht in der Lage sind, die Werke so umfassend zu verwerten oder verwerten zu lassen. Dem Redakteur wird durch den MTV die Möglichkeit genommen, sich selbst um die anderweitige Werknutzung zu bemühen. Ein endgültiges Urteil läßt sich aber nur abgeben, wenn man die vermögensrechtlichen Interessen mit den urheberpersönlichkeitsrechtlichen, insbesondere mit dem Rückrufsrecht wegen Nichtausübung, im Zusammenhang untersucht. Die Frage des Interessenausgleichs wird daher weiter unten im 3. Hauptteil noch einmal vertieft behandelt werden.

Hinsichtlich der durch die ausführliche Regelung gewonnenen Rechtssicherheit läßt sich folgendes feststellen: Im Gegensatz zum MAV werden im § 9 MTV die Nutzungsrechte, die der Redakteur dem Verlag einräumen muß, genannt. Diese Aufzählung beinhaltet die Nutzungsrechte, teils auch die Nutzungsarten. Um zu ermitteln, welche Nutzungsarten z. B. vom Vervielfältigungs- und Verbreitungsrecht miterfaßt werden, bedarf es der Heranziehung der Zweckübertragungstheorie. Unklarheiten gehen zu Lasten des Verlages[209]. Zur Vermeidung von Rechtsstreitigkeiten wäre es sinnvoll gewesen, alle Nutzungsarten abschließend aufzuzählen, denn auch die Formulierung „insbesondere" verlangt wieder eine einschränkende Auslegung i. S. der Zweckübertragungstheorie[210].

---

[209] LG Hamburg FuR 1975, 358.
[210] BGH GRUR 1974, 787.

2. Hauptteil

Einräumung von Nutzungsrechten durch den Arbeitnehmerurheber in Funk und Fernsehen

I. Grundbegriffe im Zusammenhang mit den Rechtsfragen in den öffentlich-rechtlichen Rundfunkanstalten unter besonderer Berücksichtigung des Urheberrechts

1. Organisatorischer Aufbau der Rundfunkanstalten[1]

Das Urheberrecht und damit auch die Urheberrechtsklauseln in Tarif- und Arbeitsverträgen werden von der öffentlich-rechtlichen Struktur der Rundfunkanstalten tangiert[2]. Zum besseren Verständnis – insbesondere der tariflichen Ausgestaltung der Urheberrechte – erscheint es geboten, zunächst auf die Rechtslage der Rundfunkanstalten einzugehen.

Nach dem Zusammenbruch des Dritten Reiches wurden die Rundfunksender von den Alliierten betrieben[3]. Durch Verordnung der Militärregierungen (so in den ehemaligen französischen und britischen Besatzungszonen) oder durch Gesetze der Länder (so in der ehemaligen amerikanischen Besatzungszone) wurden die Rundfunksender als öffentlich-rechtliche Anstalt geschaffen[4].

Eine Meinungsvielfalt, die unabhängig von Partei- und Regierungseinflüssen war, ließ sich nur in dieser Organisationsform verwirklichen, da die zur Verfügung stehenden Frequenzen beschränkt sind und sich daher eine ausgewogene Meinungsbildung – wie in der Presse durch die Vielzahl der Presseerzeugnisse – allein schon aus technischen Gründen nicht realisieren läßt[5]. Die Anstalten besitzen eine sehr weitgehende Selbständigkeit von ihren Anstaltträgern, den Ländern, denn nur so kann die Rundfunkfreiheit gewährleistet werden[6].

---

[1] Der Begriff „Rundfunk" umfaßt auch das Fernsehen, *Herzog* in *Maunz-Dürig-Herzog,* Art. 5 GG Rdz 197. Der Sprachgebrauch differenziert hier nicht genau. Wird vom Rundfunk oder Funk gesprochen, so wird zumeist nur der Hörrundfunk damit gemeint, nicht das Fernsehen. Zur Unterscheidung wird im folgenden von „Hörrundfunk" und „Fernsehen" gesprochen, mit dem Begriff „Rundfunk" sind stets beide Sendungsformen gemeint.

[2] *Herrmann,* Verfassungsrechtliche und rundfunkrechtliche Aspekte des Urhebervertragsrecht, UFITA Bd. 73, S. 85; *Hertin,* Öffentlich-rechtliche Rundfunkanstalten und ihre Grenzen bei der Ausgestaltung von Urheberverträgen, UFITA Bd. 66, S. 95.

[3] Zu der Entwicklung des Rundfunks vor 1945 vgl. *Holzamer,* Geschichte des deutschen Rundfunks, in Handbuch der Publizistik Bd. 2 1. Teil, S. 266–274.

[4] Siehe zu der Entwicklung im einzelnen *Flottau,* Hörfunk und Fernsehen, S. 23–29.

[5] *ders.,* S. 131; BVerfGE 12, 205 ff. (261).

[6] *Herrmann,* Die Rundfunkanstalt, AöR Bd. 90, S. 299, 300; *Herzog* in *Maunz-Dürig-Herzog,* Art. 5 GG Rdz 213.

Die Rundfunkanstalten unterliegen nur der Rechtsaufsicht der jeweiligen Bundesländer, d.h. vor allen Dingen bezüglich der Haushaltsführung und Wirtschaftsführung. Eine staatliche Zensur des Inhalts findet nicht statt[7].

In der Bundesrepublik und Westberlin bestehen zur Zeit neun Rundfunkanstalten der Länder und zwei des Bundes sowie eine gemeinsame Einrichtung der Länder:

Für das Sendegebiet Schleswig-Holstein, Hamburg und Niedersachsen der „Norddeutsche Rundfunk" (NDR), in Bremen „Radio Bremen" (RB), in Nordrhein-Westfalen der „Westdeutsche Rundfunk" (WDR), in Hessen der „Hessische Rundfunk" (HR), in Baden-Württemberg der „Südwestfunk" (SWF) mit Sitz in Baden-Baden und der „Süddeutsche Rundfunk" (SDR) mit Sitz in Stuttgart[8], im Saarland der „Saarländische Rundfunk" (SR), in Bayern der „Bayerische Rundfunk" (BR) und in Westberlin der „Sender Freies Berlin" (SFB). Hinzu kommt noch als gemeinsame Einrichtung der Länder das „Zweite Deutsche Fernsehen" (ZDF) mit Sitz in Mainz. Die beiden Rundfunkanstalten des Bundes haben ihren Sitz in Köln. Die „Deutsche Welle" (DW) hat die Aufgabe, Rundfunksendungen für das Ausland auszustrahlen, und der „Deutschlandfunk" (DLF) sendet für Deutschland und das europäische Ausland. Der „Rias" Berlin steht unter amerikanischer Verwaltung, er gehört organisatorisch zur United States-Information Agency. Da er sich jedoch in arbeitsrechtlicher Hinsicht nicht von den öffentlich-rechtlichen Rundfunkanstalten der BRD unterscheidet, wird die Urheberrechtsklausel seines Tarifvertrages in diese Untersuchung miteinbezogen. Die Arbeitsgemeinschaft der öffentlich-rechtlichen Rundfunkanstalten der BRD (ARD), bestehend aus den neun Rundfunkanstalten der Länder, wurde zur Erstellung und Ausstrahlung eines gemeinsamen Fernsehprogramms gegründet. Rias Berlin und die beiden Anstalten des Bundes sind mit beratender Stimme beteiligt[9].

Die Aufgaben der Rundfunkanstalten und ihre Organisation sind in Staatsverträgen (so der NDR und der SWF) oder in Gesetzen niedergelegt. Die nähere Ausformung findet sich in den Satzungen der einzelnen Rundfunkanstalten[10]. Der Aufgabenbereich wurde z. B. für den BR folgendermaßen formuliert:

---

[7] *Herrmann,* aaO., S. 306–311. Trotz dieser Organisationsform nimmt in letzter Zeit, u. a. bedingt durch die Struktur der Aufsichtsgremien, die Tendenz einer parteipolitischen Einflußnahme zu, vgl. dazu *Rasack, Bernhard,* Parteieneinflußnahme und Rundfunkaufsicht, RuF 1974, S. 53 ff.

[8] Der SDR wurde 1951 für das damalige Württemberg-Baden errichtet (Gesetz Nr. 1086 Rundfunkgesetz, abgedruckt bei *Lehr-Berg,* S. 119 ff.). Der SWF wurde 1951 durch Staatsvertrag der damaligen Länder Baden, Rheinland-Pfalz und Württemberg-Hohenzollern errichtet. Der SWF versorgt also sowohl das jetzige Baden-Württemberg als auch Rheinland-Pfalz mit seinen Sendungen.

[9] Satzung der Arbeitsgemeinschaft der öffentlich-rechtlichen Rundfunkanstalten der BRD vom 9. 6. 1950 in der Fassung vom 7. 6. 1962, abgedruckt bei *Lehr-Berg,* S. 261 ff.

[10] *Baumgarten,* Die rechtliche Stellung der bei den öffentlich-rechtlichen Rundfunk- und Fernsehanstalten Beschäftigten, S. 9 ff.

„Aufgabe des Bayerischen Rundfunks ist die Veranstaltung von Sendungen in Wort, Ton und Bild über die von ihm betriebenen Anlagen. Die Sendungen des Bayerischen Rundfunks dienen der Bildung, Unterrichtung und Unterhaltung. Sie sollen von demokratischer Gesinnung, von kulturellem Verantwortungsbewußtsein, von Menschlichkeit und Objektivität getragen sein und der Eigenart Bayerns gerecht werden.“[11]

Organe der Anstalten sind der Rundfunkrat, der Verwaltungsrat und der Intendant[12]. Der NDR und der WDR haben noch zusätzlich einen Programmbeirat. Der Rundfunkrat ist verpflichtet, sich für die Interessen der Allgemeinheit einzusetzen und die Rundfunkanstalt bezüglich der gesetzesmäßigen Erfüllung ihrer Aufgaben zu überwachen. Eine Kontrollfunktion hat ebenfalls der Verwaltungsrat; beide Organe haben jedoch keinen Einfluß auf die tägliche Programmgestaltung und die innere Struktur des Senders[13]. Die alleinige Programmverantwortung trägt der Intendant. Er leitet die Anstalt, vertritt sie nach außen, gerichtlich und außergerichtlich, schließt Verträge mit ArbN ab, spricht Kündigungen aus, bestimmt die Honorarhöhe für die freien Mitarbeiter, stellt den Haushaltsplan auf und ist verantwortlich für die Rechnungslegung bei Jahresschluß[14].

Hinsichtlich der inneren Struktur der Sender sind im Rahmen dieser Arbeit nur die programmbildenden Direktionen von Interesse. Die Programmdirektionen können sich z. B. in Hörrundfunk, Fernsehen und Studienprogramm gliedern[15]. Jede von ihnen spaltet sich wiederum in Hauptabteilungen auf, an ihrer Spitze steht der Hauptabteilungsleiter. Die Hauptabteilungen sind in Ressorts (auch Redaktionen genannt) eingeteilt. So gehören zur Hauptabteilung „Politik und Zeitgeschehen“ die Ressorts „Politik“, „Zeitfunk“, „Regionalabteilung“, „Ostfragen“, „Wirtschaftsfunk“, „Landfunk“ und „Sportfunk“. Urheberrechtlich relevante Leistungen werden in diesen Hauptabteilungen und Ressorts erbracht.

2. *Die bei einer Sendung beteiligten Personen*

Bedingt durch die technischen Gegebenheiten gestaltet sich die Feststellung, welche ArbN der Rundfunkanstalten durch ihre Arbeitsleistung Urheberrechte erwerben können, recht schwierig. An der Herstellung einer Sendung ist stets

---

[11] Art. 2 und 4 I Gesetz über die Errichtung und Aufgaben einer Anstalt des öffentlichen Rechts „Der Bayerische Rundfunk“ vom 10. 8. 1948 in der Fassung vom 22. 12. 1959 (GVBl. 1948 S. 135; 1959 S. 314). Die anderen Rundfunkanstalten haben inhaltlich die gleiche Aufgabe, wenn auch die Formulierungen der jeweiligen Gesetze oder Staatsverträge Differenzen zeigen.

[12] Zur genauen Struktur der Organe vgl. *Baumgarten,* aaO., S. 16–26.

[13] *Flottau,* aaO., S. 74.

[14] *Baumgarten,* aaO., S. 24, 25.

[15] Die innere Struktur der Rundfunkanstalten weisen erhebliche Differenzen auf, so daß die obigen Ausführungen nur eine von vielen Möglichkeiten aufzeigen. *Dygutsch-Lorenz,* Die Rundfunkanstalt als Organisationsproblem, S. 39; *Flottau,* aaO., S. 75 ff.; *Prager,* Programm und Programmstruktur, S. 339.

eine Vielzahl von ArbN und freien Mitarbeitern beteiligt, so daß es zunächst sinnvoll erscheint, den Personenkreis darzustellen. Wegen des großen Umfangs der ausgestrahlten Sendungstypen[16] werden nur diejenigen der Information und der Meinungsbildung sowohl beim Hörrundfunk wie auch beim Fernsehen skizziert.

Zur Illustration möge zunächst der aktuelle Zeitfunk beim Hörrundfunk dienen. Folgende Personen werden für diese Sendung tätig[17]: Autoren, die einen Bericht über ein kulturelles, wissenschaftliches oder politisches Ereignis schreiben; Reporter, die ein interessantes Thema ausfindig gemacht haben und darüber berichten; Korrespondenten kommentieren die politische Lage; der Moderator, der Einleitungs- und Überleitungssätze zu den einzelnen Berichten spricht; die Redakteure, die die eingegangenen Manuskripte auswählen und redigieren. Ferner wirken mit die Sprecher, Übersetzer, Dolmetscher, der Leiter vom Dienst, sowie die Tontechniker einschließlich der Toningenieure.

Bei den Fernsehprogrammen kommt zu der elektrisch-akustischen Übermittlung des Werkes die elektrisch-optische hinzu, womit eine erhebliche Steigerung der benötigten Berufsgruppen verbunden ist[18].

Die tägliche 20-Uhr-Ausgabe der Fernsehtagesschau hat circa 80 Mitarbeiter, dazu gehören: Chefredakteur, Nachrichtenchef, Chef vom Dienst, Redakteure, Reporter, Korrespondenten, Regisseure, Cutterinnen, Kameraleute, Graphiker, Bildmischer, Maskenbildner, Sprecher im Bild, Sprecher im off[19], hinzukommt noch weiteres Techniker- und Studiopersonal[20].

Der Arbeitsvorgang bei einer Informationssendung ist mit dem bei einer Zeitungsredaktion vergleichbar. Das Nachrichtenmaterial geht von den Presseagenturen und Bilderdiensten ein. Der Wort-Dienstleiter sichtet und sortiert das Nachrichtenmaterial[21], anschließend verteilt er die Themen an die Redakteure. Diese beginnen das einschlägige Material zu ordnen, zu planen und beauftragen Graphiker mit der Anfertigung von Illustrationen zu ihrem Thema[22]. Die Filmredakteure versehen ihre Filmbeiträge mit Texten und weisen die Cutterinnen an, wie die Filme geschnitten werden sollen. Für die 20-Uhr-Ausgabe der Tagesschau beginnt um 16 Uhr 30 die Programmkonferenz, an der der Chefredakteur, der Chef vom Dienst, der Nachrichten- und Filmchef, der Dienstleiter und die Redakteure teilnehmen[23]. Dieses Treffen entspricht der

---

[16] *Arnold,* Formen der publizistischen Aussage, S. 318 ff.; *ders.,* Fernsehen: Formen der publizistischen Aussage, S. 448 ff.

[17] Die im folgenden erwähnten Berufsbilder sind entnommen aus *Riepenhausen, Dannenhaus,* Die freien Mitarbeiter für Hörfunk und Fernsehen, S. 14–32.

[18] *Magnus,* Zur Frage der Typologie von Sendeformen im Hörfunk und Fernsehen, RuF 1967, 41–49.

[19] „Sprecher im off" sprechen Texte aller Art, sind aber im „off", d. h. nicht im Bild.

[20] *Abend,* Die Tagesschau: Zielvorstellung und Programmstruktur, RuF 1974, 182.

[21] *ders.,* aaO., S. 184.

[22] *Flottau,* aaO., S. 91.

[23] *Abend,* aaO., S. 186.

täglichen Redaktionskonferenz der Tageszeitungen. Um 19 Uhr wird das bis dahin fertige Nachrichtenmaterial zum letzten Male vom Nachrichtenchef geprüft. Notwendige Änderungen werden mit dem Dienstleiter und dem Verfasser des Beitrages besprochen. Das Fernsehen und der Hörrundfunk können aktueller sein als die Presse, noch während der Sendung werden neue Meldungen eingebracht und noch Änderungen vorgenommen.

Durch die beispielhafte Darstellung der Arbeitsvorgänge sollte nur aufgezeigt werden, wie schwierig die Frage nach dem Urheber oder den Miturhebern bei diesem Medium zu beantworten ist.

3. *Schutzfähige Werke*

a) Hörrundfunk

Das Programm der Rundfunkanstalten beinhaltet Sendungen der Information und Meinungsbildung einerseits, wie der Unterhaltung und Bildung andererseits. Um an die Ergebnisse des 1. Hauptteils anknüpfen zu können, werden zunächst die Sendungen der Information und Meinungsbildung unter dem Aspekt ihrer urheberrechtlichen Relevanz (Sprachwerke) erörtert. Bei der Fülle der möglichen Sendungstypen kann im Rahmen dieser Arbeit nicht der Anspruch der Vollständigkeit erhoben werden. Hinzu kommt, daß bei Rundfunksendungen eine klare Abgrenzung der verschiedenen Sendeformen nicht möglich ist, da zahlreiche Elemente der einzelnen Formen in ähnlicher Weise benutzt werden. Daher können hier nur generelle Unterscheidungsmerkmale angegeben werden[24].

aa) Sprachwerke bei den Sendungen der Information und der Meinungsbildung

Informationssendungen sind: Nachrichten, Berichte, Originalreportage, Reportage und Originalübertragung von Ereignissen. Zu den meinungsbildenden Sendungen zählen das Feature, die Dokumentation, Gespräch, Diskussion, Interview[25], Kommentare sowie Magazine und Korrespondentenberichte[26]. Das Material der verschiedenen Sendungstypen hat beim Hörrundfunk entweder die Form von Manuskripten oder von Tonbändern. Falls also die Werkeigenschaft des Beitrages bejaht werden kann, sind sie regelmäßig Schriftwerke oder, falls eine Reportage unmittelbar gesendet wird, Sprachwerke[27].

---

[24] Zu den Schwierigkeiten der Formbestimmung vgl. *Magnus,* aaO., S. 41.

[25] Gespräche und Diskussionen haben die gleiche Zielsetzung wie das Interview, sie unterscheiden sich von diesem nur durch die Gestaltung, *Magnus,* aaO., S. 45. Beim Gespräch findet eine Unterhaltung zwischen zwei oder mehreren gleichberechtigten Personen statt, bei der Diskussion ist einer der Teilnehmer mit der Leitung des Gespräches beauftragt.

[26] *Arnold,* aaO., S. 318–326, nimmt eine andere Einteilung der Sendungsformen vor, da er den Begriff der „Nachricht" weiterfaßt.

[27] *v. Gamm,* § 2 Rdz 18; *Möhring-Nicolini,* § 2 Anm. 3.

Da sich die Medien Presse und Rundfunk nur hinsichtlich technischer und stilistischer Einzelheiten bei der Bearbeitung des Materials unterscheiden, ist es zulässig, die bereits bei den Presseerzeugnissen gewonnenen Erkenntnisse auf den Bereich des Hörrundfunks zu übertragen. Danach sind Nachrichten nicht schutzfähig, hingegen ist die Werkeigenschaft bei Kommentaren, Korrespondentenberichten, Reportagen, Interview (einschließlich Gespräch und Diskussion sowie der Originalreportage)[28] zu bejahen, falls im Einzelfall eine persönliche geistige Schöpfung vorliegt[29]. Eine Originalübertragung ist lediglich die Übermittlung eines bevorstehenden Werkes oder nur eines Ereignisses, so daß diese Informationssendung kein schutzfähiges Werk ist.

Die Dokumentarsendung hat dieselbe Aufgabe wie die Reportage, nämlich Information durch Tatsachenbericht. Doch im Gegensatz zur Reportage nimmt sie Stellung, analysiert und wertet[30]. Ein weiterer Unterscheidungspunkt besteht darin, daß eine Dokumentarsendung ein Thema in seiner Vielschichtigkeit erschöpft. Das Merkmal der persönlichen geistigen Gestaltung liegt bei dieser publizistischen Form im Auffinden und Sichten des Materials (z. B. Aussagen, Dokumente, Berichte, Statistiken), in der Art der Zusammenstellung und in der damit verbundenen Aussage.

Dieselbe Zielrichtung wie die Dokumentarsendung hat auch das Feature. Seit 1945 wird dieser terminus technicus in der deutschen Rundfunksprache verwandt[31]. Beim Feature wird die reine Dokumentation aufgelockert, z. B. durch Einblenden von Geräuschen oder Musik, Kurzinterviews, Sprecherwechsel, Gestaltung der Information in Dialogform. Bei einer Semidokumentation wird das zur Verfügung stehende Material dramaturgisch bearbeitet. Beide Sendungstypen sind stets eine individuelle Geistesschöpfung. Das Anliegen von Magazinen ist die vertiefende Information, das Aufdecken der Hintergründe eines Ereignisses sowie Kritik und Analyse des politischen, kulturellen und wirtschaftlichen Lebens[32]. Das Magazin ist eine Zusammenfassung von mehreren Kommentaren und Berichterstattungen, die über die bloße Tatsachenvermittlung hinausgehen. Der Moderator verbindet die einzelnen Beiträge in der Regel durch kritische und analysierende Überleitungssätze. Das Magazin ist als schutzfähiges Sammelwerk (§ 4 UrhG) anzusehen.

---

[28] Man unterscheidet die Originalreportage von der zeitversetzten Reportage: während erstere unmittelbar (live) gesendet wird, spricht der Reporter bei der anderen seine Eindrücke auf Band.

[29] *v. Gamm,* § 2 Rdz 18; *Hubmann,* Studienbuch S. 94, bejahen den Urheberrechtsschutz bei Reportagen und Interviews nur in Ausnahmefällen. Dieser zurückhaltende Standpunkt wird zumindest den gegenwärtigen Leistungen nicht mehr gerecht. So auch schon *Heyn,* Der Rechtsschutz der Rundfunkreportage und des Rundfunkinterviews, UFITA Bd. 20, S. 59, 60.

[30] *Arnold,* aaO., S. 324.

[31] Brockhaus Enzyklopädie, Bd. 6, 17. Aufl., Wiesbaden 1968; *Magnus,* aaO., S. 46.

[32] *Flottau,* aaO., S. 91; *Magnus,* aaO., S. 47.

bb) Sprach- und Musikwerke bei Sendungen der Bildung und Unterhaltung

Die Rundfunkanstalten sind vor allen Dingen Medien der Unterhaltung[33]. In diesem Bereich haben sich folgende Sendungsformen gebildet: das Hörspiel, der Radio-Essay, Quiz, Kabarett, Musik, Vorträge sowie die Übertragung von Opern, Konzerten und Bühnenwerken; es findet sich aber auch hier das Feature und die Semidokumentation.

Das Hörspiel und auch der Radio-Essay sind Sprach- oder Schriftwerke, besser „Hörwerke", die alle Formen akustischer Darstellungsmöglichkeiten – Sprache, Klang, Ton, Rhythmus und Musik – umfassen[34]. Zu den Sprachwerken zählt auch der Vortrag, die schöpferische Leistung liegt in der Gestaltung des Stoffes[35]. Eine Quizsendung ist dann als schutzfähig anzusehen, wenn sie eine schöpferische Eigenart erreicht hat; das wäre z. B. durch die Überleitung von einer Frage zur anderen möglich[36]. Eine Kabarettsendung als solche ist kein Werk, allerdings sind die einzelnen Szenen, so Parodien oder Sketche, urheberrechtsschutzfähig[37]. Werke der Musik sind alle über einen Akkord hinausgehenden Tonfolgen von individueller Ausdruckskraft (§ 2 II Ziff. 2 UrhG)[38]. Das Arrangement mehrerer Musikwerke kann eine Bearbeitung darstellen (§ 3 UrhG)[39]. Nicht schutzfähig sind hingegen die Direktübertragungen oder auf Band aufgezeichneten Übertragungen von Bühnenwerken, Opern und Konzerten.

b) Fernsehen

Genau wie der Hörfunk hat auch das Fernsehen die Aufgabe zu informieren, zu bilden und zu belehren, sowie zu unterhalten. Damit sind auch grundsätzlich die Formen der publizistischen Aussagen beider Medien identisch, so daß auf die schon besprochenen Beiträge im vorigen Abschnitt verwiesen werden kann[40].

aa) Film- und Fernsehwerke

Das UrhG schützt Filmwerke einschließlich der Werke, die ähnlich wie Filmwerke geschaffen sind (§ 2 I Ziff. 6 UrhG). Die schöpferische Leistung liegt in

---

[33] *Arnold,* aaO., S. 331; *Bäuerlein,* aaO., S. 55.
[34] *v. Gamm,* § 2 Rdz 18.
[35] *Fromm-Nordemann,* § 2 Anm. 10 a.
[36] *Schulze,* BGHZ 101 S. 6.
[37] *v. Gamm,* § 2 Rdz 18.
[38] *Hubmann,* Studienbuch S. 94, 95.
[39] *ders.,* S. 106.
[40] Die Gleichbehandlung der publizistischen Aussageformen im Rundfunk ist nur begrenzt zulässig, da viele Mischformen anzutreffen sind. Manche Formbegriffe in den beiden Medien Hörrundfunk und Fernsehen bezeichnen auch unterschiedliche Sendetypen, *Magnus,* aaO., S. 43. Da im Rahmen dieser Arbeit jedoch nur die grundsätzlichen Unterscheidungsmerkmale dargestellt werden sollen, erscheint die globale Gleichsetzung zulässig.

der Gestaltung der Bild- und Tonfolge bei den Dreharbeiten. Das Fernsehwerk unterscheidet sich vom Filmwerk nur durch das technische Verfahren der Herstellung; dieses wird auf einen Filmstreifen fixiert, jenes wird nach der Aufnahme durch die Fernsehkamera in elektrische Impulse umgewandelt und in Form der Hertzschen Wellen ausgesandt[41]. Im Gegensatz zur Hörrundfunksendung ist die Fernsehsendung selbst ein schutzfähiges Werk, wenn die Darstellung einen geistigen Inhalt ausdrückt. Kein Fernsehwerk, sondern ein Filmwerk liegt vor, wenn die Sendungen vor der Ausstrahlung auf ein Filmband fixiert werden[42]. Sind die Bild- und Tonfolgen nur aneinandergereiht, ohne daß sie durch die Individualität ihres Schöpfers geprägt sind, dann ist dies kein Film- oder Fernsehwerk. Diese Form bezeichnet der Gesetzgeber als Laufbilder, an denen nur ein Leistungsschutzrecht nach § 94 UrhG entsteht. Laufbilder wären demnach die Ausstrahlung von Tagesberichten, Interviews, Naturaufnahmen und Übertragungen von Bühnenwerken[43]. Bei einer Filmreportage wird ein bestimmtes Thema, z. B. der Bürgerkrieg in Angola, gefilmt. Der Zuschauer soll vertieft über ein Problem informiert werden, wobei die Bildberichterstattung durch bewegte Bilder das Hauptanliegen ist[44]. Die Filmreportage wird in der Regel als Filmwerk geschützt, da die Bild- und Tonfolge bewußt unter einem bestimmten Aspekt gestaltet wird[45]. Ein Fernsehspiel ist stets ein Werk i. S. des § 2 I Ziff. 7 UrhG.

bb) Sprachwerke

Die Entstehung eines Film- oder Fernsehwerkes gliedert sich in drei Arbeitsvorgänge: das Exposé, das Treatment und das Drehbuch[46]. Das Exposé skizziert den Handlungsablauf des Filmes. Das Treatment erweitert das Exposé um die Dialoge. Beide sind Sprachwerke[47]. Das Drehbuch enthält die einzelnen Szenen unter der Einarbeitung der technischen Einzelheiten, z. B. Kameraführung und Beleuchtung[48]. Auch das Drehbuch ist trotz der engen Verbindung zum Filmwerk ein selbständiges Sprachwerk[49].

cc) Lichtbildwerke und Darstellungen wissenschaftlicher oder technischer Art

Bei den verschiedensten Sendungsformen werden Photos, Graphiken, Landkarten oder ähnliches gezeigt[50]. Bei Nachrichtensendungen kann die Anzahl

---

[41] *Hubmann,* Studienbuch S. 103.

[42] *ders.; Schulz-Thurmann,* Die Fernsehsendung in urheberrechtlicher Sicht, S. 27, 28; a. A. *v. Gamm,* § 2 Rdz 23, der die im Fernsehen ausgestrahlten Bildfolgen stets als Filmwerk oder Laufbilder bezeichnet; ebenso *Möhring-Nicolini,* § 2 Anm. 8 a.

[43] *v. Gamm,* § 2 Rdz 23; *Weimann,* Die Fernsehsendung von Bühnenwerken nach geltendem Recht und de lege ferenda, S. 89, 117.

[44] *Arnold,* aaO., S. 453.

[45] LG Berlin GRUR 1962, 207, 208; a. A. *v. Gamm,* § 2 Rdz 23.

[46] *Schulz-Thurmann,* aaO., S. 59.

[47] *Fromm-Nordemann,* § 2 Anm. 10 a.

[48] *Breloer,* Verfilmung, Verfilmungsrecht und Fernsehfilm, S. 24.

[49] Nicht unstreitig, vgl. zum Meinungsstand *Breloer,* aaO., S. 31 ff.

[50] *Arnold,* Fernsehen, S. 449.

dieser Illustrationen bis zu 50 in einer Sendung betragen[51]. Die Photos sind entweder als Lichtbilder oder als Lichtbildwerke geschützt. Die graphischen Illustrationen, wie technische Zeichnungen, Pläne oder Karten, sind als Werkgattung „Darstellungen wissenschaftlicher oder technischer Art" urheberrechtlich relevant[52].

dd) Werke der bildenden Künste

Bei Sendungen der Bildung und insbesondere der Unterhaltung ist die Ausgestaltung der Aufbauten und der Kulissen von großer Wichtigkeit. Hierfür werden Malereien, Zeichnungen und Bildhauerei benötigt. Soweit es sich bei diesen Sendungen um Fernseh- oder Filmwerke handelt, kommen noch Bauwerke hinzu. Diese Werke sind gemäß § 2 I Ziff. 7 UrhG als Werk der bildenden Künste einschließlich der Baukunst geschützt. Werden sie ausschließlich für ein Film- oder Fernsehwerk geschaffen, so sind sie ein Bestandteil des Filmwerkes[53].

ee) Werke der Pantomime sowie der Tanzkunst

Bei Unterhaltungssendungen der Musik werden auch Ballettaufführungen sowie bisweilen Pantomimen gesendet. Bei der Pantomime liegt die schöpferische Leistung in der Verbindung von Mimik und Bewegung, bei der Tanzkunst in der Umsetzung der Musik in Bewegung[54]. Die Pantomime und die Choreographie sind gemäß § 2 I Ziff. 3 UrhG geschützt. Die Tänzer und ausübenden Künstler erlangen jedoch nur ein Leistungsschutzrecht (§ 73 UrhG)[55].

4. Schutzberechtigte Arbeitnehmer

Die beiden vorhergehenden Abschnitte haben gezeigt, daß die Rundfunkanstalten Großbetriebe sind, in denen schutzfähige Werke nur durch ein „Team" geschaffen werden. Im Gegensatz zur Presse ist bei diesem Medium eine Einzelleistung nur in engen Grenzen möglich. Bei der Fülle der an einer Sendung beteiligten Mitarbeiter müssen die Berufsgruppen der ArbN-Urheber von den anderen abgegrenzt werden. Eine abschließende Erörterung der Frage nach den einzelnen möglichen Trägern von Urheberrechten würde den Rahmen der hier angestellten Untersuchung sprengen. Es werden daher nur die für die Sendung wichtigsten Berufsgruppen erwähnt.

Soweit die Berufsbilder bei Hörrundfunk und Fernsehen mit denen der Presse übereinstimmen, kann grundsätzlich auf das dortige Ergebnis verwie-

---

[51] *Abend,* aaO., S. 187.

[52] Vgl. zu den Voraussetzungen näher *Fromm-Nordemann,* § 2 Anm. 16.

[53] *Fromm-Nordemann,* § 2 Anm. 13; *Ulmer,* Lehrbuch S. 132; LG Köln GRUR 1949, 303, 304 = MDR 1949, 566 mit Anm. von *Runge;* LG Berlin GRUR 1952, 100, 101. Zum Bühnenbild siehe auch *Roithmaier,* aaO., S. 22, 23.

[54] *v. Gamm,* § 2 Rdz 21.

[55] *Fromm-Nordemann,* § 2 Anm. 12.

sen werden[56]. Die bei einer Rundfunkanstalt angestellten Redakteure, Reporter, Korrespondenten, Zeichner und Graphiker sind Arbeitnehmer-Urheber. Diese Feststellung ist hinsichtlich der einzelnen Tätigkeitsmerkmale jedoch zu relativieren, da eine „funkspezifische" Leistung gefordert wird. Der erweiterte Aufgabenkreis sei beim Redakteur aufgezeigt: Er kann Sendungen planen, Beiträge auswählen, redigieren, bearbeiten, selber schreiben, Aufträge an freie Mitarbeiter vergeben, die von ihm verfaßten Beiträge selber sprechen, moderieren, Reportagen und Interviews machen, in den Tonträgerräumen Programmbeiträge produzieren, d. h. Bänder cuttern, Sprechertätigkeit ausüben sowie die Aufnahmeleitung innehaben[57].

Die Frage nach dem Urheber oder den Miturhebern wird schwieriger, wenn wir uns mit den spezifischen Werken der Rundfunkanstalt beschäftigen. Das Hörspiel und insbesondere das Film- und Fernsehwerk gehören zu den urheberrechtlich komplizierten Schöpfungen. Auch die mehr technischen Berufe, wie z. B. der Toningenieur, der Kameramann oder die Cutterin tragen wesentlich zur Gestaltung des Werkes bei. Wenden wir uns also den Berufsbildern zu, die für das Medium Rundfunk typisch sind[58].

a) Autoren und Komponisten

Die Autoren eines vorbestehenden Werkes, z. B. einer Erzählung oder einer Novelle, sowie der Komponist eines Musikwerkes sind unstreitig Urheber. Allerdings nicht Urheber des Hörspiels oder des Fernsehwerkes, denn zu diesem fehlt jede unmittelbare Beziehung[59]. Dasselbe gilt auch für die Verfasser eines Exposé und eines Treatment sowie eines Drehbuches[60]. Zum größten Teil handelt es sich bei diesen Berufen allerdings um freie Mitarbeiter. Beim Rundfunk angestellte Musiker sind meist entweder als Dirigenten oder Orchestermitglieder unter Vertrag. Sie werden nicht originär schöpferisch tätig, sondern nachbildend, so daß sie nur Leistungsschutzrechte erwerben können. Die Schöpfung eines Musikwerkes wird – wenn überhaupt – in Form eines Werkvertrages vereinbart[61]. Festangestellte Autoren, die ausschließlich Funkerzählungen und

---

[56] Vgl. dazu oben 1. Hauptteil I 3.

[57] *Dygutsch-Lorenz,* Journalisten und Rundfunk, S. 16, 17; *Hoffmann-Riem,* Redaktionsstatute im Rundfunk, S. 122 Anm. 8; *Bäuerlein,* aaO., S. 75, betont, daß der erweiterte Aufgabenkreis durch technische Gegebenheiten bedingt wird, das Wesentliche jedoch allen Publikationsmitteln gemein ist. Dem ist zuzustimmen.

[58] Die folgenden Berufsbilder sind entnommen aus: *Kaesbach-Wortig,* aaO., sowie *Dannhausen-Riepenhausen,* aaO., S. 14–32. Letztere Quelle konnte herangezogen werden, da die meisten Berufsgruppen sowohl im Angestelltenverhältnis wie auch als freie Mitarbeiter tätig sind.

[59] *v. Gamm,* § 8 Rdz 9.

[60] *Hubmann,* Studienbuch S. 122; *Fromm-Nordemann,* § 2 Anm. 15; *v. Gamm,* § 2 Rdz 3; *Möhring-Nicolini,* § 8 Anm. 5 e; a. A. *Breloer,* Verfilmung, Verfilmungsrecht und Fernsehfilm, S. 31, der Drehbuch und Filmwerk als eine Einheit auffaßt.

[61] *Poll,* aaO., S. 26.

Fernsehspiele schreiben, sind eine Ausnahmeerscheinung. Redakteure betätigen sich jedoch häufig im Rahmen ihres Arbeitsverhältnisses als Autoren von Exposés, Treatments oder Drehbüchern sowie Funkerzählungen[62].

b) Regisseur

Der Film- und Fernsehregisseur übersetzt das Drehbuch ins optische Bild. Seine künstlerische Vorstellung hinsichtlich der Dialogführung, die Anweisungen an die Schauspieler, seine optischen Einfälle formen erst den Film. Ihm obliegt die Durchsetzung der Gesamtkonzeption des Werkes. Der Filmregisseur ist stets Urheber bzw. Miturheber des Film- oder Fernsehwerkes[63]. Daß Regieleistungen im Angestelltenverhältnis erbracht werden, ist bei den Rundfunkanstalten keine Seltenheit, sondern entspricht der Norm. Dies bedarf jedoch einer Einschränkung: die Verfilmung von vorbestehenden Werken für das Fernsehen wird meistens einem freischöpferisch tätigen Regisseur überantwortet. Die Schöpfereigenschaft eines Regisseurs von Hörspielen oder Hörfunk-Features ist nur dann zu bejahen, wenn er das Manuskript, die Dialoge sowie die Musik und Gespräche zu einem einheitlichen Gesamtwerk verbindet. Nur die akustische Wiedergabe eines bereits sendefertigen Manuskripts ist keine schöpferische Tätigkeit[64].

c) Bildregisseur

Der Bildregisseur führt Regie bei Live-Sendungen (Sport, Unterhaltung, Aufführungen, Konzerte). Dabei bestimmt er den Standort der Kameras und wählt während der Übertragung das Bild aus, das auf die Bildschirme der Zuschauer geht. Zwar bestimmt er die Ton- und Bildfolge, aber in der Regel wird es sich hier nicht um ein Fernsehwerk handeln, da vorbestehende Werke (Aufführungen) nur gesendet werden, ohne daß diese noch künstlerisch gestaltet werden. Der Bildregisseur ist demnach nicht als Urheber anzusehen, er kann nur Leistungsschutzrechte erwerben.

d) Bildmischerin

Die Bildmischerin kontrolliert durchschnittlich drei bis fünf Monitore und bedient das Mischpult. Bei der Aufnahme auf das Videoband oder auch bei

---

[62] *Dygutsch-Lorenz,* aaO., S. 21.

[63] *Heinker,* Film und Fernsehen im neuen Urheberrecht, FuR 1966, 99; *Hubmann,* Studienbuch S. 123; *Reichardt,* Zur Stellung des Filmregisseurs im Urheberrecht, S. 156; *Samson,* Urheberrecht, S. 199; a. A. *Fromm-Nordemann,* § 2 Anm. 15; *Schulz-Thurmann,* aaO., S. 66; ArbG München, FuR 1966, 297.

[64] *Schulze,* KGZ 81; *Hillig,* Zur Rechtsstellung des festangestellten Rundfunkregisseurs, RuF 1963, Nr. 6 S. 9; *Samson,* Urheberrecht, S. 199; a. A. *Fromm,* Das Recht des Regisseurs und der Schutz seiner künstlerischen Leistung, GRUR 1962, 561 ff., der auch den Hörfunk- und Bühnenregisseur stets als Urheber betrachtet.

einer Live-Sendung entscheidet sie, welches Bild aufgenommen und gesendet werden soll. Auch sie gestaltet die Bild- und Tonfolge mit, allerdings auf Anweisungen des Regisseurs oder des Bildregisseurs. Ein Urheberrecht ist nur dann anzuerkennen, wenn sie selbständig über die Bild- und Tonfolge eines Film- oder Fernsehwerkes entscheiden kann.

e) Toningenieur und Tonmeister

Neben dem Regisseur fällt auch dem Toningenieur für das Zustandekommen eines Hörspiels eine entscheidende Rolle zu. Seine akustischen Fähigkeiten und der situationsgerechte Einsatz der Mikrophone, der Ton-Regler, Verstärker und Verzerrer sowie der vielen elektro-akustischen Hilfsmittel unterstützen die Konzeption des Regisseurs. Die Herstellung verschiedenartiger Hörräume, Veränderungen des Stimmcharakters, das Auf- und Abblenden sind wesentliche Punkte der schöpferischen Eigentümlichkeit des Hörwerkes, so daß je nach den Umständen des Einzelfalles der Toningenieur Miturheber des Hörspiels sein kann. Dasselbe gilt auch für den Tonmeister bei einem Film- oder Fernsehwerk, da er die Bild- und Tonfolge mitgestaltet[65].

f) Cutter

Der Cutter (Schnittmeister) muß Sprache und Bild in Übereinstimmung bringen, Musik und Geräuschbänder mischen. Diese Aufgabe ist keine rein technische, sondern der Cutter trägt damit zur künstlerischen Gesamtgestaltung des Filmes bei, er ist also auch Miturheber des Film- oder Fernsehwerkes, wenn er die Schnittarbeiten verantwortlich durchführt[66].

g) Kameramann

Grundsätzlich beeinflussen die Kameraleute die Bildfolge maßgeblich, so daß sie als Urheber bzw. Miturheber des Filmwerkes anzusehen sind[67]. Dieses Ergebnis muß für das elektronische Medium eingeschränkt werden. Heute ist die Kameraführung weitgehend automatisiert. Die E-Kameramänner bedienen ihre elektronischen Kameras nach Anweisungen der Regiezentrale. Daher muß dem Kameramann häufig eine werkschöpferische Leistung an die Gestaltung des Filmes abgesprochen werden.

h) Architekt, Bühnenbildner und Szenenbildner

Die Filmarchitekten und Bühnenbildner fertigen Aufbauten, Dekorationen, Requisiten und Bauten (Entwürfe, Modelle, Baupläne) an. Da Bühnenbilder in

---

[65] *Möhring-Nicolini*, § 89 Anm. 7 a.

[66] *ders.*; a. A. *Schulz-Thurmann*, aaO., S. 77; differenzierend *Heinker*, aaO., S. 99.

[67] *Heinker*, aaO., S. 99; *Hubmann*, Studienbuch S. 123; a. A. *Schulz-Thurmann*, aaO., S. 73.

der Regel urheberrechtsschutzfähig sind[68], sind Filmarchitekten, Bühnenbildner und Szenenbildner Miturheber des Film- oder Fernsehwerkes[69]. Eine differenzierende Beurteilung von Bühnenbildnern und Filmaufbauten ist durch keine sachlichen Kriterien gerechtfertigt.

i) Masken- und Kostümbildner

Maskenbildner sind für das Aussehen der Darsteller verantwortlich. Kostümbildner beschaffen die Kostüme durch eigene Anfertigung, Kauf, Leihe oder sonstige Möglichkeiten. Bei einem Maskenbildner ist das handwerkliche Können von ausschlaggebender Bedeutung, so daß grundsätzlich weder ein Urheberrecht noch ein Leistungsschutzrecht erworben werden kann[70]. Sein Arbeitsergebnis genießt nur dann Urheberrechtsschutz, wenn er nicht nur die Darsteller schminkt, sondern eine Maske schafft[71]. Entwirft der Kostümbildner die Kostüme selbst, so können sie, d. h. die Skizzen, Muster und Modelle, schutzfähige Werke i. S. des § 2 I Zi. 4 UrhG sein[72]. In der Regel wird es an der schöpferischen Leistung fehlen, da die Kostüme zum großen Teil den historischen Vorbildern nachempfunden sind.

j) Dramaturg

Der Dramaturg überprüft die eingehenden Manuskripte auf ihre Verwendbarkeit für Rundfunkzwecke. Notwendige Umarbeiten, z. B. ein Roman wird für ein Hörspiel bearbeitet, werden auch von ihm vorgenommen. Sind die Änderungen der zu begutachtenden Werke so erheblich, daß eine Bearbeitung vorliegt, dann ist der Dramaturg Urheber der Bearbeitung[73]. Diese Berufsgruppe arbeitet bei den Rundfunksendern im Angestelltenverhältnis[74].

k) Übersetzer

Die Rundfunkanstalten produzieren nicht nur selbst die Programmsendungen, sondern kaufen auch Fernsehserien oder Spielfilme vom Ausland ein[75]. Bevor diese ausgestrahlt werden können, müssen sie synchronisiert werden. Der Übersetzer hat die Aufgabe, die Texte in die deutsche Sprache zu übersetzen.

---

[68] *Fromm-Nordemann,* § 2 Anm. 13 Einzelfälle.
[69] *Möhring-Nicolini,* § 89 Anm. 7 a; *Roithmaier,* aaO., S. 22, 23.
[70] *BGH* FuR 1974, 198 ff.
[71] *Fromm-Nordemann,* § 2 Anm. 13 Einzelfälle.
[72] *v. Gamm,* § 2 Rdz 18.
[73] *Fromm-Nordemann,* § 3 Anm. 3 a.
[74] *Poll,* aaO., S. 25.
[75] *v. Gamm,* § 3 Rdz 8. Bei der Synchronisation wird zunächst eine wortgetreue Übersetzung vorgenommen, diese ist urheberrechtlich nicht relevant. Ein anschauliches Bild der Synchronisationsarbeit wurde durch die Sendung am 10. 5. 1976 um 19.30 Uhr im ZDF vermittelt.

Die wörtliche Übersetzung begründet kein Urheberrecht[76]. Bei einer Synchronisation bedarf es einer weitgehenden Änderung der wortgetreuen Übertragung. Daher ist der Übersetzer stets als Urheber der Synchronisation anzusehen. Er ist Urheber der Bearbeitung[77].

II. Die gegenwärtig gebräuchliche Vertragsgestaltung der Urheberrechte

Die Rundfunkanstalten sind – wie bereits erwähnt – in der rechtlichen Form der öffentlich-rechtlichen Anstalten gegründet worden. Der Arbeitgeber ist also eine juristische Person des öffentlichen Rechts. Tarifverträge werden zwischen den Gewerkschaften und den einzelnen Rundfunkanstalten abgeschlossen, denn auch der öffentliche ArbG ist tariffähig[78]. Alle Rundfunkanstalten[79] haben in ihren Tarifverträgen auch Urheberrechtsklauseln vereinbart. Tarifpartner sind die jeweiligen Rundfunkanstalten einerseits und die Rundfunk-Fernsehen-Film-Union (RFFU) in der Gewerkschaft Kunst, der Deutsche Journalistenverband (DJV), die Deutsche Angestellten-Gewerkschaft (DAG) und die Gewerkschaft Öffentliche Dienste, Transport und Verkehr (ÖTV) andererseits[80]. Jedoch kann sich die Zusammensetzung auf der Seite der Gewerkschaften auch anders gestalten[81].

Es ist also festzuhalten, daß die ARD-Anstalten kein Arbeitgeber-Tarifvertragsverband und auch keine Tarifgemeinschaft sind. Jede Rundfunkanstalt einschließlich des ZDF hat mit den betreffenden Gewerkschaften einen selbständigen Firmentarif abgeschlossen[82]. Der Tarifvertrag ist für alle ArbN, die den abschließenden Gewerkschaften angehören, verbindlich und damit auch die Urheberrechtsklausel. Eingeschlossen sind auch die ArbN mit befristeten Arbeitsverträgen, nicht jedoch diejenigen, die nur auf Produktionsdauer beschäftigt sind[83].

Bedingt durch den selbständigen Tarifabschluß der Rundfunkanstalten weisen die Urheberrechtsklauseln in den jeweiligen Tarifverträgen erhebliche Diskrepanzen auf. Während sich der NDR im wesentlichen mit einem Satz be-

---

[76] *Fromm-Nordemann,* § 3 Anm. 3 b.

[77] *v. Gamm,* § 3 Rdz 8.

[78] *Hueck-Nipperdey,* Bd. II 1. Halbb., S. 423; *Nikisch,* Bd. II S. 240.

[79] Der SDR hat die Urheberrechtsklauseln nur in einem Vertragsmuster aufgenommen. Der Abschluß eines MTV mit einer Urheberklausel auf der Basis des eMTV ist in Kürze zu erwarten, daher wurde in den Ausführungen vor allen Dingen auf die künftige Regelung abgestellt.

[80] Die obenerwähnten Gewerkschaften haben mit dem SWF den MTV vom 1. 12. 1971 abgeschlossen.

[81] Z. B. hat das ZDF in seinem MTV vom 1. 12. 1970 auch noch mit der Vereinigung der Rundfunk-, Film- und Fernsehschaffenden e. V. abgeschlossen, nicht beteiligt war die Gewerkschaft ÖTV.

[82] *Riepenhausen,* Tarifvertragliche Regelungen, B I.

[83] *Riepenhausen,* Tarifvertrag über Urheber- und Leistungsschutzrechte, HFF 1972 Nr. 6 S. 10.

gnügte[84], umfaßt die Urheberrechtsklausel im Tarifvertrag des SWF sieben Seiten[85]. Um innerhalb der ARD-Anstalten und des ZDF eine Vereinheitlichung der Arbeitsbedingungen – und damit auch der Urheberrechtsklauseln – zu erzielen, wurde in Zusammenarbeit mit den Gewerkschaften ein einheitlicher Manteltarifvertrag (eMTV) auf der Basis des MTV des SWF vom 1. Januar 1971 ausgearbeitet[86]. Jede Rundfunkanstalt sollte ursprünglich diesen eMTV mit den Gewerkschaften abschließen. Bei den einzelnen Tarifverhandlungen zeichneten sich – nicht nur bedingt durch die Urheberrechtsklauseln – noch erhebliche Schwierigkeiten ab. Bis zum 1. Juli 1976 hatten erst der SFB, RB, Rias und der NDR ihren Tarifvertrag in Form des eMTV abgeschlossen[87]. Beim WDR und SDR stehen die Tarifverhandlungen kurz vor dem Abschluß. Die Sender SR, DLF und DW haben die Verhandlungen hinsichtlich des eMTV aufgenommen. Hingegen wollen sich der BR, der HR und das ZDF dem eMTV nicht anschließen[88].

Ein großer Teil der bei den Rundfunkanstalten beschäftigten ArbN gehört keiner Gewerkschaft an, so daß der Tarifvertrag für sie nicht bindend ist. Die Rundfunkanstalten schließen die Arbeitsverträge grundsätzlich durch Formularverträge ab. Diese Musteranstellungsverträge enthalten meist entweder selbst eine Urheberrechtsklausel oder verweisen auf den Tarifvertrag[89].

Trotz der zum Teil erheblich differenzierenden Urheberrechtsklauseln kann die Vertragsgestaltung im Zusammenhang erörtert werden, da die grundsätzliche Übereinstimmung der rundfunkrechtlichen Bedürfnisse überwiegt[90]. Bei der Untersuchung der tariflichen Urheberrechtsklauseln wird auf den eMTV

---

[84] § 22 I des MTV vom 9. 10. 1954 i. d. F. vom 1. 9. 1972 lautet: „Urheberrechte und sonstige Schutzrechte, die die Angestellten in Erfüllung ihrer Dienstverpflichtungen erwerben, fallen ohne besondere Honorierung für die Auswertung auf dem Gebiet des Rundfunks dem NDR zu".

Welche Entwicklung die Urheberrechtsklauseln für den Rundfunkbereich seit damals genommen haben, mag die Gegenüberstellung dieser Klausel mit dem eMTV (Anhang III) veranschaulichen.

[85] Vgl. dazu Anhang III.

[86] Die Verhandlungen zum Entwurf des eMTV begannen 1969 und wurden erst 1974 abgeschlossen, HFF 1974, Heft 1, S. 9.

[87] Der SWF will, obwohl sich sein gegenwärtig verbindlicher MTV ziemlich mit dem eMTV deckt, sich auch noch dem eMTV anschließen. Wegen der weitgehenden Übereinstimmung des MTV des SWF und des eMTV wurde auf einen Abdruck im Anhang verzichtet. Soweit sich Abweichungen ergeben, sind diese im Text selbst eingearbeitet worden.

[88] HFF 1975 Heft 8 S. 2.

[89] Der Verfasserin waren leider nicht alle Musterarbeitsverträge zugänglich, so daß nur die des NDR, WDR, RB. SDR, SFB und der DW untersucht werden konnten. Es ist daher nicht auszuschließen, daß auch MAV ohne Urheberrechtsklauseln existieren. Dies wird bei der Erörterung der MAV berücksichtigt werden.

[90] Während sich die Urheberrechtsklauseln im Pressewesen im verstärkten Maße auseinander entwickeln, gelingt es den Rundfunkanstalten durch den eMTV, eine immer größere Übereinstimmung zu erzielen.

wegen seiner herausragenden Bedeutung besonderes Gewicht gelegt. Die übrigen MTV werden nur berücksichtigt, wenn sich vom eMTV Abweichungen ergeben oder die besondere Fallgestaltung dafür Anlaß gibt.

III. Urheberrechtsklauseln in den Tarifverträgen der Rundfunkanstalten

1. Einräumung der Nutzungsrechte durch den Arbeitnehmer für Rundfunkzwecke und Umfang des Rechtserwerbes durch den Arbeitgeber

a) Gleichstellung von Urheberrecht und sonstigen Schutzrechten

Bei einem Vergleich der älteren Tarifverträge mit denjenigen, die nach 1970 abgeschlossen worden sind, überrascht die erhebliche Ausdehnung der urheberrechtlichen Regelungen. Bei den älteren Tarifverträgen heißt es: „Urheberrechte und sonstige Schutzrechte, die die Angestellten in Erfüllung ihrer Dienstverpflichtungen erwerben, fallen ohne besondere Honorierung für Rundfunkzwecke der Rundfunkanstalt zu."[91] Es werden auch Formulierungen wie „zur Auswertung auf dem Gebiet des Rundfunks", des „Rundfunkwesens"[92] oder „für die Verwendung im Fernseh- und Hörrundfunk" verwandt[93]. Bei den MTV, die nach 1970 abgeschlossen wurden, finden sich diese grundsätzlichen Formulierungen ebenfalls, sie wurden aber dann näher ausgestaltet[94].

Wie auch schon beim MTV für Redakteure an Zeitschriften werden in allen MTV der Rundfunkanstalten mit den Urheberrechten auch die verwandten Leistungsschutzrechte geregelt. Diese Gleichbehandlung ist hier aus pragmatischen Erwägungen geboten, denn bei vielen Berufsgruppen ist die Abgrenzung zwischen Urheber und Leistungsschutzberechtigten grundsätzlich strittig (z. B. Regisseur) oder im Einzelfall schwierig (z. B. Kostümbildner). Eine differenzierende Behandlung der Urheber und Leistungsschutzberechtigten könnte bei den Rundfunkanstalten nicht durchgeführt werden, ohne daß es ständig zu Abgrenzungsproblemen und den damit verbundenen Streitigkeiten käme[95].

Der Begriff „verwandte Schutzrechte" meint nicht nur die verwandten Leistungsschutzrechte, sondern alle Schutzrechte, die der ArbN durch seine Tätigkeit erwerben kann[96]. Ausgenommen sind die Arbeitnehmererfindungen[97]. Als weiteres Schutzrecht kommen das Geschmacksmuster- und das Gebrauchs-

---

[91] § 22 I MTV des NDR vom 9. 10. 1954, i. d. F. vom 1. 9. 1972.

[92] § 28 MTV der DW, Anhang VI.

[93] Ziff. 361.2 MTV des BR, Anhang IV.

[94] eMTV, Anhang III; § 15 MTV des SR, Anhang VIII.

[95] *Riepenhausen*, aaO., S. 10.

[96] Verwandte Schutzrechte umfassen alle Schutzrechte, die der ArbN durch seine Tätigkeit erwerben kann. Dies wird klargestellt durch Ziff. 372.1 des eMTV, wo die Leistungsschutzrechte nur als „insbesondere" hervorgehoben werden. Vgl. auch *Ulmer*, Lehrbuch S. 15–19.

[97] Ziff. 321.2 eMTV, Anhang III.

musterrecht in Betracht. Die Grenzen zwischen Urheberrecht und Geschmacksmusterrecht sind fließend und die Entscheidung, ob im Einzelfall ein urheberrechtsschutzfähiges Werk vorliegt oder nur ein Geschmacksmuster, ist diffizil[98]. Aus den obengenannten Gründen ist daher die Gleichbehandlung aller Schutzrechte im Rahmen von Tarifverträgen grundsätzlich gerechtfertigt[99]. Die Erweiterung der Urheberrechtsklauseln um die „sonstigen Schutzrechte" dürfte nur für die verwandten Leistungsschutzrechte von größerer Bedeutung sein.

b) Auslegung der Formulierung „Urheberrechte ... fallen den Rundfunkanstalten zu"

Die Rundfunkanstalten lassen sich die Urheberrechte als solche übertragen. Im eMTV heißt es: „Der ArbN räumt den Rundfunkanstalten das Recht ein, Urheberrechte ... zu nutzen"[100]. Nur diese Formulierung trägt der Unveräußerlichkeit des Urheberrechts Rechnung, denn im Rahmen des eMTV wird der ArbN-Urheber nur zur Einräumung der Nutzungsrechte verpflichtet[101]. Bei den anderen MTV muß der Werkschöpfer den Rundfunkanstalten nicht nur die Nutzungsrechte überlassen. Diese Regelungen sind aber mit dem geltenden Recht nicht zu vereinbaren. Die Formulierungen sind dahin gehend berichtigend auszulegen (§ 140 BGB), daß ein Erwerb der Nutzungsrechte gemeint ist, denn das Urheberrecht als solches ist unveräußerlich (§ 29 UrhG).

Es kann davon ausgegangen werden, daß alle Urheberrechtsklauseln auch eine Vorausverfügung über die Nutzungsrechte beinhalten, denn nur dann kann die Rundfunkanstalt die Nutzungsrechte vom Zeitpunkt der Rechtsentstehung an nutzen[102]. Da aber Verfügungen in Tarifverträgen unzulässig sind, besteht für die angestellten Werkschöpfer nur die Verpflichtung, die Nutzungsrechte einzuräumen. Eine Vorausverfügung kann nur im Zusammenhang mit dem Einzelarbeitsvertrag vorgenommen werden[103].

c) Auslegung des Begriffes „für Rundfunkzwecke"

aa) gemäß dem Funktionsbereich

(1) Programmsendungen

Allen unterschiedlichen Formulierungen der einzelnen MTV ist eines gemein, nämlich mit Abschluß des Arbeitsvertrages ist der ArbN verpflichtet, alle Ur-

---

[98] *Hubmann*, Studienbuch S. 63, 64.

[99] Vgl. dazu auch oben 1. Hauptteil IV 2. Die Gleichbehandlung ist nur in einem Tarifvertrag zulässig, um die Abgrenzungsproblematik zu vermeiden. Ansonsten bestehen erhebliche Bedenken, denn § 2 GeschmMG begründet den originären Erwerb des ArbG, so daß die Verpflichtung zur Einräumung gar nicht bestehen kann.

[100] Ziff. 372.1 eMTV, Anhang III.

[101] Klarer wäre es gewesen, wenn auch im eMTV der Begriff „Nutzungsrechte" verwandt worden wäre.

[102] Diese Auslegung der Urheberrechtsklausel wurde von Herrn Dr. *Riepenhausen* für die Anwendung der Urheberrechte durch die Rundfunkanstalten bestätigt.

[103] Vgl. dazu oben 1. Hauptteil IV 3.

heber- und sonstigen Schutzrechte (insbesondere Leistungsschutzrechte), die bei seiner Erfüllung dienstlicher Pflichten entstehen, den Anstalten zur Nutzung „für Rundfunkzwecke" einzuräumen[104]. Die einzelnen Nutzungsrechte werden nicht oder nur exemplarisch erwähnt. Anders im eMTV, hier werden alle Verwertungsrechte (§§ 16–23 sowie 72, 75, 76, 77, 88, 89 UrhG) aufgezählt. Bei jedem Tarifvertrag ist die Übertragung zeitlich, räumlich und bei manchen auch inhaltlich unbeschränkt.

Die Aufzählung aller im Gesetz genannten Verwertungsrechte im eMTV ist hinsichtlich der Vertragsklarheit nicht als Fortschritt zu werten, denn auch in diesem Fall muß wie bei der globalen Nennung stets im Einzelfall überprüft werden, ob das jeweilige Nutzungsrecht für Rundfunkzwecke benötigt wird[105].

Die Problematik bei der hier erforderlichen Anwendung der Zweckübertragungstheorie liegt in der Definition „für Rundfunkzwecke"[106]. Eine nähere Erläuterung wurde in den Tarifverträgen selbst nicht vorgenommen[107]. In einigen Urheberrechtsklauseln heißt es lediglich, daß auch die Archivierung des Werkes, seine Verwendung auf Messen, Ausstellungen, Festivals und Wettbewerben sowie für Prüf-, Lehr- und Forschungszwecke des Rundfunks und der kulturellen Bildungsarbeit von der Nutzung für Rundfunkzwecke umfaßt wird[108]. Der Umfang der Rechtseinräumung kann durch die Nennung einiger Nutzungsarten nicht als geklärt angesehen werden.

Die Bestimmung des „Rundfunkzweckes" erfolgt durch den Aufgabenbereich der Rundfunkanstalten, denn „eine Anstalt des öffentlichen Rechts wird errichtet, damit sie bestimmte Aufgaben erfüllt, die der Staat ihr überträgt oder zuweist"[109]. Die Aufgabe der Rundfunkanstalten ist in den jeweiligen Gesetzen bzw. Staatsverträgen festgelegt worden. Trotz der unterschiedlichen Beschreibungen herrscht in der grundsätzlichen Zweckbestimmung – der Rundfunk-

---

[104] Lediglich der HR beschränkt die Einräumung der Nutzungsrechte nicht auf die Rundfunkzwecke, § 30 IMTV, Anhang VII.

[105] a. A. *Riepenhausen* in: Gewerkschaft Kunst, aaO., S. 31.

[106] Der Begriff „Rundfunkzwecke" ist nicht eindeutig, was die heftige Diskussion um diese Definition zeigt, vgl. dazu *Hertin,* Rundfunkanstalten, UFITA Bd. 66, S. 115, 116; *Maunz,* Die Grenzen der Betätigung öffentlich-rechtlicher Rundfunkanstalten außerhalb der unmittelbaren Programmveranstaltung, DÖV 1974, 721–726; *Scharf,* Die wirtschaftliche Betätigung der Rundfunkanstalten, FuR 1972, 281, 282. Auch bei den Tarifverhandlungen haben sich bei der Auslegung des Begriffes „Rundfunkzwecke" Kontroversen ergeben; *Rumphorst,* Der Urheber im Arbeits- und arbeitnehmerähnlichen Verhältnis, S. 438.

[107] Die Protokollnotiz zu Ziff. 372 eMTV besagt: „Zur Auslegung dieser Bestimmung besteht Einverständnis darüber, daß die Nutzung zu Rundfunkzwecken dann nicht gegeben ist, wenn das nutzende Unternehmen kein Sendeunternehmen ist, d. h. nicht selbst Rundfunksendungen veranstaltet." Damit wird aber nicht gesagt, auf welche Arten eine Rundfunkanstalt das Arbeitsergebnis des Urhebers nutzen darf.

[108] § 16 II eMTV des DLF, Anhang V; § 28 MTV der DW, Anhang VI; § 15 II MTV des SR, Anhang VIII.

[109] *Seeger,* Die Produktion von Bildton-Kassetten durch Rundfunkanstalten, DÖV 1972, 258.

anstalt obliegt die Gestaltung und Sendung von Programmen – Übereinstimmung[110]. Der Vertragszweck ergibt also, daß die angestellten Werkschöpfer diejenigen Nutzungsrechte einräumen müssen, die die Rundfunkanstalten zur Programmveranstaltung benötigen. Damit gelangen wir nach der Beantwortung der wichtigen Vorfrage zu dem hier auftauchenden Problem, welche Nutzungsrechte und -arten von der Einräumungspflicht erfaßt werden.

aaa) Hörrundfunk

Um das Werk des ArbN-Urhebers über seine Anlagen ausstrahlen zu können, muß der Rundfunkanstalt das Senderecht eingeräumt werden. Diese Sendebefugnis umfaßt das Recht, das Werk des Urhebers im gesamten Wellenbereich dieser Anstalt zu senden[111]. Sind dazu aus technischen Gründen Kabelverbindungen, Relais und andere Empfangsstationen notwendig, so ist die Weitergabe der elektromagnetischen Wellen von diesen „Zwischenstationen" aus keine selbständige Sendung[112]. Einer besonderen Einräumung bedarf es hierfür nicht. Die Rundfunkanstalten gehen im verstärkten Maße dazu über, Sendungen vor der Ausstrahlung auf Tonträger aufzunehmen. Die Vorproduktion von Programmsendungen bringt eine Steigerung der technischen Qualität und eine Verminderung der Risiken einer Live-Sendung mit sich. Die Aufzeichnung eines Hörspiels auf einen Tonträger ist eine Vervielfältigung des Werkes (§ 16 UrhG)[113]. Die Weitergabe der Tonträger ist gleichzeitig eine Verbreitung des Werkes (§ 17 UrhG)[114]. Wird ein Vortrag aufgezeichnet und anschließend durch den Sender ausgestrahlt, ist das Recht der Wiedergabe durch Bild- oder Tonträger (§ 21 UrhG) erforderlich[115]. Das Bearbeitungsrecht wird erforderlich sein, wenn das Werk erst für die technischen Gegebenheiten des Rundfunks aufbereitet werden muß, d. h. sendefertig gemacht wird.

Die Nutzungsart des § 17 UrhG ist nicht auf die Ausstrahlung über die Rundfunkanlagen beschränkt. Daß Rundfunkzwecke nicht nur unmittelbare Programmgestaltung und -sendung bedeuten, wird in einigen Tarifverträgen ausdrücklich erwähnt[116]. Der Rundfunksender hat auch das Recht der Archivierung der Tonträger und ihre Verwendung für Lehr-, Prüf- und Forschungszwecke des Rundfunks sowie für ihre Verbreitung bei Messen und Festivals[117].

Das Recht der Archivierung dient der Bestandsicherung des Sendegutes und

---

110 *Scharf,* aaO., S. 281, 282. Zur Gleichstellung von Aufgabe und Zweck im Rahmen des Rundfunkrechts vgl. *Ipsen,* Funktionsbereich der Rundfunkanstalten außerhalb der Programmveranstaltung, DÖV 1974, 723.

111 *Kuntz,* aaO., S. 34.

112 *Fromm-Nordemann,* § 20 Anm. 2. (Dies gilt nicht für Satellitensendungen); a. A. *Schmidt di Simoni,* Studien zum Fernsehurheberrecht, S. 174, der die Weitergabe von einer Relaisstation als neue Sendung betrachtet.

113 *Fromm-Nordemann,* § 20 Anm. 3.

114 *Hillig,* Hörrundfunk und Fernsehen, FuR 1966, 80.

115 *Fromm-Nordermann,* § 20 Anm. 3.

116 Siehe oben S. 76.

117 Für freie Mitarbeiter vgl. *Kuntz,* aaO., S. 40.

ermöglicht Wiederholungen. „Lehr- und Prüfungszwecke" sind insbesondere die schriftlichen Begleitmaterialien bei Sprachkursen oder sonstigen Unterrichtsveranstaltungen. In diesem Rahmen kann der Rundfunk auch das Werkexemplar durch Druck vervielfältigen lassen. Messen und Festivals sollen die Öffentlichkeit über die Arbeit der Rundfunkanstalten informieren.

Obwohl diese Rechte nicht unmittelbar für Programmsendungen erworben werden, stehen sie doch mit ihnen in einem engen Zusammenhang und sind zur Aufgabenerfüllung notwendig.

bbb) Fernsehen

Beim Fernsehen erfolgt die Ausstrahlung wie beim Hörrundfunk mittels elektromagnetischer Hertzscher Wellen[118]. Infolge der Gleichartigkeit der Ausstrahlungsmethode berechtigt das Senderecht, das Werk sowohl durch Ton-, wie auch durch Fernsehrundfunk der Öffentlichkeit zugänglich zu machen (§ 20 UrhG).

Die Live-Sendung der Fernsehanstalten ist keine Vervielfältigung, da die Bilder bei der Direktübertragung nicht fixiert werden[119]. Das Recht der Vervielfältigung wird hingegen benötigt, wenn die Sendung vorher auf einen Bild- und Tonträger aufgenommen wird. Da die Vorproduktion im Fernseh- und auch im Hörfunkbereich die Regel ist und die Live-Sendung die Ausnahme, hat der angestellte Urheber die Verpflichtung, stets auch das Vervielfältigungsrecht und das Verbreitungsrecht einzuräumen. Schreibt der Werkschöpfer ein Exposé, Treatment oder ein Drehbuch, kann die Rundfunkanstalt das Arbeitsergebnis nur nutzen, wenn ihr auch das Verfilmungsrecht (§ 88 UrhG) zusteht. Infolgedessen ist der ArbG auch zu weitgehenden Bearbeitungen berechtigt (§ 23 UrhG), um das Film- bzw. Fernsehwerk realisieren zu können.

Die Frage nach dem Umfang der Nutzungseinräumung durch den ArbN ist mit der obigen Darstellung nicht erschöpfend beantwortet. Das Anliegen dieser Ausführungen war, die Nutzungsrechte aufzuzählen, die der Werkschöpfer stets den Rundfunkanstalten einräumen muß. Im Einzelfall können sich die Verpflichtungen aus dem Vertragszweck erweitern. Allerdings ist es schwer vorstellbar, daß die Rundfunkanstalten das Ausstellungsrecht (§ 18 UrhG) von ihrem ArbN benötigen (erwähnt im eMTV)[120].

(2) Verwertung des Sendegutes

Im vorigen Abschnitt kamen wir zu dem Ergebnis, daß der Anstaltszweck der Rundfunksender die Ausstrahlung von Programmen beinhaltet. Um ihren Aufgabenbereich ausfüllen zu können, dürfen sich die Rundfunkanstalten alle dafür notwendigen Nutzungsrechte von ihren ArbN einräumen lassen. Im Rahmen

[118] Zu den technischen Vorgängen vgl. die ausführlichen Darstellungen bei *Schmidt di Simoni,* aaO., S. 18–34.

[119] BGHZ 37, 1, 6 ff.

[120] Diese Kritik der zu weit gehenden Nutzungseinräumung äußert auch *Hertin,* aaO., S. 3, allerdings bezüglich der Honorarvereinbarungen.

dieses Problembereichs drängt sich die Frage auf, ob die Verwertung des Sendegutes noch zum „Rundfunkzweck" gehört und damit für die ArbN eine weitergehende Verpflichtung zur Nutzungseinräumung besteht.

Verwertung bedeutet, daß aus den Sendungen in irgendeiner Form Gewinn erzielt wird, der über den bloßen Rundfunkempfang hinausgeht[121]. Somit findet eine Verwertung der Sendung statt[122], wenn die Rundfunkanstalt sie an andere Sendeunternehmen weitergibt, entweder in der Form des „Rebroadcasting"[123] oder in der einer „Übernahme"[124].

Nicht nur die Weitergabe der Sendungen an andere Rundfunkanstalten ist eine Verwertung, sondern auch die Vervielfältigung und Verbreitung der Sendung in Form einer Kassette, Schallplatte oder eines Buches. Während der Programmaustausch, soweit ersichtlich, keine Diskussion ausgelöst hat[125], sind durch das hier interessierende Problem der Zulässigkeit anderer Verwertungsformen heftige Kontroversen verursacht worden, die überwiegend unter dem Aspekt der Betätigungsgrenzen der Rundfunkanstalten geführt werden. Dieses Problem hat einerseits durch den technischen Fortschritt im audiovisuellen Bereich, andererseits durch die wachsende Finanznot der Rundfunkanstalten an Brisanz gewonnen.

Diese zusätzliche Einräumung der Nutzungsrechte ist nicht nur von finanziellem Interesse für die Rundfunkanstalten, sondern auch bildungspolitisch von großer Bedeutung, denn das Studium im Medienverbund läßt sich nur durchführen, wenn die Rundfunkanstalten ihre Produktionen auch an Einrichtungen der Jugend- und Erwachsenenbildung abgeben können[126]. In diesem Zusammenhang bedarf der Funktionsbereich der Rundfunkanstalten einer näheren Erörterung. Die Sender sind Anstalten des öffentlichen Rechts und unterliegen damit den für diesen Bereich von Rechtsprechung und Lehre entwickelten Grundsätzen. Der BGH[127] hat im Hinblick auf die Betätigungsgrenzen entschieden, daß eine öffentlich-rechtliche Anstalt nur im Rahmen ihres Funktionsbereiches tätig werden darf. Rechtsgeschäfte außerhalb dieses Bereiches sind nichtig.

In den Gesetzen und Staatsverträgen wird – wie bereits öfters erwähnt – als Aufgabe der Rundfunkanstalten nur die Programmgestaltung genannt. Daraus

---

[121] *Kupke,* Der Schutz der Urheber im Falle der unbefugten Verwertung von Rundfunksendungen, S. 15, 16.

[122] ebenda.

[123] *ders.,* S. 17; *Schmidt di Simoni,* aaO., S. 170. Rebroadcasting liegt vor, wenn das Sendeunternehmen die Sendung der abgebenden Rundfunkanstalt mittels eines Empfangsgeräts aufnimmt und als eigene Sendung ausstrahlt.

[124] *Kupke,* aaO., S. 18, bei einer Übernahme erhält das Sendeunternehmen von der abgebenden Rundfunkanstalt die benutzten Ton- und Bildträger.

[125] Vgl. dazu unten S. 83.

[126] *Hillig,* Mitschnitt von Fernsehsendungen mittels Videorecorder, FuR 1975, 11, 12.

[127] BGHZ 20, S. 119 ff.

schließen *Rehbinder*[128] und *Hertin*[129], daß eine Verwertung des Sendegutes unzulässig sei, weil die Betätigung der Rundfunkanstalten zum Zwecke der „selbständigen fiskalischen Betätigung" dem Vorbehalt des Gesetzes unterliegt. Da eine gesetzliche Ermächtigungsgrundlage fehle, dürfen die Rundfunkanstalten nicht verwerten und auch keine dafür notwendigen Nutzungsrechte erwerben. Im Hinblick auf die besondere Rechtslage der Rundfunkanstalten kann dem nicht gefolgt werden. Mit Recht betont *Maunz*[130] die Sonderstellung der Rundfunkanstalten, die eben keinen staatlichen Charakter haben. Allein aus der Aufgabenstellung der Sender kann nicht auf die zulässigen Betätigungen geschlossen werden[131]. Daraus folgt, daß auch die Grenzen der Handlungsfreiheit und damit auch der Funktionsbereich weiter gezogen werden dürfen als bei anderen Anstalten des öffentlichen Rechts.

Die Verwertung des Sendegutes durch die Rundfunkanstalten dient der Gewinnerzielung. Gewinnerzielung gehört aber nicht zum öffentlichen Funktionsbereich[132]. Durch diese zusätzliche Einnahme soll jedoch lediglich die Finanzkraft gestärkt werden, d. h. wieder der Programmgestaltung zugute kommen. Aus der staatsfreien Selbstverwaltung ergibt sich, daß die Anstalten zur finanziellen Sicherung ihres Aufgabenbereiches beitragen können, es sei denn, die Tätigkeiten stehen in keiner Beziehung zum Hauptzweck oder widersprechen ihm[133]. Als eine Förderung des Hauptzweckes (nämlich Programmsendungen) ist auch die Ertragswirksamkeit (Verwertung des Sendegutes) zur Deckung des Finanzbedarfes anzusehen. Als Ergebnis können wir daher festhalten, daß die Sendegut-Verwertung in Form von Kassetten oder anderen Techniken zulässig ist[134]. Diese Betätigung liegt noch im Rahmen des Rundfunkzweckes. Die Rund-

---

[128] Rundfunkanstalten und Kassettenmarkt, UFITA Bd. 65, S. 151, 155, 156.

[129] aaO., S. 115, 116; so wohl auch *Dünnwald,* Die Rechtsentwicklung im Bereich der Audiovision, NJW 1974, 23.

[130] aaO., S. 4.

[131] *Ipsen,* Zum Funktionsbereich der öffentlich-rechtlichen Rundfunkanstalten außerhalb der unmittelbaren Programmveranstaltung, S. 724; *Scharf,* aaO., S. 279–284; *Seeger,* Die Produktion von Bildton-Kassetten durch die Rundfunkanstalten, DÖV 1972, 258.

[132] Aus diesem Grunde lehnt *Seeger,* aaO., S. 261, 262, die erwerbswirtschaftliche-fiskalische Tätigkeit ab und läßt nur die Vermögensverwaltung zu, z. B. Kassettenherstellung für die Öffentlichkeitsarbeit der Rundfunkanstalten. Mit Recht weist *Ipsen* darauf hin, daß die Anstalten aus dem Recht zur Selbstverwaltung Gewinnerzielung beabsichtigen können, aaO., S. 734.

[133] So *Fuhr,* ZDF Staatsvertrag, S. 39, 144, 176; *Ipsen,* aaO., S. 736; *Maunz,* aaO., S. 7; *Scharf,* aaO., S. 283. Es würde dem Hauptzweck z. B. widersprechen, wenn die Rundfunkanstalten Kassettenfilme produzieren würden, ohne daß die Filme vorher über die Sendeanlagen ausgestrahlt worden sind. Auch dürfen durch die Randnutzung nicht die Programmgrundsätze – wie die Neutralitätspflicht – gefährdet werden.

[134] Zu den technischen Unterscheidungen zwischen dem Video-Band, Bild-Kassette und der Video-Platte siehe *Brugger,* Die neuen audiovisuellen Systeme, S. 9–27; *Seeger,* aaO., S. 253.

funkanstalten dürfen daher die hierfür notwendigen Nutzungsrechte von ihren ArbN erwerben[135]. Dieser zulässige Verwertungsbereich wird auch häufig als „Randnutzung" bezeichnet[136].

bb) Gemäß der Zweckübertragungstheorie

Es hat sich also gezeigt, daß eine zulässige Randnutzung noch vom Begriff „für Rundfunkzwecke" gedeckt wird. Aus diesem im vorigen Abschnitt erzielten Ergebnis kann jedoch nicht die Verpflichtung der ArbN gefolgert werden, im Rahmen der tariflichen Vereinbarungen auch die Nutzungsrechte und -arten einzuräumen, die für die Produktionsverwertung zusätzlich benötigt werden. Es wurde nur festgestellt, daß die Rundfunkanstalten diese Nutzungsrechte grundsätzlich beanspruchen dürfen. Ob die Tarifpartner mit der Verwendung des Begriffes „für Rundfunkzwecke" die zulässige Programmverwertung miteinbeziehen wollten, bedarf noch einer näheren Erörterung[137].

Die Einräumung der Nutzungsrechte für Rundfunkzwecke ist eine Pauschalvergabe der Rechte. Unerheblich ist, ob die Nutzungsrechte nur global, exemplarisch oder – wie im eMTV – abschließend genannt werden[138]. Auch die beispielhafte Erwähnung einzelner Nutzungsarten ändert an der Auslegungsbedürftigkeit des Begriffes nichts[139]. In jedem Fall muß der Umfang der Rechtseinräumung einer Überprüfung unterzogen werden, die sich am Vertragszweck orientiert. Die tariflichen Urheberrechtsklauseln sind also durch die Zweckübertragungstheorie zu interpretieren[140]. ArbN werden von den Rundfunkanstalten angestellt, um unmittelbar oder mittelbar an der Gestaltung und Sendung von Programmen mitzuwirken. Arbeitsleistungen und damit auch die zusätzliche Einräumung von Nutzungsrechten für die „Randnutzung" des Sende-

---

[135] Hinsichtlich der für die neuen Medien notwendigen Nutzungsrechte vgl. *Dünnwald,* aaO., S. 22.

[136] *Maunz,* aaO., S. 4 „Randnutzung ist eine legale Nutzung innerhalb der Grenzen des gesetzlichen Tätigkeitsbereiches, jedoch nicht im Kern, sondern im Gebiete der Vorbereitung, Sicherung, Verwendung oder Verwertung von Einrichtungen oder Objekten des Hauptzweckes. Randnutzung ist auch das, was man als Nebentätigkeit oder Hilfstätigkeit bezeichnet hat." Hingegen lehnen *Ipsen,* aaO., S. 733, und *Seeger,* aaO., S. 260, den Begriff der „Randnutzung" als zu unscharf ab. Der Begriff „Randnutzung" wurde von *Leisner,* Werbefernsehen und öffentliches Recht, Berlin 1967, im Zusammenhang mit der Frage nach der Zulässigkeit des Werbefernsehens geprägt.

[137] *Anamiadis,* aaO., S. 72. „Es muß gesehen werden, welche Bedürfnisse den jeweiligen Tarifvertrag hervorgerufen haben und welche Regelungen die Tarifpartner damit herbeiführen wollten."

[138] Nach der Rechtsprechung des BGH GRUR 1974, 787 reicht es nicht aus, daß z. B. das Vervielfältigungs- und Verbreitungsrecht genannt werden, da diese Rechte sowohl zur Aufzeichnung des Werkes auf einen Bild- und Tonträger als auch auf eine Schallplatte etc. berechtigen.

[139] Vgl. z. B. § 16 II MTV des DLF, Anhang V und Ziff. 361.11 MTV des BR, Anhang IV.

[140] Gegen die Anwendung der Zweckübertragungstheorie auf tarifliche Bestimmungen bestehen keine Bedenken, LG Hamburg FuR 1975, 358 ff.

gutes werden vom vereinbarten Zweck des Arbeitsvertrages nicht mehr erfaßt[141]. Diese Auslegung findet ihre Bestätigung in den Urheberrechtsklauseln der älteren Tarifverträge. Im MTV des BR heißt es z. B.:

„Diese Rechte werden dem BR nur für die Verwendung im Fernseh- und Hörrundfunk übertragen."[142]

Diese Vereinbarung stellt klar, daß die „tariflichen Rundfunkzwecke" nur die Nutzungseinräumung für die Programmgestaltung und -sendung meinen. Ferner wird die hier vorgetragene Argumentation durch die Erwähnung des Archivierungsrechts etc. in den einzelnen MTV gestützt, denn wenn „Rundfunkzwecke" auch die Randnutzung umfassen würde, hätte es dieser Aufzählung nicht bedurft[143].

Die Ausdehnung der arbeitsrechtlichen Einräumungspflicht auf die Produktionsverwertung, läßt sich auch nicht als Nebenpflicht des Arbeitsverhältnisses begründen[144]. Die kommerzielle Nutzung von Hörfunk- und Fernsehproduktionen führt zur beinahe vollständigen Verwertung des Werkes, so daß die „Einräumung der Nutzungsrechte für Rundfunkzwecke" zur Leerformel würde. In der Praxis käme es der Übertragung aller Nutzungsrechte gleich[145]. Diese Konsequenz ist von den Tarifpartnern nicht gewollt. Mit der Beschränkung „auf Rundfunkzwecke" sollen ja gerade noch andere Verwertungsmöglichkeiten der Werke offengehalten werden. Damit sind „Rundfunkzwecke" i. S. der MTV dahingehend auszulegen, daß der ArbN nur zur Einräumung der Nutzungsrechte für die Programmgestaltung und -sendung verpflichtet ist, alle übrigen Verwertungsrechte verbleiben bei ihm[146]. So heißt es z. B. im MTV des SR (§ 15 IV):

„Alle sonstigen nicht für Rundfunkzwecke erforderlichen Nutzungsrechte, insbesondere die Zweitverwertungsrechte, die von Verwertungsgesellschaften wahrzunehmen sind, bleiben dem ArbN vorbehalten."

Der Begriff „Rundfunkzwecke" ist also ambivalent, im Tarifvertrag umfaßt er nur die Programmgestaltung und-sendung, während im sonstigen Rundfunkrecht der gesamte Funktionsbereich einschließlich der Randnutzung darunter zu verstehen ist[147].

Im eMTV[148] und auch im MTV des ZDF[149] wurde klargestellt, daß die Nutzungseinräumung für die Arbeitsergebnisse, die mit dem Gehalt abgegolten sind, nur für Rundfunkzwecke i. S. von Programmsendungen verstanden wird.

---

[141] Ebenso *Samson,* Urheberrechtliche Regelungen, S. 553.

[142] Ziff. 361.2 MTV des BR, Anhang IV.

[143] BGH GRUR 1974, 787.

[144] *Wilkens,* aaO., S. 222.

[145] *Samson,* aaO., S. 553; *Wilkens,* ebenda.

[146] Die nicht vom Rundfunkzweck erfaßten Nutzungsrechte können den Rundfunkanstalten durch Zusatzvereinbarungen noch eingeräumt werden, vgl. dazu unten S. 85.

[147] *Wilkens,* aaO., S. 223.

[148] Ziff. 372.1 und 372.3 eMTV, Anhang III.

[149] § 15 I MTV des ZDF, Anhang IX.

2. *Weiterübertragung der erworbenen Nutzungsrechte im Rahmen des Programmaustausches*

Die Rundfunkanstalten in der BRD haben sich durch Verwaltungsvereinbarungen zum Programmaustausch verpflichtet[150]. Auch das ARD-Fernsehgemeinschaftsprogramm ist grundsätzlich ein Programmaustausch der Sender[151]. Die Übernahme von Sendungen anderer Anstalten bzw. die Abgabe an andere Sendeunternehmen gehört noch zum Hauptzweck der Rundfunkanstalten[152]. Diese Tätigkeit liegt also im Kerngebiet der Rundfunkzwecke. Zum einen besteht das Bedürfnis des Programmaustausches gerade bei kleineren Rundfunkanstalten, die finanziell nicht in der Lage sind, ein ganztägiges Programm aus eigener Produktion zu bestreiten[153]; zum anderen verlangen es die Programmgrundsätze der Rundfunkanstalten selbst, denn nur durch Austausch kann dem Anliegen nach Vermittlung der regionalen und internationalen Kulturkreise Rechnung getragen werden[154].

Übernimmt ein anderes Sendeunternehmen das Programm durch Rebroadcasting oder durch die Verwendung von Bild- und Tonträgern, so liegen stets zwei rechtlich selbständige Sendungen vor. Für jede dieser Sendungen ist die Einwilligung der Urheber erforderlich.

Um diesem Erfordernis gerecht zu werden, lassen sich die Rundfunkanstalten die Nutzungsrechte von ihren ArbN räumlich unbeschränkt einräumen, d. h. für das gesamte In- und Ausland. Den Rundfunkanstalten steht nur ein bestimmtes Sendegebiet zur Verfügung[155], sie können daher dieses räumlich unbeschränkte Nutzungsrecht selbst nicht wahrnehmen. Die Ausstrahlung der Programmsendungen im ganzen In- und Ausland kann nur durch die Abgabe der Nutzungsrechte an andere Rundfunkanstalten realisiert werden. Die für die Weitergabe der Nutzungsrechte an Dritte erforderliche Zustimmung der Urheber (§ 34 I UrhG) ist zumindest stillschweigend erfolgt. Der angestellte Urheber weiß bei Abschluß des Arbeitsvertrages, daß der nationale und internationale Programmaustausch zum Aufgabengebiet des Rundfunks gehört. Räumt er den Rundfunkanstalten die Nutzungsrechte für Rundfunkzwecke räumlich unbeschränkt ein, dann erteilt er damit gleichzeitig die Zustimmung zur Weiterübertragung.

---

150 Verwaltungsvereinbarungen der Anstalten über die Zusammenarbeit der Dritten Fernsehprogramme vom 12. 5. 1971. Grundsätze zur Regelung dieser Zusammenarbeit und Verfahrensrichtlinien vom 9. 11. 1971, abgedruckt bei *Lehr, Berg,* S. 295, 296.

151 Fernsehvertrag i. d. F. vom 2. 7. 1964 Ziff. 8: „Die Rundfunkanstalten haben ihre Fernsehproduktionsverträge so zu gestalten, daß eine Ausstrahlung der für das Gemeinschaftsprogramm bestimmten Verträge über die Strahler aller vertragsschließenden Rundfunkanstalten möglich ist. Sie haben unbeschadet der Möglichkeit interner Vereinbarung im Einzelfall die anderen Rundfunkanstalten von Ansprüchen Dritter freizustellen."

152 *Rumphorst,* aaO., S. 437; *Samson,* aaO., S. 553; *Wilkens,* aaO., S. 222.

153 *Kuntz,* aaO., S. 55.

154 *Samson,* aaO., S. 553.

155 *Herrmann,* Die Rundfunkanstalt, S. 316.

In den meisten jetzt verbindlichen MTV wurde ausdrücklich vereinbart, daß die Rundfunkanstalten die Nutzungsrechte für Rundfunkzwecke auch an Dritte weitergeben können[156]. Dritte sind nur Sendeunternehmen, die selbst Programme veranstalten[157]. Durch die so gestalteten Urheberrechtsklauseln wird den Rundfunkanstalten der Programmaustausch ohne zusätzliche finanzielle oder verwaltungstechnische Belastungen ermöglicht.

Auch im Rahmen des Programmaustausches steht die finanzielle Frage immer mehr im Vordergrund[158]. Die Erstausstrahlung der abnehmenden Rundfunkanstalt findet stets kostenlos statt. Eine Wiederholungssendung begründet jedoch eine Beteiligung an den Produktionskosten für das Sendeunternehmen oder die Zahlung eines Wiederholungshonorars[159]. Auch die „kostenlose" Weitergabe des Sendegutes bringt den Rundfunkanstalten eine Kostenersparnis.

Im internationalen Programmaustausch wird immer mehr dazu übergegangen, die Abgabe von Sendungen nur noch gegen Bezahlung vorzunehmen: entweder durch Beteiligung an den Produktionskosten oder durch die Berechnung des Verkaufswertes der Sendungen[160]. Diese Tendenz berücksichtigt der eMTV durch die Formulierung: „... für Rundfunkzwecke .. durch Dritte .. entgeltlich oder unentgeltlich nutzen zu lassen."[161] Aber auch ohne diesen Zusatz liegt der entgeltliche Programmaustausch noch im Rahmen „für Rundfunkzwecke", denn entscheidend ist nur, daß die Weitergabe von Sendungen der Programmausstrahlung durch Sendeunternehmen dient.

Die älteren MTV[162] klammern die ausländischen kommerziellen Rundfunkanstalten noch vom Programmaustausch aus. Sendungen können nur mit der ausdrücklichen Zustimmung der betroffenen ArbN-Urheber an diese verkauft werden. Die Grenzen zwischen der Weitergabe von Sendegut an kommerzielle und nicht kommerzielle Sendeunternehmen verwischen sich immer mehr, da – wie oben bereits erwähnt – auch die Abgabe an nicht kommerzielle Rundfunkanstalten entgeltlich ist. Daher gilt das Einwilligungserfordernis nicht mehr für den eMTV und die MTV des ZDF, des HR, der DW und des SR[163]. Das nutzende Unternehmen muß (zumindest beim eMTV) nur selbst Rundfunksendungen veranstalten, was wohl auf die überwiegende Anzahl der kommerziellen Sender zutrifft. Ausgeschlossen sind nur Sendeunternehmen, die ledig-

---

[156] Ziff. 372.1 eMTV, Anhang III; Ziff. 361.6 MTV des BR, Anhang IV; § 28 MTV der DW, Anhang VI; § 30 III MTV des HR, Anhang VII; § 15 I S. 2 MTV des SR, Anhang VIII; § 15 I MTV des ZDF, Anhang IX.

[157] Vgl. dazu auch Protokollnotiz zu Ziff. 372 eMTV, Anm. 107; anders nur der MTV des HR, der Dritte nicht auf Rundfunkzwecke beschränkt, Anhang VII.

[158] *Ipsen,* aaO., S. 735; *Wilkens,* aaO., S. 221.

[159] *Ipsen,* ebenda.

[160] *Rumphorst,* aaO., S. 437; *Wilkens,* aaO., S. 221.

[161] Ziff. 372.1 eMTV, Anhang III.

[162] So z. B. Ziff. 361.7 MTV des BR, Anhang IV.

[163] Ziff. 372.1 eMTV, Anhang III; § 30 III MTV des HR.

lich fremde Sendeveranstaltungen von Satelliten weitersenden oder verkabeln[164].

Abweichungen in den tariflichen Urheberrechtsklauseln finden sich auch hinsichtlich der finanziellen Ansprüche der ArbN aus dem Verkauf der Sendungen an kommerzielle Rundfunkanstalten. Bei den MTV des BR und des DLF stehen den ArbN die sich aus dem Verkauf ergebenden Ansprüche zu[165]. Obwohl die Programmweitergabe an kommerzielle Sender noch vom tariflichen Begriff „für Rundfunkzwecke“ gedeckt wird, besagt die Protokollnotiz zu § 6 III MTV des SWF: „Der SWF wird an kommerzielle Sendeunternehmen Produktionen nur gegen Entgelt abgeben. Der Erlös aus solcher Produktionsverwertung wird dem Erlös nach § 6 zugerechnet, soweit die dort genannten Voraussetzungen gegeben sind.“ Damit wird dem ArbN bei dieser Form der Programmweitergabe ein über seinen Lohn hinausgehendes Entgelt gewährt[166]. Im eMTV ist eine disebezügliche Protokollnotiz nicht mehr aufgenommen worden. Die Rundfunkanstalten, die ihre MTV schon auf der Basis des eMTV abgeschlossen haben, haben eine solche Zusatzvereinbarung auch nicht mehr hinzugefügt. Dies berechtigt zur Annahme, daß die Werkschöpfer der Sender RB, SFB, NDR, WDR, Rias und des SDR aus dem Verkauf der Sendungen an kommerzielle Rundfunkanstalten keine Erlösbeteiligung mehr erhalten. Unklar ist, ob das ZDF auch den Programmaustausch mit in eine Erlösbeteiligung einbeziehen will. Der HR, der SR und die DW haben für die Programmabgabe an kommerzielle Sendeunternehmen mit den Gewerkschaften keine besondere tarifliche Vereinbarung getroffen.

3. Einräumung der Nutzungsrechte durch den Arbeitnehmer ohne Beschränkung „Rundfunkzwecke“

a) Umfang des Rechtserwerbs durch die Rundfunkanstalten

aa) Bedürfnisse für eine erweiterte Urheberrechtsklausel

Im vorigen Abschnitt ist die Zulässigkeit der kommerziellen Verwertung von Programmproduktionen grundsätzlich bejaht worden. Diese Randnutzung kann finanziell und wirtschaftlich nur sinnvoll organisiert werden, wenn die Nutzungsrechte aller angestellten Urheber und Mitwirkenden in einer Hand vereinigt sind, d. h. bei den Rundfunkanstalten. Nur unter dieser Voraussetzung ist eine reibungslose Verwertung der Programmsendungen durchführbar[167]. In anderen Fallgestaltungen ist eine umfassende Verwertung erheblich erschwert. Will z. B. der Regisseur einer Fernsehdokumentarsendung diese der audiovisuellen Auswertung zugänglich machen, müßte er die Einwilligung aller Ur-

---

164 *Riepenhausen,* Die Bedeutung des Tarifvertrages, S. 232.
165 Ziff. 361.7 MTV des BR, Anhang IV; § 16 V MTV des DLF, Anhang V.
166 *Wilkens,* aaO., S. 225.
167 *Wilkens,* aaO., S. 221.

heber und Mitwirkenden einschließlich der Rundfunkanstalt selbst (§ 87 UrhG) einholen. Derselben Aufgabe sieht sich der Erwerber einer Programmsendung gegenüber. Die Durchführung des Projekts wird häufig daran scheitern, daß allein aus technischen Gründen nicht mehr alle Urheber gefragt werden können oder die Vorstellung über die finanziellen Möglichkeiten einer Programmverwertung außerhalb des Rundfunkbereiches zwischen den vielen Verhandlungspartnern zu sehr divergieren.

Die bisher verwandten Urheberrechtsklauseln erwiesen sich – wie auch die Untersuchung bisher gezeigt hat – für die neuen technischen Entwicklungen im Bereich der Audiovision und den damit verbundenen Möglichkeiten der Anstalten als nicht ausreichend[168]. Die Rundfunkanstalten mußten sich bei jeder kommerziellen Verwertung die zusätzlichen Nutzungsrechte bzw. -arten von ihren ArbN einräumen lassen. Als erste haben das ZDF, der SWF und der HR sowie die jeweiligen Gewerkschaften die MTV der Entwicklung der Verhältnisse und den Bedürfnissen der Anstalten angepaßt[169].

Danach sind die ArbN verpflichtet, den Rundfunkanstalten auch die Nutzungsrechte ohne Beschränkung „auf Rundfunkzwecke" einzuräumen. Für diese zusätzliche Nutzungseinräumung, die sog. „Fremdnutzung"[170], die über die ursprüngliche arbeitsvertragliche Verpflichtung hinausgeht und mit dem Gehalt nicht als abgegolten anzusehen ist, wird den ArbN grundsätzlich ein Entgelt gewährt[171]. Auch der eMTV hat diese Regelung in seiner Urheberrechtsklausel aufgenommen[172]. Die Protokollnotiz zu Ziff. 372.3 stellt klar, daß eine unentgeltliche Nutzung auf selten begründete Ausnahmefälle zu beschränken sei. *Wilkens*[173] nennt für den Anwendungsbereich der Unentgeltlichkeit als Beispiel:

„Wenn die Tätigkeit des Abnehmers auf ein besonders förderungswürdiges Allgemeininteresse gerichtet ist und nicht kommerziell durchgeführt wird."

bb) Umfang der wirtschaftlichen Betätigung der Rundfunkanstalten

Welche Nutzungsrechte den Rundfunkanstalten nun eingeräumt wurden, haben weder der eMTV noch der MTV des ZDF konkretisiert. Die Urheberrechtsklausel des HR enthält eine Aufzählung der Nutzungsarten für alle Rundfunk- und Filmzwecke, eine abschließende Aufstellung ist jedoch nicht erfolgt[174]. Die Nutzungsarten für „jede Verwertung" werden somit auch im MTV des HR nicht erläutert. Welche Nutzungsarten die ArbN den Rundfunkanstalten noch zusätzlich einräumen müssen, wird durch die Grenzen der wirtschaftlichen Betätigungen der Anstalten bestimmt. Damit bedarf das schon erörterte

---

168 ebenda.

169 *Riepenhausen,* Die Bedeutung des Tarifvertrages, S. 232.

170 ebenda.

171 § 15 I MTV des ZDF, Anhang IX. Der HR läßt sich die zusätzlichen Nutzungsrechte ohne Gegenleistung einräumen, § 30 I MTV, Anhang VII. Zu den Bedenken gegen diese Regelung vgl. unten S. 99.

172 Ziff. 372.3 eMTV, Anhang III.

173 aaO., S. 223.

Problem der Randnutzung noch einmal einer vertieften Behandlung. Bevor die Frage nach den Nutzungsarten beantwortet werden kann, ist die Konkretisierung der erlaubten wirtschaftlichen Betätigung der Rundfunkanstalten angezeigt.

(1) Verkauf der Rundfunkproduktionen

Die Rundfunkanstalten können Kopien der Fernseh- oder Filmaufzeichnungen wie auch Tonbänder vom Hörfunkprogramm verkaufen, und zwar an Bildungsinstitute, Filmtheater, Museen oder wirtschaftliche Unternehmen. Keine Bedenken bestehen auch gegen die entgeltliche Weitergabe der Bild- und Tonträger an Film-, Schallplatten- und Kassettenhersteller sowie Verleger[175].

(2) Eigenständige Verwertung der Rundfunkproduktionen

Die Rundfunkanstalten sind nicht darauf verwiesen, das Sendematerial zur weiteren Verwertung an Dritte zu veräußern. Die Sendeuntenehmen können in Sonder- oder Nebenbetrieben sowie Tochtergesellschaften von den Rundfunkproduktionen Filme, Schallplatten sowie Kassetten herstellen lassen und Druckausgaben zur Ergänzung und Vertiefung von Sendungen veröffentlichen[176]. Das Recht der Eigenproduktion von Bildkassetten etc. wird aber durch die Aufgabenstellung der Rundfunkanstalten auf die Verwertung nur schon ausgestrahlter Sendungen beschränkt. Die Herstellung von Kassetten darf nie Selbstzweck werden[177].

(3) Beteiligungen und wirtschaftliche Zusammenarbeit mit Gesellschaften

Nicht erst seit das „Kassettenfernsehen" die Diskussion um die „Randnutzung" der Rundfunkanstalten neu entfacht hat, haben die Sendeunternehmen gemischt-wirtschaftliche Unternehmen gegründet. Als Beispiel für die Verlegertätigkeit einer öffentlich-rechtlichen Rundfunkanstalt sei die TR-Verlagsunion (Gesellschaft für Verwertung von Television- und Radiosendungen, Deutsche Videothek) genannt, die 1968 gegründet wurde und an der der BR mit 40%

---

[174] § 30 I MTV des HR, Anhang VII.

[175] *Ipsen,* aaO., S. 736; *Maunz,* aaO., S. 6; *Rumphorst,* aaO., S. 437; *Scharf,* aaO., S. 283, der allerdings die Verwertung von bereits ausgestrahlten Sendungen als programmbezogene Tätigkeiten der Anstalten bezeichnet; als Beispiel für die Randnutzung nennt er die Vermietung eines Studios. *Seeger,* aaO., S. 267, 268, hält die Veräußerung von bereits gesendeten Fernsehproduktionen „als zulässige Vermögensverwaltung" für unbedenklich; a. A. *Hertin,* aaO., S. 115, S. 116; *Rehbinder,* aaO., S. 151. Der BGH ist in seinem „Kassetten-Urteil" GRUR 1974, 787, unter Bezugnahme auf Rehbinder ohne weitere eigene Stellungnahme davon ausgegangen, daß den Rundfunkanstalten grundsätzlich eine erwerbswirtschaftliche Tätigkeit untersagt ist, soweit es sich nicht um sog. Randnutzung handelt. Da durch das Urteil keine Begrenzung der zulässigen Randnutzung erfolgt, kann das Problem der erwerbswirtschaftlichen Tätigkeiten nicht durch die Rechtsprechung als abschließend geklärt angesehen werden.

[176] *Ipsen,* aaO., S. 736; *Maunz,* aaO., S. 6; a. A. *Seeger,* aaO., S. 270, da die Kassettenproduktion der Anstalten nicht mehr nur „Vermögensverwaltung" ist.

[177] *Herrmann,* Kassettenfernsehen: Zur juristischen Fragestellung, S. 20 sowie Literatur in Anm. 133.

beteiligt ist[178]. Gegen eine Beteiligung der Rundfunkanstalten an anderen wirtschaftlichen Unternehmen bestehen grundsätzlich keine Bedenken[179]. Der Anstalt obliegt es, dafür Sorge zu tragen, daß durch diese Zusammenarbeit keine sachwidrige Einflußnahme auf die Programmgestaltung ermöglicht wird[180].

cc) Die einzelnen Nutzungsarten

Den Rundfunkanstalten steht also ein weites Feld der wirtschaftlichen Betätigung offen. Dementsprechend umfaßt die Vereinbarung im eMTV und im MTV des ZDF sowie des HR die Verpflichtung des ArbN, die Nutzungsrechte §§ 16–23, 88 UrhG an den Arbeitsergebnissen den Rundfunkanstalten auch ohne Beschränkung auf Rundfunkzwecke zur eigenen Nutzung oder zur Übertragung an Dritte einzuräumen[181]. Unter Berücksichtigung der vom BGH verlangten Vertragsklarheit bei der Einräumung von Nutzungsrechten wollen die Rundfunkanstalten eine Ergänzung des eMTV durchsetzen. Demnach erstreckt sich die Rechtseinräumung insbesondere auf folgende Nutzungsarten[182]:

1. Kinoauswertung
   Herstellung und Vertrieb von Filmen aller Formate oder von anderen Bild-Tonträgern im Wege des Verkaufs, der Vermietung oder des Verleihs zur entgeltlichen oder unentgeltlichen Vorführung in Lichtspieltheatern oder an anderen der Öffentlichkeit zugänglichen Stellen;
2. Schmalfilmauswertung
   Herstellung und Vertrieb von Filmen aller Formate im Wege des Verkaufs, der Vermietung oder des Verleihs zur entgeltlichen oder unentgeltlichen, öffentlichen oder nichtöffentlichen Wiedergabe mittels Filmprojektor und Leinwand;
3. Audiovisuelle Auswertung
   Herstellung und Vertrieb von Bild-Tonträgern aller Art (z. B. Filme, Platten, Kassetten) im Wege des Verkaufs, der Vermietung oder des Verleihs zur entgeltlichen oder unentgeltlichen, öffentlichen oder nichtöffentlichen Wiedergabe mittels Wiedergabegeräten aller Art (z. B. Projektionsgerät, Zusatzgeräten zu Fernsehempfängern, Video-Rekordern);
4. Tonträgerauswertung
   Herstellung und Vertrieb von Schallplatten, Tonkassetten oder anderen Tonträgern im Wege des Verkaufs, der Vermietung oder des Verleihs zur entgeltlichen oder unentgeltlichen, öffentlichen oder nichtöffentlichen Wiedergabe;
5. Mitschnitt von Funksendungen[183]
   Aufnahme von Funksendungen auf Bild- oder Tonträgern sowie deren öffentliche

---

[178] *Klinger,* Die Werbe- und Verlegertätigkeit des Bayerischen Rundfunks als anstaltsfunktionale Aufgabenerfüllung, S. 71 ff. (77).

[179] *Ipsen,* aaO., S. 735; *Herrmann,* Die Rundfunkanstalt, S. 316 Anm. 160; *Klinger,* aaO., S. 77; *Maunz,* aaO., S. 6 Ziff. 8; ZDF Kassettenkommission, aaO., S. 24.

[180] *Ipsen,* aaO., S. 735.

[181] Ziff. 375.3 eMTV, Anhang II; § 30 I, II, IV MTV des HR, Anhang VII; § 15 I MTV des ZDF, Anhang IX.

[182] Entnommen aus Gewerkschaft Kunst, aaO., S. 30. Diese Regelung wird der SDR laut freundlicher Auskunft von Herrn Dr. *Rumphorst* in seinem MTV aufnehmen.

[183] Diese Regelung ist für das Studium im Medienverbund von großer Bedeutung, da die Möglichkeit gemäß § 47 UrhG nur den Mitschnitt für den Schulunterricht erlaubt.

Hillig, Mitschnitt von Fernsehsendungen, S. 10 ff.

Vorführung, Vervielfältigung und Verbreitung zur entgeltlichen oder unentgeltlichen, öffentlichen oder nichtöffentlichen Wiedergabe;

6. Kabelverbreitung von Funksendungen[184]
Die zeitlich versetzte Weitersendung von Funksendungen über Kabelverteilungsanlagen durch Unternehmen, die nicht selbst Rundfunksendungen veranstalten. Die Sendung und die nicht zeitlich versetzte Weitersendung von Funksendungen über Kabelverteilungsanlagen ist stets eine Nutzung für Rundfunkzwecke im Sinne der Ziff. 370.21.

Nicht erwähnt wird in dieser Aufzählung die Auswertung von Manuskripten des Hörrundfunks, z. B. Beiträge zur Wirtschaftspolitik, durch Buch- oder Zeitschriftenpublikationen[185]. Dieses Recht würde aber auch noch als Nutzungsart der arbeitsrechtlichen Einräumungspflicht entsprechen, denn die Aufzählung im Entwurf der Rundfunkanstalten ist nicht abschließend.

Das Bestreben der Rundfunkanstalten nach einer Konkretisierung der Nutzungsarten ist im Hinblick auf die Vertragsklarheit begrüßenswert. Die allgemeinen Umschreibungen im eMTV sowie im MTV des ZDF bergen eine nicht zu leugnende Rechtsunsicherheit in sich. Vor allen Dingen für die urheberrechtlich nicht informierten ArbN wäre die Nennung der Auswertungsarten von großer Bedeutung, nur so können diese den Umfang der Verpflichtung voll ermessen. Allerdings greift *Riepenhausen*[186] zu Recht die vorgeschlagene Formulierung „insbesondere" an. Bei der umfangreichen Aufzählung der denkbaren und zum Teil zukunftsorientierten Nutzungsarten sollten die Tarifpartner zum Zwecke der Vertragsklarheit sich über eine abschließende Nennung der einzuräumenden Rechte einigen. Dies wäre auch keine unnötige Härte für die Rundfunkanstalten, da eine Einräumung für noch nicht bekannte Nutzungsarten sowie Verpflichtungen dazu auch in einem Arbeitsvertrag unwirksam sind (§ 31 IV UrhG)!

Obwohl die ArbN-Urheber der Rundfunkanstalten nach diesen MTV zu einer weitgehenden Einräumung verpflichtet sind, begeben sie sich doch nicht aller Rechte an ihren Arbeitsergebnissen[187]. Zwar wird das Bearbeitungsrecht

---

[184] Im jetzigen Zeitpunkt gibt es in der BRD noch keine Kabelunternehmen. Die gesamte Rechtslage des „Kabelfernsehens" ist noch sehr umstritten, vgl. dazu *Lenk*, Perspektiven des Kabelfernsehens, UFITA Bd. 73, S. 135–152. Allerdings kann diese Vereinbarung schon im gegenwärtigen Augenblick für das Ausland von Bedeutung sein, da es in den U.S.A., Kanada und Holland Kabelunternehmen gibt, *Riepenhausen*, Die Bedeutung des Tarifvertrages, S. 233.

[185] Diese Verwertungsform wird namentlich vom BR (allerdings durch die TR-Verlagsunion) betrieben. In den Zeitschriften „Gehört – Gelesen" und „Schulfernsehen" werden regelmäßig Beiträge von Rundfunkmitarbeitern veröffentlicht. Auch gehören Buchveröffentlichungen von Mitarbeitern zum Verlagsprogramm. Die hierfür notwendigen Nutzungsrechte erwirbt aber nicht der BR selbst, sondern die TR-Verlagsunion. *Klinger*, aaO., S. 71, 72.

[186] Gewerkschaft Kunst, aaO., S. 31.

[187] a. A. *Nordemann*, Bärendienste, VS-Information 1972, Heft 2, S. 6. Nach seiner Auffassung müssen die ArbN „schlechthin alles hergeben".

für Übersetzung und Synchronisation auch ohne Beschränkung auf Rundfunkzwecke eingeräumt, nicht aber wird das Recht zur Bearbeitung des Werkes *(Umsetzung)* für eine andere Nutzungsart umfaßt. Dies ergibt sich aus der vertraglichen Systematik beim eMTV und dem MTV des HR einerseits[188]; beim MTV des ZDF andererseits wird die Umsetzung des Arbeitsergebnisses ausdrücklich von der sonstigen Einräumungspflicht ausgenommen[189]. Zur Klarstellung der Vereinbarung enthalten die MTV selbst Beispiele:

„Bücher aus Sendungen, Filme aus Hörspielen, Kinderspielzeug aus graphischem Sendematerial."

Als Ergebnis der bisherigen Vertragsauslegung darf folgende Erkenntnis festgehalten werden: Die Rundfunkanstalten dürfen die Werke ihrer angestellten Urheber nur in der ursprünglichen Form durch eine neue Nutzungsart verwerten, dieses Recht steht ihnen zeitlich, räumlich und inhaltlich unbeschränkt zu[190]. Sie können den Fernsehfilm, das Hörspiel oder die Schulfunksendung selbst oder auch durch Dritte beliebig oft in allen vereinbarten Nutzungsarten vervielfältigen und verbreiten. Hingegen ist es ihnen nicht gestattet, das Manuskript eines Hörspiels zu bearbeiten und es dann als Buch zu veröffentlichen. Dieses Recht verbleibt dem Werkschöpfer. Der Redakteur einer Schulfunk- oder Kinderfunksendung kann seine Manuskripte zu einem Buch umgestalten[191]. Der Autor ist zur Umschreibung des Drehbuches in ein Bühnenwerk berechtigt. Weiterhin verbleiben den ArbN-Urhebern die Vergütungsansprüche, die sich aus der Beschränkung der Urheberrechte gegen Dritte ergeben, und die Zweitverwertungsrechte[192]. Eine andere Vereinbarung ist lediglich im MTV des HR enthalten[193].

---

[188] Vgl. Ziff. 372.4 eMTV, Anhang III; § IV MTV des HR; Anhang VII. Vorzuziehen ist die Formulierung des MTV des ZDF, denn beim eMTV bedarf es einer genauen Durcharbeitung des Textes bis diese Erkenntnis erzielt werden kann; so hat *Nordemann,* aaO., die Auswirkungen des eMTV (MTV des SWF) fehlinterpretiert, weil die einzelnen Punkte der gewollten Vereinbarung nicht Ausdruck verleihen konnten.

[189] § 15 I, II MTV des ZDF, Anhang IX.

[190] *Samson,* Urheberrechtliche Regelungen, S. 553, hält die zeitlich unbegrenzte Einräumung der Nutzungsrechte (auch für Rundfunkzwecke) ohne Berücksichtigung der Dauer des Dienstverhältnisses für bedenklich, da mit dem Ende des Dienstverhältnisses jede Gegenleistung für die danach ausgeübte Nutzung entfalle. Hier wird verkannt, daß die Lohnzahlung nicht für die jeweilige Nutzung des Werkes erfolgt, sondern für die Einräumung des zeitlich beschränkten oder auch unbeschränkten Nutzungsrechtes. Ist eine zeitlich unbeschränkte Einräumung aus Sachgründen notwendig (Wiederholungssendungen), bestehen dagegen keine Bedenken.

[191] Anders die Beiträge, die zur Veröffentlichung in einer Zeitschrift oder in einem Buch keiner Bearbeitung mehr bedürfen, wie z. B. Vorträge oder Kommentare im Hörrundfunk.

[192] Ziff. 377 eMTV, Anhang III; § 15 II S. 2 MTV des ZDF, Anhang IX. Siehe dazu auch unten 3. Hauptteil V.

[193] § 30 I MTV des HR, Anhang VII. Vgl. zu diesem Problemkreis unten S. 99.

b) Zusätzliche Vergütungsansprüche des Arbeitnehmers

aa) Die „kleine" und die „große kollektive Lösung"

Hinter den Begriffen der „kleinen" und der „großen kollektiven Lösung" verbergen sich die Abgeltungsformen für die sog. Fremdnutzung der Programmsendungen. Im eMTV und auch im MTV des ZDF war vereinbart worden, daß die Nutzungseinräumung ohne Beschränkung auf Rundfunkzwecke gegen ein zusätzliches Entgelt erfolgen soll[194]. Bei den Verhandlungen zum Entwurf eines eMTV konnte bezüglich der Art der finanziellen Regelung keine Einigung erzielt werden, so daß die Vereinbarungen der Vergütung Gegenstand eines gesondert abzuschließenden Tarifvertrages sind[195].

Zur Diskussion standen im wesentlichen zwei Vorschläge. Die „kleine kollektive Lösung" besagt[196], daß die angestellten Urheber und Leistungsschutzberechtigten (Mitwirkende genannt) durch eine Beteiligung am Gesamt-Nettoerlös der Rundfunkanstalten aus Produktionsverwertung abgegolten werden. Der Gesamt-Nettoerlös sind die Brutto-Einnahmen abzüglich der Vertriebskosten und der durch Produktionsverwertung ausgelösten Steuern, nicht jedoch die Produktionskosten[197]. Dieser Erlös wird jeweils am 1. April eines Jahres für das Vorjahr festgestellt. Von diesem Betrag werden 15% an die Anteilsberechtigten ausgeschüttet[198].

Anteilsberechtigt sind diejenigen, die nach Maßgabe eines allgemeinen Tätigkeitskatalogs in die namentliche Beteiligungsliste aufgenommen sind. Voraussetzung für die Aufnahme ist, daß die im Arbeitsvertrag vereinbarte Tätigkeitsbezeichnung im allgemeinen Tätigkeitskatalog enthalten ist, auf die individuelle urheberrechtliche Leistung kommt es nicht an. Alle Urheber und Mitwirkende erhalten stets den gleichen Betrag, unabhängig davon, ob sie überhaupt und gegebenenfalls in welchem Umfang sie Urheberrechte an den Sendungen erworben haben.

---

[194] Ziff. 372.3 eMTV, Anhang III; § 15 I MTV des ZDF, Anhang IX.

[195] Einen solchen Zusatztarif haben erst die Sender RB, SFB, Rias und der SWF abgeschlossen. Der NDR wird sich wahrscheinlich der großen kollektiven Lösung anschließen, der SDR hingegen der kleinen kollektiven Lösung. Der WDR wird wahrscheinlich ein Teil des Gewinns an alle ArbN ausschütten und ein Teil an die Urheberrechtsgemeinschaft (sog. soziale Lösung).

Das ZDF hat, obwohl sein MTV aus dem Jahre 1970 stammt, nach freundlicher Auskunft der Rechtsabteilung noch keine Regelung mit den Gewerkschaften getroffen.

[196] Vgl. *Wilkens,* aaO., S. 222, 223.

[197] Nicht mehr zur Berechnung des Gesamt-Nettoerlöses gehört die Verwertung von Auftragsproduktion, bei denen Nutzungsrechte der hier berechtigten ArbN-Urheber nicht in Anspruch genommen worden sind.

[198] Die RFFU will in den nächsten Tarifverhandlungen eine Brutto-Erlösbeteiligung durchsetzen, d. h. statt 15% des Nettoerlöses würden dann 6% des Bruttoerlöses ausgeschüttet. Gewerkschaft Kunst, aaO., S. 29. Zu Beteiligungsansprüchen allgemein vgl. *Hertin,* Beteiligungsansprüche von Urhebern und Leistungsschutzberechtigten, FuR 1975, 303–310.

Der Tätigkeitskatalog wird von einem Ausschuß aufgestellt, der sich aus je vier von der Rundfunkanstalt und von den am Tarifvertrag beteiligten Gewerkschaften benannten Personen zusammensetzt. Diese wählen als ein weiteres Mitglied einen Vorsitzenden, der die Befähigung zum Richteramt hat. In den schon aufgestellten Tätigkeitskatalogen gehen die Tarifpartner in der Anerkennung der urheberrechtlich geschützten Tätigkeiten sehr weit. Es werden Kostümbildner, Maskenbildner, Kunsthandwerker, Kameraleute (Elektronik und Film), Bildregisseure und Bildmischer pauschal als Urheber oder Leistungsschutzberechtigte anerkannt, obwohl die urheberrechtliche Leistung dieser Berufsbilder von der Rechtsprechung und Literatur zum größten Teil nicht bejaht wird, respektive auf den jeweiligen Einzelfall abgestellt wird[199].

Der SWF und der SFB haben in ihren Zusatztarifverträgen als Abgeltungsmodus die „kleine kollektive Lösung“ gewählt.

Im Gegensatz zur „kleinen kollektiven Lösung“, die eine Kollektivbehandlung der Urheber und Mitwirkenden bezweckt, will die „große kollektive Lösung“ eine Erlösbeteiligung aller ArbN, d. h. auf die urheberrechtliche Tätigkeit wird nicht mehr abgestellt, verwirklichen. Da eine Ausschüttung an jeden ArbN unrealistisch ist (der einzelne würde nur eine unbedeutende Summe erhalten), erfolgt die Zahlung der Beteiligungssumme an eine gemeinsame soziale Einrichtung. Bisher haben der Rias und RB mit ihren Tarifpartnern einen (vorläufigen) Zusatztarifvertrag in Form der „großen kollektiven Lösung“ abgeschlossen. Dabei weisen die jeweiligen Tarifverträge jedoch noch Differenzen auf.

Der Rias hat mit den am Tarifvertrag beteiligten Gewerkschaften folgende Protokollnotiz vereinbart:

> „Die Tarifpartner stimmen überein, daß ein Tarifvertrag nach Ziff. 375.2 eMTV in einem späteren Zeitpunkt unterzeichnet wird. Für eine Übergangszeit vereinbaren die Tarifpartner schon jetzt, daß die Erlöse aus Produktionsverwertung aus der Zifferngruppe 370 eMTV einem gemeinsamen von beiden Tarifpartnern noch zu errichtenden Konto zugeführt werden.
>
> Die Tarifpartner beabsichtigen, die dem Konto zugeführten Beträge, einschließlich Zins und Zinseszins, zur Verbesserung der betrieblichen Altersversorgung langjähriger Mitarbeiter zu verwenden.
>
> Diese Übergangsregelung gilt zunächst bis zum 31. März 1977.“

RB hat mit der RFFU folgenden Tarifvertrag über die Abgeltung der Erlösbeteiligung aus Produktionsverwertung abgeschlossen:

> „Zur Abgeltung der Beteiligung der ArbN von RB am Erlös aus Produktionsverwertung gemäß Ziff. 375.2 eMTV wird der Arbeitgeberanteil zur Versorgungskasse RB um 1/8% erhöht. Gleichzeitig verringert sich der Arbeitnehmeranteil zur Versorgungskasse RB um ebenfalls 1/8%. Hiermit sind alle Ansprüche der Arbeitnehmer von RB am Erlös aus Produktionsverwertung abgegolten.“

---

[199] Laut freundlicher Auskunft von Herrn Dr. *Riepenhausen* sollen durch die weitgehende Anerkennung von umstrittenen Berufsbildern rechtliche Fortschritte erzielt werden.

Auch der Tarifvertrag des HR und der betreffenden Gewerkschaften ist der „großen kollektiven Lösung" zuzurechnen. Im Tarifvertrag läßt sich der HR alle Nutzungsrechte einräumen; eine Unterscheidung zwischen „Rundfunkzwecke" und „Fremdnutzung" wird nicht vorgenommen. Sowohl der HR als auch die beteiligten Gewerkschaften gingen davon aus, daß der Verwertungserlös generell allen ArbN zukommen sollte. Daher wurde vereinbart, daß die Einräumung aller Nutzungsrechte mit dem Grundgehalt abgegolten ist. Als Gegenleistung für diese weitgehende Einräumung ist die Rundfunkanstalt den Gewerkschaften in anderen Forderungen – vor allen Dingen sozialen Leistungen – entgegengekommen[200].

Die Form der Abgeltung für die sogenannte Fremdnutzung war und ist der Anlaß für Auseinandersetzungen zwischen den Rundfunkanstalten und den Gewerkschaften, aber auch innerhalb der Gewerkschaften selbst[201]. Die ARD-Anstalten haben von Anfang an einer individuellen Bezahlung widersprochen, da sie praktisch nicht durchführbar sei und zu zahllosen Streitigkeiten führen würde[202]. Dieser Argumentation haben sich die Gewerkschaften nicht verschließen können.

bb) Die kollektiven Lösungen im Spannungsfeld zwischen Tarifautonomie und Individualbereich

(1) Die „kleine kollektive Lösung"

Grundsätzlich wird dem schon vom RG[203] aufgestellten Postulat, den Urheber überall dort, wo aus seinem Werk geldwerter Gewinn gezogen wird, zu beteiligen, in den obendargestellten Zusatztarifen Genüge getan. Der eMTV enthält die Vereinbarung, daß die Einräumung der Nutzungsrechte, die über diejenigen für Rundfunkzwecke hinausgehen, einen zusätzlichen finanziellen Anspruch begründet. Bei der Berechnung des konkreten Anspruches des einzelnen wird nicht auf die individuelle urheberrechtlich relevante Arbeitsleistung

---

[200] Laut freundlicher Auskunft der Rechtsabteilung des HR.

[201] Die RFFU war 1973 noch für einen Abschluß des eMTV auf der Grundlage der großen kollektiven Lösung, dementsprechend war auch noch der Entwurf der RFFU abgefaßt (TKS 3/73). Bei der Hauptversammlung in Helgoland 1974 am 20.–22. 6. vertrat der Hauptvorstand die Auffassung, daß die Urheber- und Leistungsschutzrechte im eMTV auf der Grundlage des SWF-Modells geregelt werden müßten, also die kleine kollektive Lösung.

[202] Die ARD hat sich stets für eine große kollektive Lösung eingesetzt, vgl. *Watzdorf-Behm,* Urheberrechts- und Leistungsschutzrechte festangestellter Mitarbeiter, HFF 1973, S. 25 ff.; *Runter,* „Rosinentarif" abgelehnt, Der Journalist 1973, Heft 2 S. 35: „Der erste strittige Punkt ist die materielle Auswirkung der Urheberrechtsklausel. Die Erlöse aus der Zweitverwertung (gemeint ist die Verwertung von Programmsendungen außerhalb des Rundfunkbereiches) sollen nach der Auffassung der ARD-Kommission in einen bei jeder Anstalt einzurichtenden gemeinsamen Fond fließen und zugunsten aller ArbN verwendet werden. Der DJV wie auch die RFFU bestehen dagegen darauf, daß die bevorrechtigten Ansprüche der unmittelbar beteiligten Urheber nicht geschmälert werden dürfen."

[203] RGZ 118, 282 ff.; 122, 66, 68; 128, 102 ff., 113; 134, 198, 201; 153, 1 ff., 22.

abgestellt, sondern die Ausschüttung erfolgt pauschal an eine Urheberrechtsgemeinschaft.

So sehr auch die Praktikabilität der „kleinen kollektiven Lösung“ besticht, können Bedenken hinsichtlich der Überschreitung der Tarifmacht nicht geleugnet werden[204]. Es drängt sich die Frage auf, ob die Tarifvertragsparteien die Ansprüche der Urheber zulasten einzelner kollektivmäßig nivellieren können. Allein das Argument, die Mitglieder der Gewerkschaften hätten sich freiwillig der Tarifautonomie unterworfen, trägt nicht. In bezug auf die Divergenz von Mitglieder- und Gewerkschaftsinteresse wird allgemein ein individueller Bereich des Einzelarbeitsverhältnisses anerkannt, der der kollektiven Einwirkung entzogen ist[205]. Die „kleine kollektive Lösung“ steht offensichtlich im Spannungsfeld zwischen Tarifautonomie und Individualbereich des ArbN[206]. Ob diese Abgeltungsvereinbarung noch mit den Rechten des ArbN-Urhebers vereinbar ist, bedarf unter diesem Aspekt einer näheren Erörterung.

Die Frage, was als Individualbereich des ArbN anzusehen ist und vor allen Dingen, mit welchen Kriterien er zu bestimmen ist, wird in der Literatur nicht einheitlich beantwortet.

Siebert[207] unterscheidet zwei kollektivfreie Individualbereiche – den gewordenen und den ursprünglichen. Zum ersteren werden die Ansprüche gerechnet, die zwar durch Kollektivnormen geschaffen worden sind, mit ihrer Entstehung aber in den privaten Bereich übergehen, z. B. Ansprüche auf Lohn, Gratifikation, Urlaub etc. Zum zweiten werden diejenigen gerechnet, die von Anfang an mit dem Arbeitsverhältnis nur in einem losen Zusammenhang stehen, so die Entscheidungs- und Verfügungsbefugnis des ArbN über seinen Lohn und über seine Freizeit[208]. Tariflich darf zwar die Verschaffung der Güter geregelt werden, die der ArbN zu seinem Lebensunterhalt verdienen will, aber nicht die Verwertung dieser Güter[209]. Hingegen ist eine diesbezügliche Regelung in einem Einzelarbeitsvertrag zulässig.

---

[204] Die Protokollnotiz zu § 6 I MTV des SWF zeigt auf, daß sich die Tarifpartner dieser Problematik bewußt waren. „Die Regelung des § 6 berücksichtigt, daß die berechtigten Urheber und Mitwirkenden innerhalb der Rundfunkanstalt einen durch das Urheberrechtsgesetz besonders geschützten Personenkreis bilden. Zum Ausgleich der Interessen dieser ArbN ist an Stelle der Individualabgeltung eine Pauschalabgeltung für alle Berechtigten vereinbart.“

[205] *Hueck-Nipperdey*, Bd. II 1. Halbb., S. 405.

[206] Der Problembereich Individualbereich und Tarifautonomie wurde zuerst von *Herschel*, Tariffähigkeit und Tarifmacht, S. 45 ff., gesehen. *Siebert*, Kollektivnormen und Individualbereich im Arbeitsverhältnis, S. 119–145, hat dann dazu grundlegend Stellung genommen.

[207] aaO., S. 136.

[208] *ders.*, S. 139; a. A. *Herschel*, Referat, D 22, vertritt die Ansicht, daß hier die Abgrenzung Tarifmacht und Individualbereich überflüssig ist, weil es sich um Rechte handelt, die auch nicht Inhalt eines Individualarbeitsvertrages sein können.

[209] *Siebert*, aaO., S. 139.

Karakatsanis[210] hält die von *Siebert* aufgestellten Kriterien zur Bestimmung des Individualbereiches für zweifelhaft. Er bezeichnet den Raum, der aufgrund des geltenden Rechts nicht kollektivrechtlich gestaltet werden darf, als Individualbereich. Die Bestimmung des Individualbereiches ist also nicht durch eine Definition desselben zu erreichen, sondern nur durch das Aufzeigen der Grenzen der Tarifmacht vorzunehmen.

Biedenkopf[211] weist zu Recht darauf hin, daß die „begriffliche Starrheit der *Siebert*schen Thesen" dem Einzelfall nicht gerecht werden können. Er selbst untersucht den Individualbereich unter verschiedenen Aspekten: im ersten und vierten Kapitel hinsichtlich der Bindung der Tarifpartner an die Grundrechte und an das Arbeitsrecht, aber auch unter dem von Siebert geprägten Begriff des „ursprünglichen Individualbereichs"[212].

Böttcher[213] betrachtet die Individualsphäre als einen Freiheitsbereich, dessen Einschränkung nach dem Kriterium der Zumutbarkeit zu bemessen sei.

Für *Misera*[214] ist der zu schützende Individualbereich danach zu beurteilen, wie weit die Bindung der Tarifvertragsparteien an die Grundrechte ihrer Mitglieder reicht. Das ist nach den Funktionen des Tarifvertrages zu klären. Für ihn ist der Individualbereich und die Privatsphäre nur eine Zusammenfassung dessen, was die Grundrechte schützen.

Unter demselben Aspekt prüft auch *Krüger*[215] die Begrenzung der Tarifmacht durch den Individualbereich.

Die Meinung, den Individualbereich gegenüber der Tarifmacht durch die Grundrechtsbindung der Tarifparteien abzugrenzen, verdient den Vorzug, weil nur so unabhängig von Definitionen dem Einzelfall gerecht werden kann[216].

---

[210] Die kollektivrechtliche Gestaltung des Arbeitsverhältnisses und ihre Grenzen, S. 80, 81.

[211] Grenzen der Tarifautonomie, S. 253.

[212] *Biedenkopf*, aaO., S. 70 ff., 227 ff., 252 ff.

[213] Gemeinsame Einrichtungen, S. 120 ff.; a. A. *Gitter*, Die Unzumutbarkeit als Grenze der Tarifmacht, AuR 1970, 129 ff.

[214] Tarifmacht und Individualbereich unter der Berücksichtigung der Sparklausel, S. 56, 57. Schon *Gamillscheg*, Die Differenzierung nach der Gewerkschaftszugehörigkeit, S. 82, verweist auf den Zusammenhang zwischen Individualbereich und dessen Beschränkung durch die Grundrechte.

[215] Sinn und Grenzen der Vereinbarungsbefugnis der Tarifvertragsparteien, S. 77 ff.

[216] Für die Frage der Grundrechtsbindung der Tarifparteien ist u. a. entscheidend: Stellung und Funktion der Koalitionen, Rechtsnatur des Tarifvertrages, Gesetze im formellen und materiellen Sinne, Drittwirkung der Grundrechte. Im Rahmen dieser Arbeit kann die Lösung dieser Problematik nicht vertieft behandelt werden, vgl. dazu *Dürig* in *Maunz-Dürig-Herzog*, Art. 1 GG III Rdz 115 ff., der eine Grundrechtsbindung der Tarifpartner bei der Ausübung der Tarifmacht ablehnt; hingegen bejahen die Grundrechtsbindung *Biedenkopf*, aaO., S. 70 ff.; *Krüger*, aaO., S. 78 ff.; *Misera*, aaO., S. 57 ff.; *Nipperdey*, Bd. II 1. Halbb. S. 351; die Rspr. BAGE 1, 258 ff. (262); 4, 240 ff. (250–252); 11, 135 ff.

Damit kristallisiert sich die Frage heraus, ob die Abgeltungspauschale in Form der „kleinen kollektiven Lösung“ mit Art. 14 GG vereinbar ist[217].

Art. 14 GG schützt nicht nur das Eigentum, sondern alle vermögenswerten Rechte[218]. Das Urheberrecht fällt selbst mit seinem vermögensrechtlichen Bestandteil unter die Eigentumsgarantie des Art. 14 GG[219]. Nicht im Schutzbereich dieser Grundrechtsnorm liegen bloße Erwerbschancen, das Urheberrecht muß durch ein konkretes Werk existent sein[220]. Im eMTV wird dem ArbN-Urheber und den Leistungsschutzberechtigten der Anspruch auf ein Entgelt für die gemäß Ziff. 372.3 eingeräumten Nutzungsrechte anerkannt[221]. Aber auch ohne diese Vereinbarung sind finanzielle Ansprüche mit der Einräumung entstanden, da diese Leistung der ArbN nicht mit dem Arbeitsentgelt abgegolten ist. Es handelt sich hier also nicht um bloße Erwerbschancen. Im Rahmen der „kleinen kollektiven Lösung“ erhält der einzelne Werkschöpfer mehr oder weniger Entgelt, als es seiner urheberrechtlich-relevanten Tätigkeit entsprechen würde. Für diejenigen ArbN-Urheber, die wesentlich an urheberrechtlich geschützten Beiträgen beteiligt waren (z. B. Autoren von Schulfunksendungen oder Fernsehspielregisseure etc.), könnte die pauschale Abgeltung, d. h. die Verkürzung der Ansprüche, eine Enteignung darstellen. Ob eine Enteignung vorliegt, richtet sich nach der Unzumutbarkeit des Eingriffes[222]. Diese wäre zu bejahen, wenn der einzelne Urheber im Vergleich zu den anderen ArbN-Urhebern der Rundfunkanstalt durch die Pauschalabgeltung ungleich hart betroffen wird[223].

Die Feststellung der individuellen Ansprüche aus Programmverwertung sind mit einem enormen Verwaltungsaufwand verbunden, infolgedessen auch mit einer erheblichen Kostensteigerung. Entscheidend dürfte aber sein, daß sich allein aus tatsächlichen Gründen eine Ermittlung der Einzelansprüche nicht

---

[217] Zum Anwendungsbereich des Art. 14 GG im Verhältnis zum Individualbereich vgl. *Biedenkopf,* aaO., S. 237; *Misera,* aaO., S. 78.

[218] *Maunz* in *Maunz-Dürig-Herzog,* Art. 14 GG Rdz 32.

[219] BVerfG NJW 1971, 2163 ff.; NJW 1972, 146; *Herrmann,* Verfassungs- und rundfunkrechtliche Aspekte, S. 88, 89; *Maunz,* Das geistige Eigentum in verfassungsrechtlicher Sicht, GRUR 1973, 107 ff. Der Schutz des „geistigen Eigentums“ war auch schon vorher verfassungsrechtlich anerkannt: Art. 158 I WeimRV „Die geistige Arbeit, das Recht des Urhebers, der Erfinder und der Künstler genießt den Schutz und die Fürsorge des Reiches“. Art. 162 der bayerischen Verfassung „Das geistige Eigentum, das Recht der Urheber, der Erfinder und Künstler genießen den Schutz und die Obsorge des Staates“.

[220] *Maunz* in *Maunz-Dürig-Herzog,* Art. 14 GG Rdz 32.

[221] Ziff. 372.3 eMTV, Anhang III.

[222] BGHZ 6, 270 ff. (280).

[223] Das Urheberrecht unterliegt wie alle Vermögensrechte der Sozialbindung, *Ulmer,* Lehrbuch S. 94; *Maunz,* aaO., S. 108, 109: „Sozialbindung bedeutet, daß sich der Träger eines vermögenswerten Rechts die Beschränkungen gefallen lassen muß, die in bezug auf sein Recht, üblich, sozialadäquat und zumutbar sind, ...“

durchführen läßt. Hierzu sei nur an die Darstellung der an einer Sendung beteiligten Personen erinnert[224].

Läßt sich aus in der Sache liegenden Gründen die Höhe des Entgelts nicht feststellen, hat das Urheberrechtsgesetz selbst eine Kollektivbehandlung der Urheber hinsichtlich ihrer finanziellen Interessen am Werk angeordnet (§ 55 IV UrhG). Gemäß § 55 IV UrhG wird nicht der einzelne Anspruch festgestellt, sondern es reicht aus, daß nach der Art des Werkes eine Vervielfältigung durch Bild- oder Tonträger zu erwarten ist[225]. Die Verwertungsgesellschaften, die allein den Anspruch geltend machen dürfen, müssen die Einnahmen nach einem Verteilungsplan an die Urheberrechtsgemeinschaft weitergeben (§ 7 WahrnG)[226]. Grundsätzlich ist damit eine finanzielle Gleichbehandlung den Urhebern zumutbar[227].

Dies gilt auch für den Bereich der elektronischen Medien. Eine unzumutbare Ungleichbehandlung der einzelnen Urheber liegt nicht vor. Unter der Berücksichtigung der tatsächlichen Gegebenheiten läßt sich ein individuell gerechter Verteilungsplan nicht durchführen. Eine Ungleichbehandlung könnte jedoch darin liegen, daß durch die Pauschalvergabe dem künstlerischen Niveau des einzelnen Urhebers nicht genügend Rechnung getragen wird. Der Fernsehregisseur erhält die gleiche Summe wie der Cutter oder der Kameramann. Das Postulat, eine Differenzierung nach Berufsbildern vorzunehmen, würde aber auch nicht zu mehr Einzelfallgerechtigkeit führen, da die Verwertungsintensität der Sendungen nicht von den Leistungen der Urheber abhängt, sondern von den einzelnen Programmsparten. Unter diesem Aspekt, daß zum einen die Einzelberechnungen der finanziellen Ansprüche nicht realisiert werden können und zum anderen die Verwertungsintensivität der Programmsendungen nicht von der Leistungshöhe des Urhebers beeinflußt wird, sondern vom Zeitgeschmack des Marktes, führt die pauschalierte Entlohnung nicht zu einer unzumutbaren Ungleichbehandlung des ArbN-Urhebers[228].

Die Tarifpartner haben durch die „kleine kollektive Lösung" demnach die Grenzen der Tarifmacht nicht überschritten[229]. Ob die Höhe der Pauschalabgabe angemessen ist, läßt sich im Rahmen dieser Arbeit nicht erörtern. Hierzu bedarf es der Erhebung der Berechnungsmodalitäten[230].

(2) Die „große kollektive Lösung"

In der „großen kollektiven Lösung" wird der Gewinn bzw. ein Teil des Ge-

---

[224] Siehe dazu oben S. 61 ff.

[225] *v. Gamm,* § 53 Rdz 53; *Möhring-Nicolini,* § 53 Anm. 6 a.

[226] *Fromm-Nordemann,* § 7 WahrnG Anm. 3.

[227] *Wilkens,* aaO., S. 225.

[228] *Fromm-Nordemann,* § 7 WahrnG Anm. 3. Beim Verteilungsplan der GEMA werden jedoch diejenigen bevorzugt, deren Schaffen von besonderer künstlerischer oder kultureller Bedeutung sind.

[229] *Riepenhausen,* Tarifliche Regelung, §§ 5, 6, 7; *Wilkens,* aaO., S. 224, 225.

[230] *Hertin,* Beteiligungsansprüche, S. 310.

winns aus der Verwertung von Programmsendungen nicht der Urheberrechtsgemeinschaft zugeführt, sondern einer gemeinsamen Einrichtung. Damit kommt die Ausschüttung allen ArbN zugute. Die vom Gesetzgeber gewollte besonders geschützte Position des Urhebers – auch des ArbN-Urhebers – findet in dieser tariflichen Vereinbarung keinen Niederschlag. Damit verstärken sich die Bedenken hinsichtlich der Zulässigkeit einer „großen kollektiven Lösung". Der Problembereich hat sich hier auf die Frage verlagert, ob die Zahlung des vereinbarten Entgelts an einen Sozialfond – d. h. an alle Mitarbeiter der Rundfunkanstalten – eine unzumutbare Ungleichbehandlung der Urheber im Verhältnis zu den anderen ArbN ist.

In der Literatur und in der Rechtsprechung ist es seit langem anerkannt, daß die Bestimmungen eines Tarifvertrages, nach denen die ArbN verpflichtet sind, einen bestimmten Teil ihres Lohnes für die Sozialkasse, Urlaubskasse oder Pensionskasse zu zahlen (sog. Lohnverwendungsklauseln), zulässig sind[231].

Diese Erkenntnis kann jedoch bei der Fallgestaltung des hier interessierenden Problems nicht herangezogen werden. Die Zulässigkeit der Lohnverwendungsklausel ist nur gesichert, wenn jeder ArbN verpflichtet wird, Beiträge für eine seinem Wohle dienende Einrichtung zu entrichten; nicht, wenn eine bestimmte ArbN-Gruppe zugunsten aller ArbN ihr Entgelt an eine Kasse zahlen muß.

„Art. 14 GG gebietet die grundsätzliche Zuordnung des wirtschaftlichen Wertes eines geschützten Werkes dem Urheber."[232] Dieser vom BVerfG erhobenen Forderung halten die Anhänger der „großen kollektiven Lösung" das Argument entgegen, daß ohne die Mitarbeit der „anderen" ArbN, die weder Urheber noch Leistungsschutzberechtigte sind, auch die ArbN-Urheber ihre Rechte nicht erworben hätten. Eine Gleichbehandlung in Form der Zahlung an einen Sozialfonds wäre ein Gebot der Gerechtigkeit.

Die Aussage, daß ein geistiges Arbeitsergebnis bei den Rundfunkanstalten nicht ohne Hilfe des technischen oder verwaltungstechnischen Personals erzielt werden kann, ist als Tatsache zwar nicht zu leugnen; es wird aber verkannt, daß der Gesetzgeber dem Urheber und auch dem ArbN-Urheber eine besonders geschützte Position zugeordnet hat. Der Urheber soll in seiner Beziehung zum Werk, aber auch in dessen Verwertung geschützt werden. Hingegen hat der Gesetzgeber noch nicht eine grundsätzliche Gewinnbeteiligung aller ArbN normiert. Art. 3 GG gebietet hier eine Differenzierung. Es verstößt gegen den Gleichheitsgrundsatz, wenn ungleiche Tatbestände gleich behandelt werden[233]. Das Urhebergesetz schützt nur den ArbN-Urheber und nicht jeden ArbN, so daß ihre Leistungen dementsprechend auch differenziert behandelt werden müssen. Aus dem Zusammenwirken von Art. 14 GG i. V. m. Art. 3 GG ergibt sich, daß die „große kollektive Lösung" eine Enteignung für die ArbN-Urheber zur

---

[231] *Hueck-Nipperdey-Stahlhacke,* § 1 Rdz 169 m.w.N.; BAG AP Nr. 1 zu § 4 TVG „Ausgleichskasse".

[232] BVerfG NJW 1971, 2163 ff.

[233] *Maunz* in *Maunz-Düring-Herzog,* Art. 3 GG Rdz 321.

Folge hat. Ihre besondere Rechtslage als Urheber und damit ihr finanzieller Anspruch auf ein angemessenes Entgelt wird in unzumutbarer Weise mit den anderen ArbN auf eine Ebene gestellt[233a].

Die Tarifpartner haben bei der „großen kollektiven Lösung" ihre Tarifmacht überschritten.

Auch der Tarifvertrag des HR wird der „großen kollektiven Lösung" zugerechnet[234]. Im Gegensatz zum eMTV wird dem angestellten Urheber hier kein Anspruch auf ein zusätzliches Entgelt gewährt. Daraus könnte man folgern, es wäre kein Raum mehr zur Überprüfung des Tarifvertrages hinsichtlich seiner Zulässigkeit, denn nur bereits erworbene Ansprüche fallen in den Schutzbereich des Art. 14 GG. Dies ist jedoch ein Trugschluß. Die ArbN-Urheber sind bei einer Rundfunkanstalt beschäftigt und genügen ihrer Pflicht, wenn sie die Nutzungsrechte für Rundfunkzwecke übertragen. Diese Rechte sind mit dem Gehalt abgegolten. Eine weitergehende Übertragung der Nutzungsrechte ist zwar zulässig und kann auch kollektivmäßig vereinbart werden, allerdings ist dafür auch von den Rundfunkanstalten eine zusätziche finanzielle Leistung zu erbringen. Der Anspruch besteht also mit der Einräumung der zusätzlichen Nutzungsrechte.

Aber auch im MTV des HR wird die Gewinnbeteiligung im Prinzip allen ArbN zuteil. Damit unterliegt diese Vereinbarung ebenfalls dem Individualbereich des ArbN-Urhebers. Auch die „große kollektive Lösung" des HR ist nicht mit Art. 14 GG i. V. m. Art. 3 GG vereinbar.

IV. Urheberrechtsklauseln in Vertragsmustern und Arbeitsverträge ohne Urheberrechtsklauseln

1. Einräumung der Nutzungsrechte durch den Arbeitnehmer und Umfang des Rechtserwerbes der Rundfunkanstalten

Ein großer Teil der bei den Rundfunkanstalten beschäftigten ArbN gehört keiner tarifschließenden Gewerkschaft an, so daß die MTV für sie nicht verbindlich sind. Für die nicht tarifgebundenen ArbN finden sich in den MAV folgende Formulierungen:

(1) Die Rundfunkanstalt ist berechtigt, Urheberrechte und Leistungsschutzrechte, die der Mitarbeiter in Erfüllung seiner dienstlichen Verpflichtung erwirbt, im Bereich des inländischen und ausländischen Rundfunkwesens zu verwerten, insbesondere die Leistungen des Mitarbeiters auf Ton- und Bildträger aufzunehmen und diese für Rundfunkzwecke im In- und Ausland zu verwenden[235].

[233a] Ebenso ohne nähere Begründung *Riepenhausen,* Urheberrechte im Swimming-Pool?, HFF 1973, Heft 4, S. 29.

[234] Laut freundlicher Auskunft der RFFU.

[235] Diese Urheberrechtsklausel findet sich bei den MAV des SFB, SDR und RB. In den weiteren Regelungen der Urheberrechte zeigen sich kleine Differenzen. So erwähnt

(2) Urheberrechte und sonstige Schutzrechte, die der ArbN in Erfüllung seiner Dienstverpflichtungen erwirbt, fallen ohne besondere Honorierung für die Verwertung auf dem Gebiete des Rundfunks (Ton- und Fernsehfunk) der Rundfunkanstalt zu. Sie ist berechtigt, diese Rechte auch nach dem Ausscheiden des ArbN auf dem Gebiet des Rundfunks auszuwerten[236].

(3) Für alle sich aus dem Arbeitsvertrag ergebenden Rechte und Pflichten gelten die Bestimmungen des MTV in seiner jeweiligen gültigen Fassung[237].

Durch den Einzelarbeitsvertrag kann also die tarifliche Urheberrechtsklausel ebenfalls für den nicht tarifgebundenen ArbN für verbindlich erklärt werden. Auch bei den Rundfunkanstalten, die ihren MTV auf der Basis des eMTV abgeschlossen haben, soll im MAV die tarifliche Urheberrechtsklausel vereinbart werden[238]. Nur auf diese Weise läßt sich hinsichtlich der sog. Fremdnutzung und der damit verbundenen Abgeltungsregelung eine Diskrepanz zwischen Gewerkschaftsmitgliedern und Nichtmitgliedern vermeiden[239].

Wenn der MAV oder auch der Individualarbeitsvertrag keine Urheberrechtsklauseln enthält, ist von einer stillschweigenden Nutzungseinräumung für Rundfunkzwecke auszugehen, wenn die Art der vereinbarten Tätigkeit dazu Anlaß gibt[240].

Auch die nicht tarifgebundenen ArbN sind also wie die Gewerkschaftsmitglieder mit Abschluß des Arbeitsvertrages verpflichtet, der Rundfunkanstalt alle „für Rundfunkzwecke" notwendigen Nutzungsrechte einzuräumen. Die Vertragspartner gehen davon aus, daß „Rundfunkzwecke" nur als Programmsendung verstanden wird[241].

Sowohl die Klausel „Die Rundfunkanstalt ist berechtigt, Urheberrechte ... zu verwerten", wie auch die Vereinbarung „Urheberrechte ... fallen ... der Rundfunkanstalt zu", gehen davon aus, daß die Sendeunternehmen schon Nutzungsberechtigte sind. Gemäß der in den MAV gewählten Formulierungen ist der ArbN nicht nur zur Nutzungseinräumung verpflichtet, sondern mit Abschluß des Arbeitsvertrages nimmt er gleichzeitig eine Vorausverfügung über die Nutzungsrechte vor.

Die ArbN-Urheber sind bei den Rundfunkanstalten angestellt, um für die Programmgestaltung schöpferisch tätig zu werden. Sie sind demnach verpflichtet, diejenigen Nutzungsrechte einzuräumen, die für den Vertragszweck notwendig sind. Hierzu gehört das Senderecht (für Hörrundfunk, Fernsehen, mit-

---

der SDR (§ 7 II MAV) noch zusätzlich, daß zum Bereich des Rundfunkwesens i. S. des Vertrages auch die Werbefunk- und Werbefernseh-Sendungen, ferner die Archivierung von Ton- und Bildaufnahmen für dokumentarische und kulturpolitische Zwecke, die nicht gewerbliche Nutzbarmachung für Prüf-, Lehr- und Forschungszwecke und die nicht gewerbliche Verwendung für die internationale Kulturpflege gehören.

[236] § 1 II, III MAV des WDR.

[237] MAV der DW und des HR.

[238] Laut freundlicher Auskunft von Herrn Dr. *Riepenhausen.*

[239] Im gegenwärtigen Zeitpunkt ist bei RB noch keine Anpassung erfolgt.

[240] Statt vieler *Vinck,* aaO., S. 19.

[241] Vgl. dazu oben III 1 bb.

tels Drahtfunk oder ähnlichen technischen Einrichtungen), das Vervielfältigungsrecht (zur Aufzeichnung der Sendungen auf Bild- und Tonträger), das Verbreitungsrecht (z. B. Abgabe von Tonträgern oder von Begleitmaterial zu Sendungen), das Aufführungs-, Vortrags- und Vorführungsrecht sowie das Recht zur Verfilmung, Bearbeitung oder Umgestaltung[242]. Letzteres aber nur, soweit es für die Verwertung des Arbeitsergebnisses für die Programmsendung erforderlich ist. Die Einräumung dieser Nutzungsrechte ist zeitlich unbegrenzt. Sofern im MAV eine diesbezügliche Regelung fehlt, ergibt es sich aus der Zweckübertragungstheorie. Die „betrieblichen Zwecke“ erfordern eine mehrmalige Verwertung des Arbeitsergebnisses (Wiederholungssendungen), dementsprechend ist die vereinbarte Vergütung der ArbN bemessen[243]. Die Einräumung der für die sogenannte Fremdnutzung notwendigen Nutzungsrechte wird in den MAV nicht erwähnt. Da diese Leistung von der arbeitsvertraglichen Verpflichtung nicht mehr erfaßt wird, müssen sich die Rundfunkanstalten die entsprechenden Nutzungsrechte durch eine ausdrückliche Einzelvereinbarung einräumen lassen und ein zusätzliches Entgelt gewähren[244].

Dem nicht tarifgebundenen ArbN verbleiben also alle Nutzungsrechte, die für Rundfunkzwecke nicht benötigt werden. Der Redakteur eines politischen Magazins ist berechtigt, seinen Beitrag an einen Zeitungsverlag weiterzugeben. Der angestellte Urheber ist bei der eigenständigen Verwertung seines Werkes außerhalb des Rundfunkbereiches durch seine arbeitsrechtliche Treuepflicht gebunden. Aus diesem Grunde stellen manche Rundfunkanstalten jegliche Verwertung des Werkes durch den ArbN unter den Vorbehalt ihrer schriftlichen Zustimmung, die allerdings erteilt wird, sofern die Interessen der Anstalt nicht geschädigt werden[245]. Da die Sender keine Wirtschaftsunternehmen sind, kommen nur ideelle Belange in Betracht, d. h. durch die eigenständige Nutzung des Werkes dürfen die Programmgrundsätze der Anstalten nicht gefährdet werden, z. B. darf durch die Art und Weise der Veröffentlichung eines politischen Kommentars die Neutralitätspflicht der Rundfunkanstalten nicht in Zweifel gezogen werden.

2. *Weiterübertragung der erworbenen Nutzungsrechte im Rahmen des Programmaustausches*

Die Rundfunkanstalten lassen sich in manchen MAV die Nutzungsrechte räumlich unbeschränkt einräumen[246]. Da den Sendeunternehmen stets nur ein bestimmtes Sendegebiet zur Ausstrahlung zugeordnet ist[247], liegt in dieser Ein-

---

[242] *Hillig,* Besondere Probleme des Urhebervertragsrechts im Fernsehen und Hörfunk, S. 791.
[243] *Samson,* Urheberrechtliche Regelungen, S. 553.
[244] Vgl. dazu oben S. 91 ff.
[245] Z. B. § 7 III MAV des SDR.
[246] Z. B. § 5 MAV von RB; § 7 I MAV des SDR.
[247] *Herrmann,* Die Rundfunkanstalt, S. 316.

räumung gleichzeitig eine stillschweigende Zustimmung der ArbN-Urheber zur Weiterverfügung der erworbenen Nutzungsrechte an andere Rundfunkanstalten.

Aus dieser Weiterübertragung erwächst den angestellten Werkschöpfern kein zusätzlicher finanzieller Anspruch; auch nicht, wenn das Sendegut an ausländische kommerzielle Sendeunternehmen weiterverkauft wird. Beide Arten der Weitergabe liegen noch im Rahmen „für Rundfunkzwecke", für die der Urheber alle Nutzungsrechte eingeräumt hat.

Enthält die Urheberrechtsklausel keine Vereinbarung über die räumlich unbeschränkte Nutzungseinräumung, bedarf es hinsichtlich der Weiterverfügung der erworbenen Rechte einer näheren Erörterung[248]. Bei dieser Fallgestaltung ist das Recht zum Programmaustausch nicht unumstritten[249].

Das LG Hamburg[250] hat im Jahre 1975 einen Rechtsstreit zu entscheiden gehabt, dessen Streitgegenstand der Umfang der Nutzungseinräumung war. Der Kläger war ArbN einer Rundfunkanstalt und arbeitete als Autor, Berichterstatter und Produzent. Gemäß dem MAV war er verpflichtet, „Urheberrechte, die er in Erfüllung seiner Dienstverpflichtung erwirbt, der Rundfunkanstalt für die Verwertung auf dem Gebiet des Rundfunks einzuräumen". Die Beklagte, eine Produktionstochter dieser Rundfunkanstalt, wollte die Produktion des Klägers u. a. an ausländische Sendeunternehmen weitergeben. Das Gericht stellte bei seiner Entscheidung auf die Zweckübertragungstheorie ab; danach beziehe sich die Klausel auf die Verwertung durch Sendungen in jedem Tätigkeitsbereich, für den die Rundfunkanstalten räumlich zuständig seien. Eingeschlossen sei noch der Programmaustausch im Rahmen der ARD, weitergehende insbesondere räumlich unbeschränkte Nutzungsbefugnisse hätten einer eindeutigen Vereinbarung bedurft. Mit dem internationalen Programmaustausch müsse der ArbN-Urheber nicht rechnen.

Dieser Entscheidung kann nicht zugestimmt werden. Der ArbN-Urheber ist aufgrund des Arbeitsvertrages verpflichtet, für die Rundfunkanstalt schöpferisch tätig zu werden. Der Umfang der Nutzungseinräumung richtet sich also nach den „betrieblichen Zwecken" der Sendeunternehmen. Hauptaufgabe der Rundfunkanstalten ist die Programmgestaltung und -ausstrahlung, einschließlich der gemeinschaftlichen Aufgaben und des internationalen Programmaustausches[251]. In den letzten Jahren hat sich der internationale Programmaustausch nicht nur verstärkt, sondern er muß direkt zu den „betrieblichen Zwek-

---

[248] § 10 MAV des WDR.

[249] *Hillig,* Zur Rechtsstellung des festangestellten Rundfunkregisseurs, FuR 1963, Nr. 6 S. 12; LAG Saarbrücken, UFITA Bd. 38, 224 ff.

[250] LG Hamburg FuR 1975, 360, 361, nicht rechtskräftig.

[251] *Herrmann,* aaO., S. 312; *Hillig,* aaO., S. 12; *Samson,* Urheberrechtliche Regelungen, S. 553. Zum Umfang der Kooperationen der Rundfunkanstalten mit ausländischen Sendeunternehmen vgl. *Jäger, Wolfgang,* Strukturreformen im Hörfunk (Stichwort Kooperationen), im ARD Jahrbuch 1974, S. 57–73.

ken" der Rundfunkanstalten gerechnet werden, denn nur so kann die Aufgabenerfüllung – die Kenntnis der internationalen Kulturkreise zu vermitteln und zur Verständigung der Völker beizutragen – realisiert werden. Damit räumt auch der nicht tarifgebundene ArbN-Urheber die Nutzungsrechte für Rundfunkzwecke räumlich und zeitlich unbeschränkt ein.

V. Zusammenfassende Beurteilung der Urheberrechtsklauseln in den Manteltarifverträgen der Rundfunkanstalten

Alle Rundfunkanstalten lassen sich von ihren ArbN-Urhebern die zeitlich und räumlich unbeschränkten Nutzungsrechte für Rundfunkzwecke einräumen. Diese Urheberrechtsklauseln berechtigen die Sendeunternehmen, das Werk des Urhebers auszustrahlen, auf Bild- und/oder Tonträger zu vervielfältigen und zu verbreiten, zu verfilmen und zu bearbeiten. Die einzelnen Nutzungsrechte sind in den jeweiligen MTV nicht oder nur exemplarisch aufgezählt, so daß zu ihrer Feststellung die Zweckübertragungstheorie herangezogen werden muß. Eine detaillierte Aufzählung würde Unklarheiten und die damit verbundenen Konflikte vermeiden. Die Rundfunkanstalten können die erworbenen Rechte im Rahmen des Programmaustausches an andere Sendeunternehmen weitergeben. Es ist unerheblich, ob diese Weiterverfügung entgeltlich oder unentgeltlich durchgeführt wird.

Die vorangegangene Untersuchung hat aber aufgezeigt, daß allein die Einräumung dieser Rechte den Bedürfnissen der Rundfunkanstalten nicht mehr gerecht wird. Um die zulässige Randnutzung optimal auszunutzen, kann man bei allen Rundfunkanstalten die Tendenz feststellen, daß sie ihre ArbN-Urheber zu einer weitergehenden Einräumung von Nutzungsrechten verpflichten. Während die Sender RB, SWF, SFB, Rias, HR, NDR und das ZDF schon mit den Gewerkschaften eine Regelung im MTV aufgenommen haben[252], stehen der SR, die DW, der DLF noch in Verhandlungen. Eine Ausnahme stellt der BR dar, der die erweiterte wirtschaftliche Betätigung der TR-Verlagsunion im wesentlichen übertragen hat.

Bei der Realisierung der erweiterten Urheberrechtsklauseln lassen sich drei Richtungen erkennen: der eMTV, der MTV des ZDF und der des HR, die jedoch hinsichtlich des Umfangs der zusätzlichen Nutzungseinräumung ohne Beschränkung auf Rundfunkzwecke inhaltlich übereinstimmen. Die Rundfunkanstalten sind berechtigt, die Programmsendungen an Dritte zu veräußern oder selbst in Form von Kassetten, Schallplatten etc. zu verkaufen. Ausgenommen ist die Umsetzung des Werkes in eine andere Nutzungsart.

Ein akzeptabler Interessenausgleich zwischen den Anstalten und den ArbN-Urhebern wird durch eine Erlösbeteiligung der Urheberrechtsgemeinschaft

---

[252] Der WDR und der SDR stehen kurz vor dem Abschluß des eMTV.

(kleine kollektive Lösung) erreicht, während eine Verbesserung der sozialen Ansprüche aller ArbN als Entgelt für die zusätzliche Nutzungseinräumung nicht mehr hingenommen werden kann (große kollektive Lösung). Obwohl die Gewerkschaften als Interessenvertreter der Urheber an dieser Lösung mitgewirkt haben, liegt in dieser Vereinbarung eine Ignoranz der besonderen Rechtslage des angestellten Werkschöpfers. Allein die Beteiligung von Gewerkschaften an der Gestaltung von Urheberrechtsklauseln gewährleistet noch nicht einen gerechten Interessenausgleich zwischen ArbG und ArbN-Urheber.

Als positive Entwicklung der erweiterten Urheberrechtsklausel im eMTV ist die (zukünftige) Konkretisierung der Nutzungsarten festzuhalten. Dies ist ein begrüßenswerter Beitrag zur Vertragsklarheit. Die eingeräumten Nutzungsarten selbst schöpfen die zulässigen wirtschaftlichen Betätigungen der Rundfunkanstalten voll aus. Im gegenwärtigen Zeitpunkt steht dieser weiten Rechtseinräumung noch keine adäquate Verwertungsintensivität gegenüber. Beim SWF wurden 1973 circa 100 DM an jeden Urheber und Mitwirkenden ausgezahlt. 1971 waren es 45,– DM pro Berechtigten[253]. Dies ist zum einen durch die noch nicht weit fortgeschrittene Verbreitung der audiovisuellen Geräte bedingt, zum anderen sind manche Rundfunkanstalten mit der Abgabe von Programmsendungen noch sehr zurückhaltend[254].

Ein im gegenwärtigen Zeitpunkt abgegebenes Urteil über den wirtschaftlichen Nutzen der Urheberrechtsklausel sowohl für die Rundfunkanstalt wie auch für die ArbN im Verhältnis zur damit verbundenen Belastung des einzelnen Urhebers – seine eigenständige Verwertung des Werkes ist blockiert – wäre verfrüht. Unstreitig ist die ganze Konzeption dieser Urheberrechtsklausel zukunftsorientiert. Es bleibt abzuwarten, in welchem Umfang die Rundfunkanstalten der weitgehenden Nutzungseinräumung gerecht werden können.

---

[253] *Riepenhausen,* Urheberrechte und Leistungsschutzrechte, S. 25; *Rumphorst,* aaO., S. 434.

[254] *Riepenhausen,* Die Bedeutung des Tarifvertrages, S. 233. Laut freundlicher Auskunft der Rechtsabteilung des SR.

3. Hauptteil

Urheberpersönlichkeitsrechte und sonstige Rechte in Presse, Funk und Fernsehen

I. Die gebräuchliche Vertragsgestaltung der Urheberpersönlichkeitsrechte

Im Gegensatz zu den Vereinbarungen über die Einräumungspflicht von Nutzungsrechten haben die Urheberpersönlichkeitsrechte keine detaillierte Regelung erfahren. In welchem Umfang die ArbN-Urheber eine Einschränkung ihrer Urheberpersönlichkeitsrechte hinnehmen müssen, wird nicht konkretisiert, sondern die MTV und die MAV enthalten nur allgemeingehaltene Formulierungen.

Im MTV für Redakteure an Zeitschriften wie auch im MAV für Redakteure an Tageszeitungen heißt es lediglich: „Die Urheberpersönlichkeitsrechte des Redakteurs an seinen Beiträgen bleiben unberührt."[1] In den MTV der Rundfunkanstalten finden sich Formulierungen wie: „Die Persönlichkeitsrechte des Urhebers oder Leistungsschutzberechtigten sind bei der Nutzung der Rechte zu wahren"[2] oder „Bei der ... Verwertung dürfen die geistige Eigenart des Werkes und das künstlerische Ansehen des ArbN nicht verletzt werden."[3]

Lediglich die Voraussetzungen für die Ausübung des Rückrufsrechts sind im MTV für Redakteure an Zeitschriften detailliert aufgeführt worden[4]. Hingegen gibt die im eMTV genannte Vereinbarung, daß die Namensnennung erfolgen soll, soweit es rundfunküblich ist, keine weiteren Anhaltspunkte[5]. Insgesamt gesehen muß festgestellt werden, daß die Urheberrechtsklauseln inhaltlich nur auf das Urheberrechtsgesetz selbst verweisen, ohne die durch § 43 UrhG angesprochene besondere Rechtslage des angestellten Werkschöpfers näher auszugestalten. In einem Tarifvertrag ist die Wiederholung des Gesetzestextes oder die Bemerkung, daß die gesetzliche Norm unberührt bliebe, nur eine neutrale Regelung und keine Arbeitsnorm[6]. Im großen und ganzen handelt es sich bei den das Urheberpersönlichkeitsrecht betreffenden Klauseln in den MTV um solche neutralen Regelungen. Auf die Ausnahmen wird unten noch eingegangen. Somit können die vertraglichen Vereinbarungen zur Untersuchung der Urheberpersönlichkeitsrechte kaum herangezogen werden, sondern es ist auf die Betriebsübungen der Zeitungs- und Zeitschriftenverlage und der Rundfunk-

---

[1] § 14 I S. 2 MAV, Anhang I; § 9 II MTV, Anhang II.
[2] § 15 IV MTV des SR, Anhang VIII.
[3] Ziff. 361.5 MTV des BR, Anhang IV.
[4] § 9 V MTV, Anhang II.
[5] Ziff. 374 eMTV, Anhang III.
[6] *Hueck-Nipperdey-Stahlhacke,* § 1 Rdz 51.

anstalten einzugehen und diese Betriebsübungen sind im Lichte der von der Rechtsprechung und Literatur erarbeiteten Grundsätze näher zu erörtern.

II. Die Urheberpersönlichkeitsrechte und ihre Einschränkung durch das Arbeitsverhältnis

Die urheberpersönlichkeitsrechtlichen Befugnisse haben ein sehr verschiedenes Gewicht, das je nach dem individuellen Schöpfungsgrad des Werkes, aber auch nach den vertraglichen Vereinbarungen mit dem ArbG zu beurteilen ist[7]. Dem angestellten Urheber wird grundsätzlich zugemutet, daß er im Interesse der betrieblichen Verwertung seines Werkes Beschränkungen seiner Urheberpersönlichkeitsrechte in einem gewissen Ausmaß duldet[8]. Ist die Schöpfung die Arbeitsleistung eines „Teams" – namentlich bei den Rundfunkanstalten – wird man an die Duldungspflicht bezüglich der Eingriffe in die droits morals des einzelnen Urhebers erhöhte Anforderungen stellen können[9].

Jede einzelne aus dem Urheberpersönlichkeitsrecht fließende Befugnis muß daher unter dem Aspekt der Wechselwirkung zwischen der Gestaltungshöhe des Werkes und der arbeitsrechtlichen Verpflichtung, Beschränkungen hinnehmen zu müssen, gesondert untersucht werden[10]. Im Zusammenhang des hier interessierenden Problembereiches wird auch die Frage zu beantworten sein, in welchen Fallgestaltungen der ArbG zur Ausübung der urheberpersönlichkeitsrechtlichen Befugnisse berechtigt ist.

1. *Das Veröffentlichungsrecht*

Das Veröffentlichungsrecht gewährt dem Urheber das ausschließliche Recht zu bestimmen, ob, wann und in welcher Form sein Werk der Öffentlichkeit zugänglich gemacht wird (§ 12 UrhG). Öffentlichkeit ist nur dann gegeben, wenn das Werk für einen unbestimmten Kreis von Personen wahrnehmbar wird[11]. Die Bekanntgabe eines Artikels innerhalb des redaktionellen Mitarbeiterstabes ist daher noch keine Veröffentlichung.

Das Veröffentlichungsrecht wird unter dem Abschnitt „Urheberpersönlichkeitsrechte" im UrhG aufgeführt; es gehört damit zu diesen im engeren Sinne[12]. Dennoch ist gerade dieses Urheberpersönlichkeitsrecht besonders mit den Nutzungsrechten verbunden[13]. Der Verleger oder die Rundfunkanstalt können die

---

[7] OLG Frankfurt GRUR 1976, 199–202 „Götterdämmerung".

[8] *Gloy,* aaO., S. 42.

[9] *v. Gamm,* § 8 Rdz 15; *Runge,* aaO., S. 409.

[10] OLG Frankfurt, aaO.

[11] *Fromm-Nordemann,* § 6 Anm. 1.

[12] *Blatz,* aaO., S. 80.

[13] *Ulmer,* Lehrbuch S. 261, sah das Veröffentlichungsrecht noch im Nutzungsrecht enthalten, nur in Sonderfällen war es auch als droit moral anzusehen; zustimmend BGHZ 15, 258. Die Einordnung des Veröffentlichungsrechts in die Urheberpersönlich-

ihnen eingeräumten Nutzungsrechte nur in Anspruch nehmen, wenn ihnen der Werkschöpfer auch die Veröffentlichung gestattet. Dieser Sinnzusammenhang läßt die Schlußfolgerung zu: Verpflichtet sich der ArbN-Urheber zur Einräumung von Nutzungsrechten, so liegt darin zugleich die Überlassung des Veröffentlichungsrechts zur Ausübung[14]. Das Recht als solches kann dem ArbG nicht übertragen werden, da ein Urheberpersönlichkeitsrecht nicht verkehrsfähig ist[15].

Die enge Verzahnung von Veröffentlichungsrecht und den Nutzungsrechten zeigt auf, daß eine formalistische Trennung des Urheberrechts in Vermögens- und Persönlichkeitsrechte seinem Wesen widerspricht[16].

In der Presse hat der ArbN-Urheber in der Regel ein starkes Interesse daran, in welcher Form sein Beitrag veröffentlicht wird, entweder als Leitartikel oder nur als an ungünstiger Stelle placierter unbedeutender Kommentar. Für die ArbN der Rundfunkanstalten ist korrespondierend die Sendezeit entscheidend. Die Werkschöpfer haben jedoch keine Möglichkeiten mehr, ihre verständlichen Belange gegenüber dem ArbG durchzusetzen. Dem Zeitungsverleger bzw. der Rundfunkanstalt ist für den jeweiligen Betriebszweck respektive Anstaltszweck ein ausschließliches Nutzungsrecht eingeräumt worden. Damit ist der ArbG allein berechtigt, den Zeitpunkt und die Art und Weise der Veröffentlichung zu bestimmen. Der angestellte Urheber hat auf die Veröffentlichung seines Werkes grundsätzlich keinen Einfluß mehr. Ein Einspruchsrecht gegen die Art und Weise der Veröffentlichung ist dem Urheber dann zuzubilligen, wenn seine Urheberehre dadurch verletzt wird. Ein vom Verfasser ernst gemeinter Beitrag kann nicht auf der Witzseite abgedruckt werden.

Im engen Zusammenhang mit dem Veröffentlichungsrecht steht die Frage, ob der ArbG den Zeitpunkt der Vollendung des Werkes bestimmen kann. Während im Pressebereich infolge der Aktualität diese Konfliktsituation kaum auftreten wird, ist sie bei einer Rundfunkanstalt durchaus denkbar. Der Hauptabteilungsleiter will gegen den Willen des Regisseurs, der noch am Werk wei-

---

keitsrechte war in den Beratungen zum UrhG bis zuletzt umstritten, *Samson,* Das neue Urheberrecht, S. 4.

[14] *Bußmann,* aaO., S. 21; *v. Gamm,* §§ 11 Rdz 6, 12 Rdz 3; *Stolz,* Der Ghostwriter im deutschen Recht, S. 88; *Vinck,* aaO., S. 36, 37; unklar ob *Blatz,* aaO., S. 81, von einer Übertragung des Veröffentlichungsrechts ausgeht; a. A. *Fromm-Nordemann,* § 12 Anm. 2 a; *Möhring-Nicolini,* § 12 Anm. 4. Beide halten die Übertragung des Veröffentlichungsrechts als höchstpersönliche Entscheidung des Urhebers für unzulässig. Nach ihrer Auffassung übt der Urheber bereits mit der Verfügung über die Nutzungsrechte das Veröffentlichungsrecht schon selbst aus. Dem ist entgegenzuhalten, daß das Veröffentlichungsrecht erst mit Entstehung des Werkes ausgeübt werden kann, bei einem Arbeitsverhältnis aber meistens eine Vorausverfügung über die Nutzungsrechte vorliegt.

[15] *Baumgarten,* aaO., S. 115, 116, geht sogar von einer Übertragung des Veröffentlichungsrechts in einem Arbeitsverhältnis aus. Dies ist mit der Natur des Veröffentlichungsrechts als droit moral unvereinbar.

[16] *Hubmann,* Studienbuch S. 19, 20.

terarbeiten will, einen Dokumentarfilm als sendefertig in die Programmplanung aufnehmen. Die Entscheidung, ob das Werk vollendet ist, steht auch dem angestellten Urheber zu[17]. Es kann auch einem ArbN-Urheber nicht zugemutet werden, ein – nach seinem Verständnis – unfertiges Werk zu veröffentlichen. Wird dadurch das Recht des ArbG, das Arbeitsergebnis für sich zu verwerten, verzögert oder unmöglich, verstößt der Urheber unter Umständen gegen seine arbeitsvertraglichen Pflichten, rechtzeitig das Werk herzustellen, und macht sich damit schadenersatzpflichtig.

Gemäß § 12 UrhG ist es das Recht des Urhebers, eine Inhaltsangabe seines Werkes, bevor es der Öffentlichkeit zugänglich gemacht worden ist, öffentlich mitzuteilen oder zu beschreiben. Im Pressebereich findet diese Norm wohl keine Anwendung, da – wenn überhaupt – nur die Themen der nächsten Beiträge bekanntgegeben werden. Anders ist die Sachlage bei den Rundfunkanstalten zu beurteilen. In Programmzeitschriften erfolgen z. B. Inhaltsangaben von Hör- und Fernsehspielen, die dem Verlag von den Rundfunkanstalten zur Verfügung gestellt wurden. Grundsätzlich hat der angestellte Urheber mit der Nutzungseinräumung dem ArbG auch das Recht der ersten öffentlichen Mitteilung überlassen[18]. Für die Rundfunkanstalten ist die Ausübung dieses Rechts von großer Bedeutung, da sie nur auf diese Weise die Aufmerksamkeit der Rundfunkteilnehmer auf ihre Programmsendungen lenken können.

2. *Die Anerkennung der Urheberschaft und das Recht der Namensnennung*

a) Allgemeines

aa) Umfang der gesetzlichen Regelung

Von großer praktischer Bedeutung ist auch für den ArbN-Urheber das in § 13 UrhG normierte Recht auf Anerkennung der Urheberschaft und als dessen Ausfluß das Recht der Urheberbezeichnung[19]. Für den angestellten Urheber gibt es mehrere Gründe, die ihn für die Wahrnehmung und Durchsetzung dieser Urheberpersönlichkeitsrechte motivieren[20]. Einmal ist es der natürliche Stolz des Schöpfers, durch die Signierung des Werkes oder die Namensnennung seine Urheberschaft nach außen zu dokumentieren. Zum anderen spielen auch wirtschaftliche Aspekte eine nicht unerhebliche Rolle. Für seine berufliche Karriere

---

[17] Ebenso *Blatz,* aaO., S. 82; *Gloy,* aaO., S. 38; a. A. *Baumgarten,* aaO., S. 116; widersprüchlich *Honig,* aaO., S. 54; 91, der einerseits unter Berufung auf die Persönlichkeitsrechte den Veröffentlichungszeitpunkt dem ArbN zugesteht, andererseits unter Hinweis auf das Weisungsrecht dem ArbG.

[18] *Blatz,* ebenda.

[19] *v. Gamm,* § 13 Rdz 2; hingegen stellt *Vinck,* aaO., S. 39, das Recht auf Anerkennung der Urheberschaft nicht als Ausgangsrecht zum Benennungsrecht dar, sondern als zwei unabhängige gleichberechtigte Ansprüche, die beide in § 13 UrhG normiert seien.

[20] *Vinck,* aaO., S. 41.

ist auch der Bekanntheitsgrad, den er durch die Namensnennung erreicht, von Bedeutung. Letztlich ist auch eine leichtere Durchsetzbarkeit von Folgeansprüchen zu erreichen[21]. Insgesamt betrachtet hat der ArbN-Urheber dasselbe Interesse an der Wahrnehmung dieses Urheberpersönlichkeitsrechtes wie der freischaffende Schöpfer.

§ 13 UrhG beinhaltet nicht nur das Recht auf eine Namensnennung, sondern als Negativum fließt aus ihm auch das Recht auf Nichtbenennung der Urheberbezeichnung. Der Werkschöpfer kann die Nennung seines Namens untersagen und sogar seine Urheberschaft leugnen[22]. Will der ArbN unter einem Pseudonym schreiben, so muß der Verleger dies respektieren[23], es sei denn, er hat den Arbeitsvertrag insbesondere im Hinblick auf den bekannten Namen des ArbN abgeschlossen.

Die Anerkennung der Urheberschaft ist der Kern der Urheberpersönlichkeitsrechte. Dieses Recht ist daher unverzichtbar und uneinräumbar[24]. Dieser Grundsatz ist auch für den angestellten Urheber verbindlich, denn das Urheberrecht als solches steht nur dem Schöpfer des Werkes zu[25]. Infolgedessen ist der ArbG nicht berechtigt, sich selbst oder einen anderen als Urheber zu benennen; auch dann nicht, wenn die betrieblichen Zwecke dies erfordern würden. Gemäß § 13 UrhG muß es der Urheber auch nicht dulden, daß ein Beitrag, den er gar nicht verfaßt hat, mit seinem Namen gekennzeichnet wird[26]. Im Rahmen der Vertragsfreiheit kann das Recht auf Anerkennung der Urheberschaft auch nicht abbedungen werden, denn derartige Verträge können keine rechtliche Wirkung entfalten (§ 138 BGB)[27].

bb) Der Ghostwriter

Die Vertragspraxis, einen Autor mit dem Schreiben eines Werkes zu beauftragen, mit der Auflage, es unter dem Namen des Bestellers zu veröffentlichen, kann andererseits nicht geleugnet werden. Das Phänomen des „Ghostwriters" findet sich in der Arbeitswelt in allen Variationen. Auf die rechtliche Beurteilung dieser Vertragspraxis ist näher einzugehen[28]. Als Beispiel möge hier die Übung der Illustrierten herangezogen werden, die sich bei der Publikation von Memoiren bekannter Persönlichkeiten auch eines „Ghostwriters" bedienen. In Gesprächen mit der betreffenden Persönlichkeit können der Redakteur bzw. die Redakteure genügend Material sammeln, um dann – meist in Form einer Serie –

---

[21] FuR 1975, 418, Bericht über DJV Beschlüsse.
[22] *Fromm-Nordemann,* § 13 Anm. 3.
[23] ebenda.
[24] *Fromm-Nordemann,* § 13 Anm. 1; *v. Gamm,* § 13 Rdz 13; *Möhring-Nicolini,* § 13 Anm. 3 b.
[25] *Blatz,* aaO., S. 75; *Roithmaier,* aaO., S. 63; *Vinck,* aaO., S. 39; *Hubmann,* Studienbuch, S. 113, 114; *Ulmer,* Lehrbuch S. 269.
[26] *v. Gamm,* § 13 Rdz 13.
[27] *Vinck,* aaO., S. 40.
[28] *Rittstieg,* Autoren-Mitautoren, NJW 1970, 648; *Stolz,* aaO., S. 1–5.

die Erinnerungen aufzuzeichnen. Der angestellte Journalist ist in der Regel Alleinurheber, da die betreffende Persönlichkeit nur durch die Weitergabe von Informationen kein Urheberrecht erwirbt[29]. Als Autor wird jedoch nicht der Urheber genannt, sondern die Persönlichkeit. Damit wird nach außen die Urheberschaft der Persönlichkeit dokumentiert. Diese Namensabrede scheint mit der Unverzichtbarkeit der Anerkennung der Urheberschaft unvereinbar zu sein. Es ist aber folgendes zu berücksichtigen:

Der Urheber kann auf seine Namensnennung vertraglich verzichten[30]. Dies gilt auch bei einer Miturheberschaft. Damit würde der nach außen genannte Miturheber als alleiniger Schöpfer des Werkes auftreten. Obgleich nur ein Verzicht auf Namensnennung vorliegt, wirkt er sich bei dieser Fallgestaltung wie ein Verzicht auf Anerkennung der Urheberschaft aus. Zum anderen schreibt der Redakteur das Werk unter der Beeinflussung der erzählenden Persönlichkeit. Er formt ihre Ideen, Vorstellungen, Meinungen und Erlebnisse zu einer stilistischein Einheit[31]. Damit ist die Persönlichkeit – auch wenn sie keine Miturheberrechte erwirbt – doch an der Entstehung des Werkes beteiligt. Aus der Gesamtschau dieser Fakten ist die schuldrechtliche Abrede, die Persönlichkeit als Autor des Werkes zu benennen, nicht als unzulässig i. S. des § 138 BGB anzusehen[32].

Das Recht auf Anerkennung der Urheberschaft ist im Gegensatz zur Presse bei den ArbN-Urhebern der Rundfunkanstalten unproblematisch. Aufgrund der Aufgabenstellung und der damit verbundenen Struktur der Rundfunkanstalten stellt sich die Frage des „Ghostwriters" nicht.

cc) Prozessuale Geltendmachung der Abwehrrechte

Der angestellte Urheber kann verlangen, als Schöpfer des Werkes respektiert zu werden[33]. Dieses Recht hat er nicht nur gegenüber seinen Kollegen und dem ArbG, sondern auch gegenüber außenstehenden Dritten. Wird die Urheberschaft des ArbN bestritten bzw. rühmt sich ein Dritter als Schöpfer des Werkes, so gewährt § 13 UrhG dem ArbN auch die Befugnis, diese Angriffe auf seine Urheberehre abzuwehren[34]. Eine (mögliche) Schadensersatz- oder/und Unterlassungsklage kann nur der Urheber betreiben, denn er ist alleiniger Rechtsinhaber des Urheberpersönlichkeitsrechts[35]. Nun wird aber der ArbG in der Regel auch ein wirtschaftliches Interesse an der Klärung der Rechtslage haben; es ist daher sachgerecht, ihm im Wege der Prozeßstandschaft auch die Aktivlegitimation zuzusprechen[36]. Als ausschließlicher Nutzungsberechtigter ist der

---

[29] *Stolz,* aaO., S. 42, 45; a. A. OLG Köln GRUR 1953, 500 „Kronprinzessin Cäcilie".
[30] *Fromm-Nordemann,* § 13 Anm. 1.
[31] *Stolz,* aaO., S. 68, vgl. auch die weiteren Ausführungen S. 69–85.
[32] *ders.,* S. 82; zustimmend *Fromm-Nordemann,* § 13 Anm. 3.
[33] OLG Frankfurt *Schulze* OLGZ 107, S. 14.
[34] *Fromm-Nordemann,* § 13 Anm. 1.
[35] *v. Gamm,* § 97 Rdz 16.
[36] *v. Gamm,* § 31 Rdz 8; *Ulmer,* S. 304; *Vinck,* aaO., S. 40.

ArbG, sofern die dingliche Nutzungsberechtigung tangiert wird, neben dem Urheber selbst klagebefugt[37].

dd) Beeinflussung des Rechts der Namensnennung durch das Arbeitsverhältnis

Mit der Urheberbezeichnung dokumentiert der Werkschöpfer seine Urheberschaft nach außen[38]. Auch dieses Recht ist auf keinen Fall übertragbar, allerdings kann der Urheber – wie schon erwähnt – vertraglich auf seine Namensnennung oder die Signierung des Werkes verzichten[39]. Eine ausdrückliche Vereinbarung findet sich weder in den MTV noch in den MAV für die Bereiche Presse, Funk und Fernsehen.

Soweit ein Verzicht des Urhebers nicht vorliegt, kann er bestimmen, in welcher Art, Form und Umfang die Benennung zu erfolgen hat[40]. Auch bei den Massenmedien kann es bezüglich dieser Punkte trotz der aus technischen Gründen beschränkten Variationsmöglichkeiten Konflikte zwischen ArbG und ArbN geben. Im Pressewesen kann die Urheberbezeichnung mit der vollen Namensangabe des Verfassers erfolgen oder durch eine Abkürzung. Auch die Placierung des Namens ist nicht unwichtig. Er kann direkt unter der Titelüberschrift in gleichem Druck erfolgen oder als Unterschrift unter dem Beitrag in einem kleineren Druck. Bei Sendungen der Rundfunkanstalten spielt eher die Häufigkeit der Namensnennung eine Rolle. Die Urheber können im Vorspann eines Fernsehspiels und zusätzlich im Nachspann genannt werden. Außerdem ist entscheidend, ob der Name des Regisseurs allein auf dem Bildschirm erscheint oder gleichzeitig mit dem des Drehbuchautors und dem des Komponisten der Filmmusik. Der Nutzungsberechtigte ist verpflichtet, die Urheberbezeichnung so vorzunehmen, wie es der Werkschöpfer wünscht[41]. Diese Verpflichtung wird nur durch das Schikaneverbot (§ 227 BGB) begrenzt[42].

In einem Arbeitsverhältnis gilt dieser Grundsatz nicht in seiner Absolutheit[43]. Der ArbG ist berechtigt, die Namensnennung zu untersagen, wenn sich die Notwendigkeit dazu aus dem Inhalt des Arbeitsvertrages ergibt[44]. Die wirtschaftliche Verwertung des Arbeitsergebnisses darf durch die Namensnennung oder -signierung nicht beeinträchtigt werden. Z. B. kann der ArbG die Signie-

---

[37] *Fromm-Nordemann,* § 97 Anm. 3; *v. Gamm,* § 97 Rdz 16; *Ulmer,* Lehrbuch S. 393 halten die Klagebefugnis des Urhebers stets neben dem Nutzungsberechtigten für gegeben. Enger *Möhring-Nicolini,* § 97 Anm. 6 b, dd, die den Urheber nur noch hinsichtlich der Urheberpersönlichkeitsrechte (§§ 12–14 UrhG) für klagebefugt halten.

[38] *v. Gamm,* § 13 Rdz 2.

[39] *Fromm-Nordemann,* § 13 Anm. 2; *v. Gamm,* § 13 Rdz 3; a. A. *Möhring-Nicolini,* § 13 Anm. 3 b, 4.

[40] *v. Gamm,* § 13 Rdz. 2.

[41] *Blatz,* aaO., S. 76; *Honig,* aaO., S. 56; *Vinck,* aaO., S. 42.

[42] *Fromm-Nordemann,* § 13 Anm. 2.

[43] Einschränkungen können sich auch bei freischaffenden Urhebern aus dem Verwertungsvertrag ergeben, RGZ 110, 393, 397 „Innenausstattung Riviera"; LG München I *Schulze* LGZ 41, S. 1, 6 „Werbeanzeigen".

[44] *Vinck,* aaO., S. 41.

rung einer Werbegrafik unterbinden, wenn durch ihre Auffälligkeit der Werbezweck gefährdet würde[45]. Durch die Namensnennung der Verfasser der Zeitungs- und Zeitschriftenbeiträge werden die Absatzchancen kaum beeinträchtigt werden, so daß aus diesem Grunde der Verleger die Urheberbezeichnung nicht verbieten kann. Allerdings kann eine optische Beeinträchtigung des Gesamtbildes einer Zeitung oder Zeitschrift nicht geleugnet werden, wenn jeder unwichtige Bericht mit dem Namen des Verfassers gekennzeichnet wird. Bei den Rundfunkanstalten sind wirtschaftliche Belange, die zur Untersagung der Namensnennung berechtigen, nicht ersichtlich. Die Zuschauer und Hörer würden jedoch durch die Erwähnung eines jeden Urhebers und Leistungsschutzberechtigten in unzumutbarer Weise gelangweilt.

Diese Überlegungen führen zu dem Schluß, daß nicht nur die objektive wirtschaftliche Verwertungsmöglichkeit des Arbeitsergebnisses zur Beschränkung der Urheberbezeichnung führt. Dem ArbG muß in einem gewissen Umfang das Recht zugebilligt werden, das Erscheinungsbild der Zeitung oder Zeitschrift bzw. die Gesamtgestaltung der Sendung selbst zu bestimmen. Haben sich bezüglich der Namensnennung oder -signierung branchenübliche Gepflogenheiten entwickelt, so ist der ArbG nur verpflichtet, in diesem Rahmen die Urheberbezeichnung vorzunehmen[46]. Mit Abschluß des Arbeitsvertrages unterwirft sich der ArbN mangels anderer Vereinbarungen der branchenüblichen Namensnennung. Das gilt selbst dann, wenn der angestellte Urheber die tatsächlichen Branchengewohnheiten nicht kannte[47]. Bei einem ArbN-Urheber ist das Recht auf Namensnennung von vornherein durch die branchenüblichen Gepflogenheiten beschränkt.

b) Der Begriff „Presseüblichkeit"

aa) Vorrang der Betriebsübung

In den MAV sowohl für den Redakteur an einer Tageszeitung wie auch für den an Zeitschriften soll die Bestimmung aufgenommen werden, daß die Namensnennung zu erfolgen hat, wenn es „presseüblich" ist. Der Begriff der „Presseüblichkeit" selbst wurde bisher von den Tarifvertragsparteien nicht erläutert. Somit muß zunächst untersucht werden, ob eine einheitliche Urheberbezeichnung im Pressebereich tatsächlich allgemein besteht und angewendet wird.

Für die Begriffsbestimmung des „Presseüblichen" lassen sich für den gesam-

---

[45] OLG München I GRUR 1969, 146 „Werbegrafik".

[46] *Blatz,* aaO., S. 76; *v. Gamm,* Urheberbenennung in Rechtsprechung und Praxis, NJW 1959, 319; *Gloy,* aaO., S. 42; *Rehbinder,* Das Arbeitsverhältnis, S. 313; *Schmieder,* aaO., S. 299; *Ulmer,* Lehrbuch, S. 269; *Vinck,* aaO., S. 42.

[47] Bei einem freischaffenden Urheber tritt die Bindungswirkung an die Branchengepflogenheiten nur ein, wenn er sie kannte, *Fromm-Nordemann,* § 13 Anm. 2. Für den angestellten Urheber ist diese Frage offengelassen worden.

ten Pressebereich keine einheitlichen Kriterien ermitteln[48]. Die Handhabung der Urheberbezeichnung wird in den einzelnen Zeitungen und Zeitschriften zu unterschiedlich ausgeübt. Jedes Presseerzeugnis hat praktisch eine eigene Übung hinsichtlich der Namensnennung seiner Mitarbeiter entwickelt. Diese Gepflogenheiten sind zwar in der Tendenz einheitlich, z. B. werden Kommentare meist mit dem Namen des Verfassers gekennzeichnet, aber im Detail ergeben sich doch große – und für die Urheber nicht unwesentliche – Differenzen. Somit muß im Einzelfall geklärt werden, wie gerade die anstellende Zeitung oder Zeitschrift die Urheberbezeichnung regelt. Mangels einer ausdrücklichen Vereinbarung kann der Urheber den Abdruck seines Namens nur gemäß der betrieblichen Übung verlangen, auch wenn diese von dem allgemein üblichen Gebrauch abweicht. Sieht eine Zeitung, wie z. B. „Der Spiegel", ganz von einer Namensnennung ab, kann der Redakteur unter Berufung auf die sonst branchenübliche Urheberbezeichnung den Abdruck seines Namens nicht fordern[49]. Steht fest, daß in dem betreffenden Presseerzeugnis die Kommentare immer mit dem Namen des Verfassers publiziert werden, hat der Verleger nicht das Recht, dies im Einzelfall zu untersagen[50], denn er ist grundsätzlich zur arbeitsrechtlichen Gleichbehandlung verpflichtet[51].

Die Kriterien, nach denen eine Zeitung oder Zeitschrift die Urheberbezeichnung vornimmt, sind eine Betriebsübung. Unstreitig kann eine Betriebsübung zugunsten aller ArbN erweitert werden. Das wäre in dem hier interessierenden Problem der Fall, wenn durch Beschluß des Verlegers alle Artikel und Berichte mit dem Namen der Verfasser veröffentlicht werden. Auch zuungunsten kann der Verlag die Namensnennung durch Erklärung ändern[52], z. B. wenn in Zukunft die Beiträge ohne Hinweis auf den Verfasser publiziert werden sollen. Jedoch können schon bestehende Ansprüche des ArbN auf die Namensnennung durch eine Änderung der Betriebsübung dann nicht beseitigt werden, wenn sie im Arbeitsvertrag festgelegt worden sind[53].

Damit sei als Zwischenergebnis festgehalten, daß der ArbN-Urheber seine Namensnennung nur im Rahmen der Betriebsübung durchsetzen kann.

Ist bei einem Presseerzeugnis keine Betriebsübung festzustellen, kann der angestellte Urheber die Nennung seines Namens unter Berufung auf die „Presseüblichkeit" verlangen. Obwohl, wie gesagt, keine einheitliche Übung im Pressebereich vorherrscht, lassen sich doch gewisse Tendenzen erkennen. Um die Entscheidungspunkte, nach denen die Namensnennung vorgenommen wird, aufzu-

---

[48] Die h. M. bejaht zwar eine „Presseüblichkeit" der Namensnennung. Es wird aber zugegeben, daß die Urheberbezeichnung im Detail bei den verschiedenen Presseerzeugnissen recht unterschiedlich gehandhabt wird. Vgl. statt vieler *v. Gamm,* § 13 Rdz 14.

[49] *Vinck,* aaO., S. 45 Anm. 118.

[50] *Fromm-Nordemann,* § 43 Anm. 6.

[51] *Hueck-Nipperdey,* Bd. I, S. 417 ff.; *Schaub,* aaO., S. 480.

[52] *Hueck-Nipperdey,* Bd. I, S. 155; *Schaub,* aaO., S. 478.

[53] *Fromm-Nordemann,* § 43 Anm. 6.

hellen, erscheint es sinnvoll, exemplarisch einige mögliche Kriterien, nach denen sich die Mehrheit der Redaktionen richten, aufzuzeigen.

Zu differenzieren ist zunächst zwischen Zeitschrift und Zeitung und innerhalb dieser beiden Arten wiederum zwischen Text- und Bildbeiträgen[54].

bb) Kriterien bei einer Zeitung

(1) Textbeiträge

(a) Leitartikel erfolgen stets unter Namensnennung. Einige Zeitungen drukken nicht nur den Vor- und Zunamen des ArbN ab, sondern auch noch seine Stellung innerhalb der Redaktion, z. B. „unser Korrespondent", oder „unser Redaktionsmitglied". Bei Leitartikeln wird der Name des Verfassers meist direkt unter der Überschrift abgedruckt.

(b) Bei Kommentaren wird der Name des Redakteurs generell publiziert, es sei denn, mit der Stellungnahme soll „die Meinung der Zeitung" dargelegt werden. Im Detail gehen die einzelnen Zeitungen sehr unterschiedlich vor. Manche drucken stets den Vor- und Zunamen des Redakteurs oder des Korrespondenten, unabhängig von der Spaltenanzahl des Kommentars. Andere wiederum nennen bei einem Beitrag, der kürzer als zwei Spalten ist, nur die Namensabkürzung des Urhebers. Als zusätzliches Entscheidungskriterium muß auch noch die Placierung des Artikels herangezogen werden. Erscheint er auf der 5. oder 6. Seite der Zeitung, wird nur noch die Namensabkürzung gedruckt. Schreiben mehrere ArbN-Urheber einen Bericht oder Kommentar zusammen, so werden sie nicht einzeln genannt, sondern die Redaktion als Gesamtheit, z. B. „Bonner Redaktion", oder der Artikel erscheint ohne Kennzeichnung.

(c) Bei einer Kolumne hat der Verfasser stets das Recht auf seine Namensnennung, weil er hier seine sehr persönliche Meinung zu einem Thema abgibt. Er hat nicht nur das Recht, sondern auch die Pflicht der Namensnennung, da bei einer Kolumne der Verleger meist mit einem Zusatz die Eigenständigkeit der Meinung des Redakteurs betont.

(d) Bei Berichten und Reportagen erfolgt die Namensnennung, es sei denn, die Information war durch eine Pressekonferenz allen Zeitungen zugänglich. Ob hier der volle Name abgedruckt wird oder nur eine Abkürzung, hängt von der Spaltenanzahl ab.

(e) Im Wirtschaftsteil werden nur die wichtigsten Artikel und Berichte mit dem Namen des Verfassers gekennzeichnet. Das trifft allerdings nicht zu, wenn die Zeitung vorwiegend Wirtschaftsnachrichten bringt. Bei Romanen oder belletristischen Beiträgen wird der Name des Verfassers immer genannt, nicht jedoch der des Bearbeiters. Das Nachrichtenmaterial, das von den Presseagenturen eingeht, wird unter deren Kennzeichnung „dpa" etc. veröffentlicht, wobei es gleichgültig ist, ob ein ArbN der Zeitung die Nachrichten noch einmal umgeschrieben

---

[54] Ebenso *v. Gamm,* aaO., S. 318 ff.; *Honig,* aaO., S. 58; *Poll,* aaO., S. 79, 80.

hat[55]. Insgesamt kann die Tendenz festgestellt werden, daß sich die Anzahl der Urheberbenennung umgekehrt proportional zur Auflagenstärke der Zeitungen verhält.

(2) Bildbeiträge

Zeichnungen und Karikaturen werden mit dem Namen des Schöpfers abgedruckt. Entweder hat der Künstler das Bild signiert und/oder der Name wird unterhalb der Zeichnung gesondert publiziert.

Werden Photographien von Bilderdiensten übernommen, so wird ihr Name angegeben. Hat der Reporter die Photos selber gemacht, wird er in der Regel auch genannt. Allerdings nur bei der ersten Veröffentlichung. Später sieht man häufig die Kennzeichnung des jeweiligen Zeitungsarchivs.

cc) Kriterien bei einer Zeitschrift

(1) Textbeiträge

Die Handhabung ist bei den Zeitschriften noch uneinheitlicher als bei den Zeitungen. Eine grundsätzliche Unterscheidung ist zwischen der Boulevard- und Illustriertenpresse und den Fachzeitschriften vorzunehmen. Bei letzteren zeichnet sich keine einheitliche Linie oder Tendenz ab. Manche versehen jeden Beitrag mit dem Namen des Verfassers, andere wiederum fast keinen. Bei den Illustrierten ist immer mehr die Tendenz zu erkennen, daß die einzelnen Beiträge mit dem Namen des Urhebers gekennzeichnet werden. Wobei auch innerhalb der Kennzeichnung wieder Unterschiede festzustellen sind. Bei den „Aufmachern" der Zeitschrift erfolgt die Urheberbezeichnung gleich neben der Überschrift des Beitrages, bei sonstigen Berichten als Unterschrift. Bei einem Interview nennt der Verlag den Namen des Interviewers. Waren mehrere Personen an dem Interview beteiligt, werden alle Namen der Redakteure aufgeführt. Ob der volle Name gedruckt wird oder nur eine Namensabkürzung, hängt, wie auch generell bei der Zeitung, von der Länge des Beitrages und seiner Placierung ab. Man könnte auch sagen, entscheidend ist seine Bedeutung im Gesamtkonzept der Ausgabe. Bei Romanen und Serien wird nur der Name des Verfassers genannt, nicht der des Bearbeiters, es sei denn, es handelt sich um eine Übersetzung.

(2) Bildbeiträge

Die Bildberichterstattung spielt für die Illustrierten und auch für manche Fachzeitschrift die entscheidende Rolle. Bei Bildreportagen wird der Photoreporter, aber auch der Rechercheur genannt, der die Textbeiträge schreibt[56]. Auch bei sonstigen Einzelbeiträgen erfolgt in der Regel der Namensabdruck des

---

[55] Hier hätte der ArbN auch aus § 13 UrhG sowieso keinen Anspruch auf Benennung, da Nachrichten nicht schutzfähig sind. Mitarbeiter bei Presseagenturen werden niemals genannt. Die Nachrichten erscheinen stets unter dem Zeichen der Agenturen.

[56] *v. Gamm,* aaO., S. 319.

Photographen[57]. Dies gilt natürlich insbesondere für Fachzeitschriften, die künstlerische Photographien veröffentlichen.

c) Der Begriff „Rundfunküblichkeit"

Sofern überhaupt eine vertragliche Regelung der Namensnennung der Rundfunkmitarbeiter von den Tarifpartnern getroffen wurde, findet sich folgende Formulierung: „Urheber eines Werkes und die bei der Herstellung oder Darbietung eines Werkes Mitwirkenden sind, soweit die Nennung rundfunküblich ist, im Zusammenhang mit der Sendung zu nennen, sofern sie nicht widersprochen haben."[58] Es wurden weder im MTV selbst noch in einer Protokollnotiz Richtlinien aufgeführt, nach denen eine Namensnennung erfolgen soll. Es wurde von den Tarifpartnern das vereinbart, was schon seit langer Zeit Standpunkt der Rechtsprechung und der Lehre ist: Der Urheber kann im Rahmen der branchenüblichen Gepflogenheiten die Nennung seines Namens verlangen. Somit sind die Rundfunkanstalten, die keine vertragliche Vereinbarungen in den MTV hinsichtlich der Urheberbezeichnung aufgenommen haben, auch verpflichtet, den Urheber des Werkes zu benennen, wenn es rundfunküblich ist.

Im Gegensatz zur Presse kann man bei den Rundfunkanstalten von einer allgemein bestehenden Übung sprechen. Die Voraussetzungen, nach denen eine Namensnennung erfolgt, sind fast identisch. Die Sendeunternehmen gehen von dem Grundsatz aus, daß jeder genannt wird, der unmittelbar an der Sendung beteiligt war, abgesehen natürlich vom rein technischen Personal. Dabei spielt es keine Rolle, ob der einzelne als Urheber oder als Leistungsschutzberechtigter tätig geworden ist. Bei den Entscheidungskriterien ist zunächst zwischen Hörrundfunk und Fernsehen zu unterscheiden. Wenden wir uns zunächst dem Hörrundfunk zu.

aa) Hörrundfunk und Fernsehen

Bei Sendungen der Meinungsbildung und Information werden die Namen der Nachrichtensprecher wie auch die der Korrespondenten und Kommentatoren genannt[59]. Unter urheberrechtlichem Aspekt ist die Rundfunkanstalt nicht verpflichtet, den Namen des Nachrichtensprechers zu erwähnen, da er bei seiner Tätigkeit keine künstlerische Aufgabe erfüllt und infolgedessen keine Leistungsschutzrechte erwirbt[60]. Zur Namensnennung der Kommentatoren und Korrespondenten sind die Sendeunternehmen nicht nur urheberrechtlich verpflichtet, sondern durch die Rundfunkgesetze selbst. Zum Beispiel muß das ZDF gemäß § 3 II des Staatsvertrages die Verfasser von Berichten und Kommentatoren nennen, um so zu veranschaulichen, daß die vorgetragene Meinung nicht die

---

[57] Insoweit veraltet *v. Gamm,* ebenda. Zurecht machen *Fromm-Nordemann,* § 13 Anm. 2, darauf aufmerksam, daß die Branchenüblichkeit sich fortlaufend ändert.

[58] Ziff. 374 eMTV, Anhang III.

[59] Veraltet *Baumgarten,* aaO., S. 118.

[60] LG Hamburg GRUR 1976, 151.

der Rundfunkanstalt ist, sondern die persönliche Stellungnahme des Verfassers. Diese Regelung ist durch die Neutralitätspflicht der Rundfunkanstalten bedingt[61].

Bei Unterhaltungssendungen wie auch bei Bildungssendungen ist die Nennung der Sprecher, Moderatoren wie auch die der Verfasser der einzelnen Beiträge rundfunküblich. Bei größeren Sendungen wird ebenfalls der Name des Aufnahmeleiters genannt. Bei Hörspielen wird die Namensnennung noch um die Verantwortlichen von Ton, Schnitt und Regie erweitert. Im Gegensatz zur Presse wird hier auch der Dramaturg, der ein vorbestehendes Werk für den Rundfunk bearbeitet, erwähnt. Die Urheberbezeichnung unterbleibt zum Teil bei Schulfunksendungen. Das Recht auf Namensnennung hat auch der Arrangeur von Musiksendungen sowie der Dirigent, das Orchester und unter Umständen auch der Solomusiker.

bb) Besondere Aspekte des Fernsehens

Bei den Fernsehsendungen steigt die Anzahl der Namensnennung erheblich an. Das hat bei manchen Sendungen die Folge, daß durch die Fülle der Namensnennung der Zuschauer die Namen gar nicht mehr aufnehmen kann, geschweige denn behalten. Dies zeigt auf, daß ein „Zuviel" der Urheberbenennung gerade das Gegenteil des Gewollten erreichen kann[62]. In Nachrichtensendungen erfolgen eingeblendete Kommentare und Reportagen unter der Namensnennung des Verfassers. Im ZDF wird auch der Nachrichtenredakteur genannt. Bei Sendungen, die die aktuelle Berichterstattung durch Hintergrundmaterial vertiefen – wie der „Weltspiegel" oder „Im Brennpunkt" – wird der Korrespondent, der Kameramann und der Cutter der einzelnen Beiträge genannt sowie der Redakteur der Sendung. Die Urheberbenennung bei „eingekauften Filmen" erfolgt in der Regel im Vorspann, während die Namensnennung bei Eigen- oder Auftragsproduktion im Anschluß an die Sendung erfolgt. Genannt werden in der hier aufgeführten Reihenfolge bei einer Fernsehserie der Autor des Drehbuchs, Schauspieler, Masken- und Kostümbildner, die Verantwortlichen für die Ausstattung, Musik, Ton, Kamera, Schnitt, der Regieassistent, der Aufnahme- und der Produktionsleiter, sowie der Redaktionsleiter und zum Schluß der Regisseur. Diese Namensnennung und auch die Reihenfolge ist fast bei allen Sendungen zu beobachten. Die für die Sendung maßgeblichen Urheber werden am Anfang und am Schluß der Namenskette erwähnt. Bei einem Fernsehspiel wird bisweilen die Leistung des Regisseurs und des Drehbuchautors durch die Nennung in einem kurzen Vorspann wie auch im Nachspann gewürdigt.

Eine einzelvertragliche Vereinbarung hinsichtlich der Namensnennung ist nur bei Spitzenkräften der angestellten Urheber zu erwarten[63].

---

[61] *Fuhr,* Staatsvertrag, S. 53.

[62] *Samson,* Urheberrechtliche Regelungen, S. 555.

[63] Laut mündlicher Auskunft des BR erfolgt in ihrer Anstalt keine einzelvertragliche Abmachung. *v. Gamm,* § 13 Rdz. 14, geht nur vom freien Mitarbeiter aus.

cc) Namensnennung in Programmzeitschriften

Für die Rundfunkmitarbeiter ist es von Bedeutung, daß sich das Recht der Urheberbenennung nicht nur auf die Erwähnung im Zusammenhang mit der Sendung bezieht, sondern auch auf die Vorankündigung. In Programmzeitschriften werden jedoch meist nur die Namen der Schauspieler und der Regisseure genannt, bei einem Hörspiel oft nur die Autoren. Da ein Vertrag zu Lasten Dritter unzulässig ist, kann eine für die Zeitschriften verpflichtende Regelung nicht in den MTV aufgenommen werden. Es müssen hier Lösungen durch Verhandlungen mit den Zeitschriften selbst gefunden werden[64].

Das Recht auf Namensnennung ist von der Dauer des Arbeitsvertrages grundsätzlich unabhängig. Werden in einer Wiederholungssendung die Werke erneut verwandt, so müssen die Urheber erwähnt werden. Dies ist bei einer Fernsehsendung in der Regel unproblematisch, da der Vor- bzw. Nachspann mitaufgezeichnet wurde. Anders ist es bei den Rundfunksendungen, hier verlesen die Sprecher meistens die Namen der Urheber, eine Aufzeichnung wird nicht vorgenommen. Unterbleibt die Namensnennung des Urhebers oder auch des Leistungsschutzberechtigten, so kann der betreffende Urheber Schadensersatz von der Rundfunkanstalt fordern[65]. Allerdings wird er kaum beweisen können, daß er gerade durch die Nichterwähnung seines Namens einen materiellen Schaden erlitten hat. Unter welchen Voraussetzungen auch ein immaterieller Schaden zu ersetzen ist, kann nur nach den Umständen des Einzelfalles beurteilt werden.

3. Änderungs- und Entstellungsverbot

a) Allgemeines

In der Presse nimmt die tägliche Auseinandersetzung um die äußere und damit auch inhaltliche Änderung der einzelnen Beiträge einen breiten Raum ein. Das Änderungsrecht ist im Pressebereich vor allen Dingen für Schriftwerke, z. B. Artikel, Berichte, Reportagen, von großer Wichtigkeit, während es für Zeichnungen und Photographien eine untergeordnete Rolle spielt.

Die äußere Form und die Aussage einer Sendung sind ebenfalls bei den Rundfunkanstalten häufig Anlaß zu einer Konfrontation zwischen dem ArbN-Urheber bzw. der Gruppe der ArbN-Urheber und dem Leiter der jeweiligen Abteilung. In welchem Umfang und unter welchen Voraussetzungen der ArbG zur Änderung des Werkes befugt ist, bedarf im Hinblick auf die große praktische Relevanz einer vertieften Erörterung.

Das Werk des Urhebers wird in seiner Individualität sowohl durch den Inhalt als auch durch die Gestaltung geprägt. Die Formgebung des Werkes ist aufs engste mit der Persönlichkeit des Urhebers verknüpft. Daher hat der Ge-

---

[64] *Samson,* aaO., 555.
[65] BAG UFITA Bd. 33, S. 232.

setzgeber in § 39 UrhG auch für den Nutzungsberechtigten ein Änderungsverbot normiert. Obwohl diese Norm unter dem Abschnitt „Nutzungsrecht" aufgeführt ist, schützt sie unstreitig urheberpersönlichkeitsrechtliche Belange des Werkschöpfers. § 39 UrhG findet auch für den ArbN-Urheber Anwendung, da der angestellte Schöpfer dasselbe berechtigte Interesse wie der freischaffende hat, daß das Werk in der von ihm gegebenen Gestaltung veröffentlicht wird[66]. Der Nutzungsberechtigte – hier der ArbG – kann das Werk nur in der vom Schöpfer geschaffenen Form verwerten. Infolgedessen sind sogar objektive Verbesserungen nicht zulässig[67].

Das generelle Änderungsverbot wird jedoch im Gesetz selbst durch zwei Ausnahmen eingeschränkt. Einmal kann die Änderungsbefugnis vertraglich eingeräumt werden (§ 39 I UrhG). Diese Norm ist also abdingbar. Der Nutzungsberechtigte kann dann das Werk, den Titel und die Urheberbezeichnung dem Vertrag gemäß ändern. Eine diesbezügliche Vereinbarung kann auch stillschweigend erfolgen. Sie wird vermutet, wenn der Urheber durch die Verwertungsart mit ihr rechnen muß[68]. Dies gilt insbesondere für Änderungen aus technischen Gründen.

Auch ohne eine vertragliche Vereinbarung muß der Urheber diejenigen Änderungen dulden, zu denen er nach Treu und Glauben die Einwilligung nicht versagen könnte ((§ 39 II UrhG). Letzteres umfaßt nur die Umgestaltung des Werkes und des Titels, nicht die der Urheberbezeichnung, denn diese Änderung läßt sich nur durch eine vertragliche Regelung erzielen[69].

Das Änderungsverbot gilt – wie bereits erwähnt – grundsätzlich auch für den ArbN-Urheber. Allerdings wird § 39 II durch das Arbeitsverhältnis erweitert[70]. Der ArbG soll das Werk nutzen können, damit sind auch Änderungen zulässig, die durch die optimale wirtschaftliche Absetzbarkeit des Werkes oder durch den Betriebszweck als solchen bedingt sind[71]. So kann z. B. die Rundfunkanstalt das Manuskript eines ArbN erst nutzen, wenn es sendefertig ist.

Diese im Arbeitsverhältnis weitgehende Einschränkung des Änderungsverbots präjudiziert nun nicht das Resultat, daß der angestellte Urheber jede Änderungen, die im Interesse des Betriebes liegen, hinnehmen muß. Zum einen ist bei der Feststellung des Änderungsrechts der Umfang der Duldungspflicht anhand der Zweckübertragungstheorie zu ermitteln[72]. Zum anderen gewährt § 14 UrhG dem Werkschöpfer das Recht, eine Entstellung oder eine andere Beein-

---

[66] *Gloy,* aaO., S. 45; *Honig,* aaO., S. 64; *Rehbinder,* Das Arbeitsverhältnis, 313; *Vinck,* aaO., S. 48.

[67] *Honig,* aaO., S. 63.

[68] *Hubmann,* Studienbuch, S. 154.

[69] *Fromm-Nordemann,* § 39 Anm. 3 b.

[70] *Blatz,* aaO., S. 84; *Gloy,* aaO., S. 45; *Rehbinder,* Das Arbeitsverhältnis, S. 313; *Vinck,* aaO., S. 48.

[71] *Blatz,* aaO., S. 85; *Bußmann,* aaO., S. 23, 24; *Gloy,* aaO., S. 45.

[72] BGHZ 15, 249, 258.

trächtigung seines Werkes, die geeignet ist, seine berechtigten geistigen oder persönlichen Interessen am Werk zu gefährden, zu verbieten. Der Normzweck § 14 UrhG beschränkt sich ausdrücklich auf den Schutz der urheberpersönlichen Belange des Werkschöpfers[73], obwohl bei der Wahrnehmung des Rechtes auch finanzielle Überlegungen des Urhebers hineinspielen können. Damit kann der ArbN-Urheber dem ArbG jede Änderung untersagen, die eine Entstellung, d. h. Verzerrung oder Verfälschung der Wesenszüge des Werkes, oder sonstige Beeinträchtigungen bedeuten würde[74]. Auch eine vertragliche Einräumung eines unbeschränkten Änderungsrechts berechtigt nicht zu der Annahme, daß der Urheber damit auf die Geltendmachung seines Rechtes gemäß § 14 UrhG im voraus verzichtet, denn als Urheberpersönlichkeitsrecht ist es uneinräumbar und unverzichtbar[75].

Ob eine Entstellung oder eine sonstige Beeinträchtigung vorliegt, hängt von einer Interessenabwägung ab[76], wobei insbesondere die Gestaltungshöhe und -art des Werkes zu berücksichtigen ist. Bei der Abwägung ist davon auszugehen, daß das Anliegen des Urhebers, das Werk in der von ihm geprägten Gestaltung zu veröffentlichen, stets schutzwürdig ist[77]. Damit dürfte die Güter- und Interessenabwägung in den meisten Fällen zugunsten des Werkschöpfers ausfallen[78].

Bei den Urhebern eines Filmwerkes und der zu seiner Herstellung benutzten Werke (z. B. Drehbuch, Treatment, Exposé) wird das Recht des § 14 UrhG, um eine reibungslose Verwertung zu ermöglichen, eingeschränkt[79]. Die Schöpfer dieser Werke können nur gröbliche Entstellungen untersagen (§ 93 UrhG).

b) Kriterien zum Änderungsrecht in der Presse

Eine vertragliche Vereinbarung hinsichtlich der Änderungsbefugnis ist weder für die Redakteure an einer Tageszeitung, noch für die anderen ArbN-Urheber bei einem Zeitungsverlag getroffen worden. Was die Werkschöpfer an Ände-

---

[73] *v. Gamm,* § 14 Rdz 2.

[74] *Honig,* aaO., S. 67; *Rehbinder,* aaO., S. 314; *Vinck,* aaO., S. 49, 50.

[75] *v. Gamm,* § 14 Rdz 7; *Möhring-Nicolini,* § 14 Anm. 5; *Vinck,* aaO., S. 50. Sie halten das Recht des § 14 UrhG auch für uneinräumbar und unverzichtbar, aber nach ihrer Meinung führt eine weitgehende Einräumung des Änderungsrechts dazu, daß die Geltendmachung des Verbotsanspruchs aus § 14 UrhG die Einrede der Arglist entgegengehalten werden kann. Diese Meinung führt jedoch zur Aushöhlung des Urheberpersönlichkeitsrechts für den ArbN. Der angestellte Urheber ist z. B. bei den Rundfunkanstalten vertraglich zur Einwilligung jedweder Änderung verpflichtet, d. h. daß alle ArbN-Urheber sich gegen Entstellungen nicht wehren könnten, wenn man der oben angegebenen Literaturmeinung folgen würde. Diese Konsequenz ist vom Gesetzgeber nicht beabsichtigt.

[76] *Hubmann,* Studienbuch S. 151

[77] RGZ 69, 242; 79, 397; LG Berlin UFITA Bd. 4, 258; zurückhaltender OLG Frankfurt GRUR 1976, 202.

[78] *Fromm-Nordemann,* § 14 Anm. 4.

[79] Zur Kritik dieser Regelung vgl. *Fromm-Nordemann,* § 93 Anm. 2.

rungen ihrer Werke zu dulden haben, richtet sich nach dem Zweck des Arbeitsvertrages: Der Verleger ist berechtigt, den Beitrag des angestellten Urhebers möglichst effektiv für seine Zeitung zu verwerten, denn er trägt auch das finanzielle Risiko der Werkschöpfung[80]. Der MTV für Redakteure an Zeitschriften hingegen nimmt das Änderungsrecht des Verlages als Regelungsgegenstand auf. Danach ist der Verlag berechtigt, entsprechend seinen Erfordernissen diejenigen redaktionellen Änderungen, insbesondere Zusätze und Kürzungen, vorzunehmen, zu denen nach Treu und Glauben der Urheber seine Zustimmung nicht verweigern darf. Andererseits hat der Redakteur das Recht, eine Entstellung oder andere Beeinträchtigung seines Werkes zu verbieten, die geeignet ist, seine berechtigten geistigen oder persönlichen Interessen am Werk zu gefährden[81].

Zu Recht betont *Vinck*[82], daß sich Auseinandersetzungen um Änderungen des Werkes im Einzelfall ergeben. Regelungen in einem MTV oder MAV sind daher nur sinnvoll, wenn ganz auf das Änderungsrecht verzichtet oder es dem ArbG vollständig zugesprochen wird, respektive Kriterien für das Änderungsrecht aufgestellt würden. Die Vereinbarung im MTV wiederholt inhaltlich nur den Gesetzestext des § 39 II bzw. des § 14 UrhG. Im Einzelfall wird die Erforderlichkeit der redaktionellen Änderung genauso streitig sein wie auch ohne diese tarifliche Regelung. Bei der Beurteilung des Änderungsrechts im Pressewesen braucht daher auf die diesbezügliche Urheberklausel im MTV für Redakteure an Zeitschriften nicht gesondert eingegangen werden. Bei allen ArbN in der Presse ist der Zweck des Arbeitsverhältnisses entscheidend.

Gemäß der Zweckübertragungstheorie müssen die betrieblichen Gründe, die zur Umgestaltung des Werkes berechtigen, näher erläutert werden; ebenso ist auf die Begrenzung des Änderungsrechts durch § 14 UrhG einzugehen. Bei einem Zeitungs- oder Zeitschriftenverlag lassen sich die „betrieblichen Zwecke" in drei Gruppierungen gliedern. Diese bilden die Richtschnur, anhand der das Spannungsfeld zwischen Änderungsrecht und Entstellungsverbot zu lösen ist.

aa) Änderungen aus technischen und wirtschaftlichen Gründen

Allein aus technischen Gründen wird man dem Verleger das Recht zubilligen müssen, einen Beitrag zu kürzen, zu verlängern oder sonstwie umzugestalten. Insbesondere die Zeitung „lebt" von der Aktualität ihrer Informationen. In kürzester Zeit müssen die wichtigsten Nachrichten, Berichte und Kommentare gedruckt werden; dabei steht nur ein begrenzter Raum zur Verfügung. Ein Beispiel: Der Umbruchredakteur erklärt, daß er für den Kommentar auf Seite 3 nur noch 30 Zeilen hat. Eine dementsprechende Kürzung des Kommentars ist eine zulässige Ausübung des Änderungsrechts. Auch der Feuilletonbeitrag eines

---

80 Zu weitgehend BAG UFITA Bd. 38, S. 95 ff.

81 § 9 II MTV, Anhang II.

82 aaO., S. 49 ff.; allerdings widerspricht sich Vinck, wenn er am Ende seiner Ausführungen, S. 59, dennoch das Postulat einer vertraglichen Vereinbarung, wegen der vage gehaltenen gesetzlichen Regelungen, erhebt.

angestellten Urhebers unterliegt grundsätzlich dem Änderungsrecht, jedoch darf durch die Kürzung die Gesamtgestaltung des Werkes nicht gefährdet werden[83].

Der Redakteur hat einen weitgehenden Eingriff in die Gestaltung seines Werkes zu dulden. Obwohl die Rechtsprechung[84] das Änderungsrecht nach Treu und Glauben eng auslegt, vertritt sie für den Pressebereich die Ansicht, daß sich der Redakteur grundsätzlich erhebliche Änderungen – insbesondere Kürzungen – gefallen lassen muß[85]. Zum redaktionellen Änderungsrecht gehört auch die Berichtigung von Rechtschreibe- und Interpunktionsfehlern, sowie falscher Namen und Jahreszahlen[86]. Auch der Zeitschriftenverlag ist durch den beschränkten Raum, wenn auch nicht im gleichen Ausmaß wie eine Zeitung, zu Kürzungen der Beiträge gezwungen. Daher ist an den zulässigen Umfang des Änderungsrechts grundsätzlich in der Presse der gleiche Maßstab anzulegen[87].

Die Absatzchancen der Presseerzeugnisse – insbesondere der Boulevardzeitungen und der Illustrierten – erhöhen sich mit einer zugkräftigen Schlagzeile. Jeder wirtschaftliche Erfolg oder Mißerfolg eines Presseerzeugnisses wird durch die Art der Aufmachung (Farbe, Bilder, Titel, Umbruch, Placierung der Anzeigen etc.) bestimmt. Da der Verleger das Risiko des finanziellen Erfolges trägt, kann er über diese Fragen entscheiden[88]. Ebenso ist eine „schärfere Formulierung“ des Artikels zulässig, um durch diese Brisanz eine Auflagensteigerung herbeizuführen. In diesem Fall kann der Redakteur aber eine Namensnennung untersagen, wenn durch die Änderungen Schadensersatzansprüche der betroffenen Personen zu befürchten sind.

Die Beiträge werden durch Redakteure oder den Ressortleiter selbst auch in stilistischer Hinsicht redigiert. Ob durch diese Einflußnahme auf das Werk eine Beeinträchtigung vorliegt, entscheiden die Umstände des Einzelfalles[89]. Als Anhaltspunkte sind der individuelle Schöpfungsgrad des Werkes[90] und auch die

---

[83] a. A. *v. Gamm,* § 39 Rdz 9, allerdings für den freiberuflichen Urheber.

[84] RGZ 69, 242, 244; 119, 401, 403; 151, 50, 55; BGHZ 13, 334, 339; 15, 249; LG Köln MDR 1949, 566; LAG Berlin UFITA Bd. 24, S. 134, 141, 142.

[85] OLG Köln GRUR 1953, 499, 500, wies darauf hin, daß der Herausgeber einer Illustrierten den Beitrag eines Redakteurs ohne dessen Einwilligung ändern darf, da eine dementsprechende Übung bei Zeitschriften branchenüblich sei. Die stillschweigend vereinbarte Änderungsbefugnis könne nur durch eine gegenteilige ausdrückliche einzelvertragliche Vereinbarung abbedungen werden.

[86] Allerdings hat das RG, RGZ 151, 56, sogar die Verbesserung von Fehlern in einer Übersetzung für unzulässig erklärt, weil in der geänderten Form das Persönlichkeitsbild des Verfassers nicht richtig wiedergegeben wird. Dieser Rechtsprechung kann zumindest für den ArbN-Urheber nicht gefolgt werden.

[87] a. A. *v. Gamm,* § 39 Rdz 9, der zumindest für den freiberuflichen Urheber bei den Zeitschriften das Änderungsrecht enger auslegt als bei Zeitungen.

[88] *Rehbinder,* Das Arbeitsverhältnis, S. 314; *Roithmaier,* aaO., S. 119; *Schwagmaier,* aaO., S. 41; *Vinck,* aaO., S. 57, 93.

[89] *Fromm-Nordemann,* § 14 Anm. 2.

[90] So hat der BGH, BGHZ 62, 331, 334, entschieden, daß der Architekt eines Schulbaues bestimmte Erweiterungsbauten hinnehmen muß. Vgl. auch *Hubmann,* Arbeitsergebnis, S. 55; *Roithmaier,* aaO., S. 121; *Vinck,* aaO., S. 49, 57.

Abhängigkeit des ArbN-Urhebers vom Weisungsrecht des ArbG zu beachten[91]. Der Verfasser eines Leitartikels muß eine stilistische Änderung nicht dulden, denn er prägt die Beiträge durch seinen persönlichen Stil, der objektiv nicht angreifbar ist, sonst würde der Redakteur nicht mit dem Schreiben des Leitartikels beauftragt. Hingegen ist dem Redaktionsvolontär eine weitgehende Änderung seines Werkes zuzumuten. Einmal ist davon auszugehen, daß er den journalistischen Stil noch nicht perfektioniert hat, zum anderen wird er in der Regel nur mit dem Abfassen kleinerer Lokalberichte betraut werden. Die urheberpersönlichkeitsrechtliche Bindung an diese Werke ist nur gering[92].

Trotz einer insbesondere im Pressewesen weitgehenden Änderungsberechtigung des ArbG kann nicht der Meinung gefolgt werden, daß in einem Arbeitsverhältnis auf die urheberpersönlichkeitsrechtlichen Befugnisse weitgehend verzichtet werden muß, denn damit würde das auch dem ArbN zustehende Urheberpersönlichkeitsrecht leerlaufen[93]. Auch für den angestellten Urheber bei einer Zeitung oder Zeitschrift gilt – wie oben schon erwähnt –, daß die Änderungsbefugnis nicht zur Entstellung des Werkes führen darf. Jede Verzerrung oder Verfälschung des Artikels oder Berichtes kann der Urheber untersagen (§ 14 UrhG). Wird in einem Beitrag durch die Streichung einiger Passagen die Aussage ins Gegenteil verkehrt, überschreitet der ArbG sein Änderungsrecht[94]. Der Urheber muß somit diese Entstellung nicht hinnehmen[95]. Will der Verleger trotz des Einspruchs des Redakteurs den Artikel in der geänderten Form veröffentlichen, so hat der Urheber das Recht, seine Namensnennung zu untersagen. Bei der Abwägung des Verwertungsinteresses des ArbG gegenüber den persönlichen Belangen des ArbN wird schon der Verzicht auf die Urheberbenennung ausreichen, um die berechtigten Interessen des Urhebers an seinem Werk zu wahren[96].

---

[91] *Rehbinder,* aaO., S. 314. Allerdings sei darauf hingewiesen, daß das arbeitsrechtliche Weisungsrecht nur dann geltend gemacht werden kann, solange das Werk (bzw. Werkstück) noch nicht fertig ist. Da die Grenzen zwischen Änderungs- und Weisungsrecht fließend sind, ist auch letzteres zur Bestimmung des Änderungsrechts heranzuziehen.

[92] Das OLG Dresden, UFITA Bd. 3, S. 201, untersagte jede über die redaktionelle Durchsicht hinausgehende Überarbeitung, allerdings erging die Entscheidung zum VerlG.

[93] Die Ansicht *Schmieders,* aaO., S. 297, 299, daß eine geistige Unterordnung des Urhebers in einem Arbeitsverhältnis vorliegt und damit auch ein Verzicht auf die urheberpersönlichkeitsrechtlichen Belange, ist abzulehnen, so auch *Vinck,* aaO., S. 56, 57. *Schmieders* Verweis auf die Kündigungsmöglichkeit, wenn der Urheber die Beschneidung seiner urheberpersönlichkeitsrechtlichen Befugnisse nicht länger ertragen kann, sind keine Lösungsmöglichkeit, sondern berauben dem Werkschöpfer jeglichen vom Gesetzgeber bezweckten Schutzes.

[94] Zu Recht weist *Honig,* aaO., S. 65 Anm. 68 darauf hin, daß auch ein geändertes Komma den Sinn verkehren kann.

[95] RGZ 69, 244; 79, 397; BGHZ 15, 249 ff.

[96] *Rehbinder,* aaO., S. 314; a. A. *Vinck,* aaO., S. 57, der die Änderung trotz der unterbleibenden Namensnennung des Urhebers für unzulässig hält.

Durch den Arbeitsvertrag ist der ArbN auch nicht verpflichtet, andere Beeinträchtigungen, die geeignet sind, seine geistigen Interessen am Werk zu gefährden, zu dulden[97]. Während bei einer Entstellung stets die berechtigten Interessen des Urhebers gefährdet sind, entscheiden bei einer Beeinträchtigung die Umstände des Einzelfalles[98]. Zu Recht weist *Kuhlmann*[99] darauf hin, daß nicht nur Änderungen am Werk selbst eine Beeinträchtigung darstellen können, sondern auch die Art der Veröffentlichung. Wird in einer Zeitschrift ein Lichtbildwerk nur sehr mangelhaft reproduziert, so ist dieser Vorgang geeignet, die Urheberehre des Werkschöpfers zu verletzen. Zur Klarstellung muß aber betont werden, daß der Verleger grundsätzlich das Bestimmungsrecht hat, ob und gegebenenfalls wie die Beiträge veröffentlicht werden[100]. Die Urheberehre des ArbN wird in keiner Weise auch nur tangiert, wenn der Artikel nicht an der gewünschten Stelle gebracht oder nicht durch Fettdruck hervorgehoben wird[101].

bb) Änderungen aus presserechtlicher Sorgfaltspflicht

Gegenüber anderen Wirtschaftszweigen ergibt sich für das Änderungsrecht im Pressewesen eine Besonderheit aus der Aufgabenstellung und Struktur der Zeitungen und Zeitschriften[102]. Um der „gefährlichen Massenwirkung" der Presse durch Publikationen begegnen zu können, statuiert die Rechtsprechung für den Verleger oder die Verlagsgesellschaft hinsichtlich der Auswahl und der Art des zu publizierenden Stoffes weitgehende Sorgfaltspflichten. Die Artikel, Berichte und Nachrichten müssen der Wahrheits-, Sachlichkeits- und Güterabwägungspflicht genügen[103]. Werden diese Pflichten verletzt, können sich zivil- und strafrechtliche Konsequenzen für die Verlage ergeben.

Um der Anonymität der Presse vorzubeugen, verlangt der Gesetzgeber, daß im Impressum des Presseerzeugnisses stets der verantwortliche Redakteur genannt wird[104]. Werden durch die Veröffentlichung eines Artikels die Rechte Dritter verletzt, z. B. durch Verleumdung, Beleidigung etc., wird vermutet, daß der verantwortliche Redakteur bzw. Verleger vom Inhalt des Artikels Kenntnis hatte, er kann daher strafrechtlich zur Verantwortung gezogen werden[105]. Nach den allgemeinen Grundsätzen des Zivilrechts kann diese Verletzung Scha-

---

[97] *Gloy,* aaO., S. 47; *Honig,* aaO., S. 67; *Rehbinder,* aaO.; *Vinck,* aaO., S. 51.

[98] *Fromm-Nordemann,* § 14 Anm. 2.

[99] aaO., S. 1089.

[100] *Honig,* aaO., S. 68.

[101] Ausnahme z. B. Veröffentlichung einer wissenschaftlichen Abhandlung im Witzblatt, *Kuhlmann,* aaO., S. 1089.

[102] *Löffler,* Presserecht, Kap. 1 Rdz 25–34.

[103] *Löffler,* Presserecht, Kap. 14 Rdz 70; *ders.,* Die Sorgfaltspflichten der Presse und des Rundfunks, NJW 1965, 942 ff.; *v. Gamm,* Persönlichkeits- und Ehrverletzung durch Massenmedien, Rdz 17–36.

[104] *Löffler,* ebenda.

[105] *Löffler,* ebenda. Die presserechtliche Haftung betrifft nur die strafrechtliche Seite, zivilrechtliche Ansprüche richten sich nach §§ 823 I, II; 824, 826, 831 BGB.

densersatzansprüche gegen den verantwortlichen Redakteur sowie gegen den Verlag auslösen[106]. Es muß daher möglich sein, die Beiträge der Redakteure und sonstigen ArbN-Urheber an die vom Gesetzgeber normierten Pflichten anzupassen. Ressortleiter, der verantwortliche Redakteur oder auch der Chefredakteur sind der presserechtlichen Sorgfaltspflicht entsprechend zur Änderung eines Artikels oder Berichtes berechtigt, wenn zu befürchten ist, daß die Veröffentlichung strafrechtliche und/oder zivilrechtliche Konsequenzen auslöst. Zum Beispiel kann die Namensnennung eines Verdächtigen untersagt werden[107], oder eine verletzende Kritik wird umformuliert.

Es ist nicht zu verkennen, daß gerade mit der Änderung von Kommentaren auch eine andere Gewichtung des Beitrages verbunden sein wird. In diesem Falle darf die Namensnennung des Redakteurs nicht gegen seinen Willen erfolgen. Er muß sich nicht mit einer Meinung identifizieren lassen, die er nicht vertritt. Bevor jedoch in die Gestaltung des Artikels so grundlegend eingegriffen wird, kann der Redakteur verlangen, daß eine Rechtsauskunft des Justitiars eingeholt wird, wenn dies aus zeitlichen Gründen nicht unzumutbar ist.

cc) Änderungen aus Gründen der „Tendenz"

Sowohl die Zeitungsverlage wie auch die Zeitschriftenverlage sind Tendenzbetriebe (§ 81 BetrVG), da sie neben dem wirtschaftlichen Gewinnstreben auch eine geistige Zielsetzung verfolgen[108]. Im MAV eines jeden Redakteurs wird die grundsätzliche Haltung des Verlages genannt, und der ArbN zur Innehaltung dieser Richtlinien verpflichtet[109]. Der Redakteur hat die Beiträge unter Beachtung der Tendenz der Zeitung bzw. Zeitschrift zu verfassen. Mit Abschluß des Arbeitsvertrages unterwirft sich der Redakteur der Tendenz des Presseunternehmens[110], damit geht er hinsichtlich seiner schöpferischen Freiheit neben der grundsätzlichen arbeitsvertraglichen Bindung auch eine ideelle ein.

Wenn der Artikel tendenzwidrig ist, steht dem ArbG grundsätzlich ein Änderungsrecht zu. Es ist nicht zu verkennen, daß durch eine Tendenzänderung das Werk in seinen Wesenszügen geändert wird, also eine nicht erlaubte Entstellung damit verbunden ist. Aber auch in diesem Falle kann der Urheber seine berechtigten Interessen am Werk dadurch wahren, daß er die Nennung seines Namens untersagt[111].

Im Spannungsfeld zwischen Treuepflicht und dem Recht auf Äußerung der eigenen Meinung (Art. 5 GG) wird erstere in Tendenzbetrieben mehr Gewicht

---

[106] *v. Gamm,* aaO., Rdz 61, 62, 74 ff.

[107] OLG Braunschweig FuR 1975, 651.

[108] *Löffler,* Presserecht, Kap. 13 Rdz 26.

[109] z. B. § 2 II c MTV für Redakteure an einer Zeitung.

[110] *Neumann-Duesberg,* Freie Meinungsäußerung in Tendenzbetrieben, NJW 1964, 1968; *Löffler,* Presserecht, Kp. 13 Rdz 62; *ders.,* Die Meinungs- und Pressefreiheit im Abhängigkeitsverhältnis, NJW 1964, 1101, 1102.

[111] *Rehbinder,* Das Arbeitsverhältnis, S. 314. Insbesondere ist hier das berechtigte Verwertungsinteresse des Verlegers zu beachten.

haben als in anderen Betrieben[112]. Ein Redakteur, der bei einem CDU-Presseerzeugnis angestellt ist, kann z. B. die Ostpolitik der Regierung nicht gutheißen[113].

Nun ist allerdings durch die „Haltung" der Zeitung oder Zeitschrift nicht für alle politischen oder wirtschaftlichen Ereignisse geklärt, wie „die Zeitung" bzw. „die Zeitschrift" dazu Stellung nehmen soll. Eine Konfliktsituation zwischen einem Redakteur und dem Verleger ist denkbar, wenn die grundsätzliche Haltung der Zeitung als „fortschrittlich liberal" festgelegt worden ist und der ArbN die Meinung vertritt, daß das Konjunkturprogramm der Regierung wohl die richtige Maßnahme ist, während der ArbG gegenteiliger Ansicht ist. Der Zeitungsverleger kann vom Redakteur nicht verlangen, daß „seine Meinung geschrieben" wird[114]. Dies würde in erheblicher Weise zur Entstellung des Werkes führen und das Urheberpersönlichkeitsrecht des ArbN verletzen[115].

Wegen der schöpferischen Leistung in einem Arbeitsverhältnis kann dieses nicht zu einer geistigen Unterordnung des ArbN unter den Willen des ArbG führen[116]; im Gegenteil, der Redakteur kann nur schöpferisch tätig werden, wenn ihm ein gewisser „geistiger Freiraum" zur Verfügung steht. Ist die Tendenzwidrigkeit des Beitrages nicht eindeutig, muß hinsichtlich des Änderungsrechts eine Interessenabwägung zwischen dem Verwertungsrecht des ArbG und den urheberpersönlichkeitsrechtlichen Belangen des ArbN vorgenommen werden. In der Regel kann der Verleger auch in diesem Fall den geänderten Artikel ohne Namensangabe abdrucken, denn im Zweifel wird der ArbG entscheiden können, in welcher Form er die Verwertung für geeignet hält[117]. Mit dem so veröffentlichten Beitrag wird der Redakteur nicht mehr von außenstehenden Dritten als Urheber des Werkes betrachtet, seine berechtigten Interessen am Werk werden nicht mehr in unzumutbarer Weise tangiert.

Nimmt der Verleger gegen den Willen des Urhebers keine Änderungen vor – was wohl die Regel ist –, besteht für den ArbG andererseits keine Verpflichtung, den Artikel in der vom ArbN gewünschten Form zu veröffentlichen[118]. In diesem

---

[112] LAG Hamburg DB 1974, 2406.

[113] BAG NJW 1973, 77 ff., *Voll*, Meinungsfreiheit und Treuepflicht, 102 ff. Vgl. dort auch die ausführliche Rechtsprechung S. 1–4.

[114] BGH GRUR 1954, 80.

[115] *Neumann-Duesberg*, aaO., S. 1699; *Vinck*, aa., S. 57. Anders ist die Sachlage zu beurteilen, wenn die gewünschte Tendenz eindeutig den im MAV aufgeführten Richtlinien entspricht. Der Redakteur einer Kirchenzeitung hat stets i. S. der Kirchenleitung zu schreiben.

[116] *Vinck*, ebenda; a. A. *Schmieder*, aaO., S. 299.

[117] *Rehbinder*, Das Arbeitsverhältnis, S. 314; *Roithmaier*, aaO., S. 119; *Schwagmaier*, aaO., S. 41; a. A. *Vinck*, aaO., S. 57.

[118] *Honig*, aaO., S. 68; *Löffler*, Presserecht, Kap. 13 Rdz 62; *Herzog* in *Maunz-Dürig-Herzog*, Art. 5 Rdz 177; a. A. *Neumann-Duesberg*, aaO., S. 1699, der eine Veröffentlichungspflicht des Verlegers bejaht, wenn der Verleger nicht selbst zugleich Herausgeber ist. Allerdings kann der Verleger verlangen, daß der Artikel mit ausdrück-

Zusammenhang sei darauf hingewiesen, daß eine grundsätzliche Nichtveröffentlichung der Beiträge eines ArbN gegen die Beschäftigungspflicht des ArbG verstößt[119].

Die Veröffentlichungspflicht ist jedoch dann zu bejahen, wenn es sich um einen Kolumnisten handelt, der ja gerade seine persönliche Meinung und nicht die „der Zeitung" in seinem Artikel darlegt. In manchen Arbeitsverträgen ist eine Veröffentlichungspflicht als Zusatzregelung aufgenommen worden.

§ 14 UrhG untersagt nur Entstellungen oder Beeinträchtigungen des Werkes; die Norm gewährt hingegen keinen Anspruch auf Erhaltung des Werkes[120]. Daraus folgt, daß der Verleger berechtigt ist, dieselbe Thematik mit einer anderen Tendenz von einem anderen Redakteur bearbeiten zu lassen, von dem er weiß, daß dessen politische Meinung mit seiner konform geht[121]. Weist der Verleger vor Schaffung des Werkes den ArbN an, mit welcher Tendenz der Artikel zu schreiben ist, kann sich der Redakteur nicht auf sein Urheberpersönlichkeitsrecht berufen, da eine schutzwürdige Schöpfung noch nicht existent ist[122]. Trotzdem ist der ArbN-Urheber nicht gezwungen, als Sprachrohr des Verlegers zu fungieren. Unter Berufung auf sein allgemeines Persönlichkeitsrecht kann er die Direktionen des ArbG zurückweisen, wenn sich die Tendenz nicht aus der grundsätzlichen Haltung der Zeitung ergibt, ohne daß er damit seine arbeitsvertraglichen Pflichten verletzt[123].

Von der Änderung des Beitrages ist die Frage zu unterscheiden, ob der ArbG berechtigt ist, das von einem ArbN begonnene Werk durch einen anderen fortführen zu lassen. Während diese Problematik bei Zeitungen – bedingt durch ihre Struktur – nicht auftauchen wird, ist sie bei Zeitschriften, z. B. bei Serien, denkbar.

Für die Beantwortung der hier aufgeworfenen Frage ist zu differenzieren, aus welchen Gründen ein Dritter das Werk vollenden soll und um welches Werk es sich handelt. Es bestehen keine Bedenken dagegen, daß ein anderer ArbN die Serie oder die Buchbesprechung fertigstellt, wenn der Verfasser erkrankt ist. Das Urheberpersönlichkeitsrecht wäre nur dann verletzt, wenn unter der

---

licher Kennzeichnung des Redakteurs veröffentlicht wird. Vgl. zu dieser Problematik den Abschnitt III „Innere Pressefreiheit".

[119] BAG in AP 2 zu § 611 und AP 3 zu § 611 BGB: Die Achtung und Anerkennung als Mensch beruhe für den ArbN nicht nur in der Höhe des Gehaltes, sondern auch darin, wie er die ihm obliegenden Aufgaben erfülle. Der ArbG sei daher verpflichtet, den ArbN mit den vertraglich vereinbarten Arbeiten zu beschäftigen.

[120] RGZ 79, 397 „Sirenenentscheidung". Das führt zu der überraschenden Diskrepanz, daß der ArbG das Werk vernichten darf – also den denkbar stärksten Eingriff – nicht aber ändern.

[121] So auch *Honig*, aaO., S. 68.

[122] Das Urheberrecht entsteht nicht erst mit dem vollendeten Werk, aber zumindest muß eine hinreichende Konkretisierung des geistigen Gutes erreicht sein, *v. Gamm*, § 2 Rdz 9.

[123] So *Schröder*, Besonderheiten im Filmarbeitsrecht, UFITA Bd. 31, S. 265.

Namensnennung des ersten Verfassers das Werk geeignet ist, ihn in der Öffentlichkeit in ein falsches Bild zu setzen[124]. Hingegen ist die Fortsetzung einer Serie in einer Zeitschrift unter Umständen als unfreie Benutzung des Vorwerks zu betrachten, wenn der ArbN aus dem Unternehmen ausgeschieden ist[125]. Keinesfalls darf das Werk, das unter dem Namen des ersten Verfassers erschienen ist, durch einen Dritten fortgeführt werden, wenn der Verleger dadurch eine Tendenzänderung erreichen will.

Die nähere Untersuchung der Änderungsbefugnis des ArbG zeigt, wie vielschichtig sich die Interessenabwägung in der Presse gestaltet. Die Empfehlung *Vincks*[126], eine vertragliche Vereinbarung über das Änderungsrecht des ArbG zu treffen, um Unsicherheiten auszuschließen, kann jedenfalls für die Presse nicht ohne Einschränkungen befürwortet werden. Wie weit die Einwirkungsmöglichkeit des Verlegers reicht, hängt zu sehr von der einzelnen Fallgestaltung ab, als daß man für einen ganzen Bereich detaillierte Vereinbarungen treffen könnte. Dies wird auch durch die sehr allgemein gehaltenen Formulierungen im MTV für Redakteure an Zeitschriften bestätigt. Um das Ausmaß des Änderungsrechts sowohl dem ArbG wie auch dem ArbN vor Augen zu führen, wäre es sinnvoll, Kriterien – auch wenn diese nur „generalklauselartigen" Charakter haben können – zu vereinbaren, die grundsätzlich zur Änderung des Werkes berechtigen.

c) Kriterien zum Änderungsrecht in Funk und Fernsehen

Die meisten Rundfunkanstalten haben von der vertraglichen Abdingbarkeit des Änderungsverbots in ihren MTV Gebrauch gemacht[127]. Der Umfang dieser tariflichen Vereinbarung fällt recht unterschiedlich aus. Während einige nur global vom „Recht zur Änderung" sprechen[128], gehen andere von einem umfangreichen „Änderungskatalog" aus[129]. Alle erkennen an, daß der ArbN-Urheber das Recht hat, Entstellungen zu verbieten; entweder durch die Formulierung „Die Urheberpersönlichkeitsrechte bleiben unberührt" oder durch die inhaltliche Erwähnung des § 14 UrhG selbst[130]. Wird nur von dem Verbot einer Entstellung gesprochen, ist davon auszugehen, daß auch sonstige Beeinträchtigungen gemeint sind.

---

[124] *Gloy*, aaO., S. 74; *Rehbinder*, aaO., S. 314.

[125] *Fromm*, Das Recht zur Fortsetzung eines Werkes, UFITA Bd. 29, S. 322; *Gloy*, aaO., S. 46.

[126] aaO., S. 59; auch *Bußmann*, aaO., S. 31, spricht sich allgemein für eine klare vertragliche Regelung aus.

[127] Ziff. 373 eMTV, Anhang III; Ziff. 361.4 MTV des BR, Anhang IV; § 16 II c MTV des DLF, Anhang V; § 28 MTV der DW, Anhang VI; § 30 II MTV des HR, Anhang VII.

[128] Zum Beispiel § 16 II c MTV des DLF, Anhang V.

[129] Ziff. 373 eMTV, Anhang III; § 30 II MTV des HR, Anhang VII.

[130] Siehe Anm. 75; *Samson*, Urheberrechtliche Regelungen, S. 554, hält die Bestimmungen des MTV für unzureichend.

Die Rundfunkanstalten haben in diesem Regelungspunkt[131] auch das Recht zur Bearbeitung, d. h. Verfilmung, Übersetzung, Dramatisierung, das Nachbildungsrecht sowie das Instrumentationsrecht und Adaptationsrecht[132], miteinbezogen. Zum Teil wird das Bearbeitungsrecht sogar als Überschrift genannt und das Recht zur Änderung nur als Unterpunkt erwähnt[133]. Das Bearbeitungsrecht ist jedoch ein Nutzungsrecht im weiteren Sinne, während das Änderungsrecht eine urheberpersönlichkeitsrechtliche Befugnis ist[134]. Die MTV gehen in ihrer vertraglichen Gestaltung also nicht von der Gesetzessystematik aus.

Dem stehen keinerlei Bedenken gegenüber, denn bei der Nutzung eines Werkes sind Bearbeitung und Änderung stets eng verbunden[135]. Jeder Einräumung eines Bearbeitungsrechts liegt auch eine vertragliche Abbedingung des Änderungsverbots zugrunde[136]. Die Verpflichtung des ArbN-Urhebers, in die Bearbeitung und/oder Änderung seines Werkes einzuwilligen, besteht auch für die tariflich ungebundenen ArbN, da sie sich aus der arbeitsrechtlichen Treuepflicht ergibt[137]. In welchem Umfang der Urheber einen Eingriff in die Gestaltung seines Werkes dulden muß, richtet sich auch hier nach der Zweckübertragungstheorie, da die im MTV enthaltenen „Änderungskataloge“ nur als Anhaltspunkte dienen können.

Der ArbN-Urheber kann zwar seine Beiträge größtenteils unabhängig gestalten, bevor sie aber zur Sendung zugelassen werden, müssen sie „Gatekeepers“[138] passieren, d. h. der verantwortliche Chefredakteur oder Abteilungsleiter, dem die Entscheidungsbefugnis über eine Veränderung, Ablehnung oder Absetzung von Beiträgen eingeräumt ist, muß die Werke zur Sendung freigeben. Auch bei den Rundfunkanstalten muß anhand von Kriterien die Frage beantwortet werden, unter welchen Voraussetzungen und in welchem Umfang die Bearbeitung und Änderung des Werkes berechtigt ist.

aa) Änderungen aus technischen und wirtschaftlichen Gründen

Während in der Presse Änderungen, insbesondere Kürzungen, durch den begrenzten Raum bedingt sind, sind sie es bei den Rundfunkanstalten durch die zur Verfügung stehende Sendezeit[139]. Im Gegensatz zu den Presseerzeugnissen, die in ihrer Raumaufteilung relativ variabel sind, ist die Sendezeit in Blöcke

---

131 Zum Beispiel Ziff. 373 eMTV, Anhang III; § 30 II MTV des HR, Anhang VII.

132 *Hubmann,* Studienbuch S. 146 ff.

133 Ziff. 373 eMTV, Anhang III.

134 BGHZ 13, 334, 339.

135 *Samson,* Urheberrecht, S. 91, erörtert die §§ 3, 8, II, 23, 24 I, 39, 62 UrhG im Zusammenhang, „da die Begriffe Bearbeitung, Umgestaltung, Änderung und freie Benutzung nur einheitlich behandelt werden können ...“

136 *Bußmann,* Änderung und Bearbeitung im Urheberrecht, S. 209; *v. Gamm,* § 39 Rdz 7; a. A. *Möhring-Nicolini,* § 39 Anm. 8, die einen Zusammenhang zwischen Bearbeitungsrecht und Änderungsrecht leugnen.

137 Vgl. oben I a.

138 *Hoffmann-Riem,* Redaktionsstatute, S. 146 Anm. 1.

139 *Baumgarten,* aaO., S. 119, 120; *Poll,* aaO., S. 82.

aufgeteilt, die auf die $1/2$ Minute genau einzuhalten sind[140]. Ein politisches Magazin muß die Sendezeit von 45 Minuten bestreiten, dementsprechend sind die Beiträge und die Überleitungssätze zu gestalten. Jedes Werk, unerheblich ob es sich um einen Kommentar, Reportage, Fernsehfilm oder um ein sonstiges Werk handelt, kann so gekürzt werden, daß die Sendezeit nicht überschritten wird. Durch die Streichungen von Passagen im Manuskript oder das Wegschneiden von Szenen darf die inhaltliche Aussage des Werkes nicht beeinträchtigt werden, denn dies wäre eine unzulässige Entstellung. Zum Beispiel können in einem Kommentar nicht die wichtigsten und grundlegenden Sätze gestrichen werden oder in einem Fernsehspiel die entscheidenden Szenen. Dabei ist gerade bei Fernsehsendungen zu beachten, daß die Urheber eines Filmwerkes oder der vorbestehenden Werke nur gröbliche Entstellungen verbieten dürfen (§ 93 UrhG).

Weiterhin können Beiträge geändert werden, um sie sendefertig zu machen. Ein Schulfunkredakteur hat ein Manuskript abgeliefert, dessen Ausgestaltung dem spezifischen Medium „Hörrundfunk" nicht genügt. Der Abteilungsleiter kann hier Änderungen anbringen, um der stilistischen Eigenart des Hörfunks gerecht zu werden. In welchem Umfang ein Werk unter diesem Aspekt geändert oder sogar bearbeitet werden darf, hängt von der Gestaltungshöhe des Werkes ab.

Da die Beiträge der Urheber im Rahmen des Programmaustausches weitergegeben werden, sind die Rundfunkanstalten zur Synchronisation, Übersetzung und zur Änderung des Titels berechtigt. Bei einer Synchronisation liegt die Gefahr sehr nahe, daß es zu gröblichen Entstellungen des Werkes kommt, da es dem Geschmack eines anderen Publikums angepaßt wird. Den Urhebern ist es sehr erschwert, hier ihre Rechte zu wahren, denn die Synchronisationsarbeiten werden meist nicht von den Rundfunkanstalten selbst durchgeführt, sondern durch die abnehmenden Sendeunternehmen oder durch beauftragte Unternehnehmen[141].

Entsprechend der Veröffentlichungsart bei Presseerzeugnissen ist es für den Urheber bei den Rundfunkanstalten entscheidend, zu welcher Zeit und an welchem Tag der Beitrag gesendet wird, denn je nach der Einschaltquote richtet sich der Bekanntheitsgrad seines Werkes. Die Sendezeit und das Datum der Ausstrahlung liegen im Weisungsrecht des Intendanten. Eine Änderung der Sendezeit berührt daher nicht das Urheberpersönlichkeitsrecht des ArbN-Urhebers.

Die Rundfunkanstalten sind kein Wirtschaftsunternehmen, somit kann das Werk nicht unter dem Aspekt des wirtschaftlichen Gewinnstrebens geändert werden[142]. Im Hinblick auf die Verwertung des Sendegutes durch Kassetten etc. könnte der finanzielle Aspekt auch für die Sendeunternehmen eine Rolle spie-

---

[140] *Dygutsch-Lorenz,* Die Rundfunkanstalt, S. 42.
[141] *Samson,* Urheberrechtliche Regelungen, S. 54.
[142] So auch *Vinck,* aaO., S. 58.

len, d. h. eine Sendung muß so gestaltet werden, daß sie sich nach der Ausstrahlung „gut verkaufen läßt". Die Berücksichtigung der späteren Verwertungsmöglichkeiten schon bei der Produktion der Sendung ist bezüglich des Änderungsrechts nicht zulässig, denn die Orientierung am „Marktwert" einer Sendung würde mit der Aufgabe der Rundfunkanstalten in Widerspruch stehen. Zwar spielen wirtschaftliche Erfolge für das Änderungsrecht keine Rolle, aber die Produktionskosten. Die Rundfunkanstalten sind öffentlich-rechtliche Anstalten und müssen daher auch ihre Produktionen nach den Grundsätzen der Sparsamkeit und Wirtschaftlichkeit führen[143]. Änderungen eines Drehbuches sind zulässig, um die Produktionskosten zu senken.

Gehen Änderungen soweit, daß objektiv[144] eine Entstellung oder sonstige Beeinträchtigung vorliegt, kann der ArbN-Urheber zumindest die Nennung seines Namens untersagen. In der Regel wird der Verzicht auf die Urheberbenennung ausreichen, um die berechtigten geistigen und persönlichen Interessen am Werk zu wahren. Im Einzelfall kann dies nicht als genügend betrachtet werden, z. B. bei einem Werk von hohem künstlerischen Niveau. Unter diesen Umständen ist der Urheber berechtigt, seinen Beitrag zurückzuziehen. Dieses Recht haben einige Rundfunkanstalten ihren ArbN grundsätzlich zugesprochen, wenn das Werk durch die vorgenommenen Änderungen nicht mehr ihrer Auffassung entspricht[145].

bb) Änderungsrecht aus Grenzen der Programmgestaltung

(1) Vermeidung von Rechtsverletzungen

Die Programmfreiheit findet da ihre Grenzen, wo die Sendung eines Beitrages Rechte Dritter verletzt[146], also strafrechtliche oder zivilrechtliche Schutzbestimmungen tangiert werden. Für diese Rechtsverletzung haftet die Rundfunkanstalt, wenn der Intendant die Verletzung zu verantworten hat, nach §§ 89, 31 BGB, bei einem sonstigen Mitarbeiter gemäß § 278 BGB. Der deliktische Anspruch des Verletzten gegen den Verursacher persönlich bleibt davon unberührt[147].

Wenn aufgrund des Beitrages Rechtsverletzungen Dritter zu besorgen sind, kann das Werk geändert werden, da der Intendant sogar verpflichtet ist, eine Rechtsbeeinträchtigung Dritter zu vermeiden. Dieses Änderungsrecht ist insbesondere bei politischen Magazinen und Kommentaren relevant. Die Kritik muß in sachlicher Form geäußert werden. Sie kann aber scharf, ironisch und hart formuliert sein[148]. Ist die Grenze überschritten und wird die Kritik beleidigend, hat der Abteilungsleiter ein Änderungsrecht.

---

143 *Fuhr,* Staatsvertrag, S. 176.

144 Ob eine Entstellung oder Beeinträchtigung vorliegt, richtet sich nach objektiven Kriterien, *v. Gamm,* § 14 Rdz 9.

145 So z. B. Ziff. III, 3 der SWF-Grundsätze.

146 *v. Gamm,* Persönlichkeits- und Ehrverletzung, Rdz 12–14, 17–25.

147 *Fuhr,* Staatsvertrag, S. 85.

148 BGHZ 45, 296, 308, 309; 50, 1, 4, 5.

Aber auch hier braucht der ArbN-Urheber keine Entstellung des Beitrages hinzunehmen. Wird z. B. das Werk in der vom ArbN-Urheber für notwendig erachteten Form zur Sendung nicht freigegeben, kann der Urheber bei der Ausstrahlung des geänderten Beitrages die Nennung seines Namens untersagen. Ein Kommentar wird allerdings ohne jegliche Namensnennung nicht gesendet werden, denn die Rundfunkanstalten sind verpflichtet, die Kommentare als persönliche Stellungnahme zu kennzeichnen[149].

Die so motivierte Änderung des Werkes ist nicht auf politische Sendungen beschränkt. Sie kann auch bei Dokumentationen, Features und Fernsehspielen in Betracht kommen[150]. Bevor allerdings schwerwiegende Änderungen vorgenommen werden, kann der ArbN verlangen, daß eine Stellungnahme der Rechtsabteilung eingeholt wird, falls die Zeitgründe nicht dagegen sprechen[151]. Bei Nachrichtensendungen, wo Änderungen noch kurz vor der Sendung vorgenommen werden, kann das Recht nicht realisiert werden[152]. Hingegen wird man bei einer Dokumentationssendung oder einem Fernsehspiel den Urhebern den Anspruch nicht versagen dürfen.

(2) Aus Gründen der Neutralitätspflicht und den rundfunkrechtlichen Programmrichtlinien

Die Programmfreiheit und damit auch die Gestaltungsfreiheit der einzelnen Beiträge wird weiterhin durch die Neutralitätspflicht und die rundfunkrechtlichen Programmrichtlinien begrenzt[153]. Die Neutralitätspflicht der Anstalten ist gerade in letzter Zeit verstärkt Gegenstand heftiger Auseinandersetzungen gewesen. Dabei waren vor allen Dingen die politischen Magazine Zielscheibe der Diskussionen, aber auch der künstlerische Bereich ist davon betroffen.

Die Neutralitätspflicht verlangt nun keine politische Enthaltsamkeit; im Gegenteil, die Rundfunkanstalt hat auch die Aufgabe, die Rundfunkteilnehmer zu informieren und damit das Recht und die Pflicht, Kritik an gesellschaftlichen Mißständen zu üben[154]. Bei einem Kommentar müssen die Rundfunkanstalten dem Prinzip der Ausgewogenheit gerecht werden, d. h. alle politisch relevanten Meinungen wie auch Außenseiter müssen zur Geltung kommen. Die Ausgewogenheit kann entweder durch die Gestaltung der einzelnen Sendungen, aber

---

[149] Zum Beispiel § 3 II ZDF-Staatsvertrag.

[150] BVerfG NJW 1973 747 (Lebach-Fall); OLG Hamburg NJW 1975, 649.

[151] Das LG Saarbrücken (nicht rechtskräftig) hat entschieden, daß der Intendant des SR aus rundfunkrechtlichen Gründen eine Fernsehdokumentation zur Nachkriegsgeschichte des Saarlandes nicht eigenhändig umarbeiten durfte. Das Umgestaltungsrecht berechtigte nur zur „Überwindung technischer medienspezifischer Schwierigkeiten, während inhaltliche Veränderungen in jedem Fall mit einem Autor zu besprechen seien." SZ vom 21. 4. 1976 „Urteil gegen den Intendanten".

[152] *Dygutsch-Lorenz,* aaO., S. 44.

[153] *Wenzel,* Die Programmfreiheit des Rundfunks, S. 121 ff.

[154] *Fuhr,* Beeinträchtigt die Neutralitätspflicht, S. 737; *Kraus-Ablaß,* Die Neutralitätspflicht, RuF 1962, 113 ff.

auch durch das Gesamtprogramm erreicht werden[155]. Das Prinzip der Ausgewogenheit gilt auch für Unterhaltungs- und Bildungssendungen. Mit Abschluß des Arbeitsvertrages unterwirft sich der ArbN der Neutralitätspflicht der Rundfunkanstalten; seine schöpferische Freiheit bei der Schaffung eines Werkes wird also neben der grundsätzlichen arbeitsvertraglichen Gebundenheit zusätzlich eingeschränkt. Es läßt sich damit sowohl bei den ArbN der Presseerzeugnisse wie auch bei den der Rundfunkanstalten ein erweitertes Änderungsrecht feststellen, wenn auch die „Tendenzen" der Massenmedien als solche nicht vergleichbar sind[156].

Vertritt der Intendant oder der Abteilungsleiter die Ansicht, der Sendebeitrag kann nicht mehr als ausgewogen bezeichnet werden, können Änderungen geboten sein. Damit wird in der Regel eine Veränderung der inhaltlichen Aussage verbunden sein. Auch in diesem Fall kann der Redakteur die Nennung seines Namens untersagen bzw. seinen Beitrag zurückziehen. Auch für die Rundfunkanstalten besteht keine Verpflichtung, die Werke des ArbN-Urhebers zu senden[157]. Davon ist auch hinsichtlich der Kommentare, die stets als Meinung des Kommentators gekennzeichnet werden, im Gegensatz zur Presse keine Ausnahme gerechtfertigt. Das Grundrecht der Meinungsfreiheit gewährt dem ArbN-Urheber nicht das Recht auf Verbreitung seiner eigenen Meinung durch den Rundfunk[158].

Bei der Gestaltung ihrer Beiträge haben die ArbN-Urheber auch die Programmrichtlinien zu beachten. Sie müssen die Sendungen sachlich und wahrheitsgemäß abfassen[159]. Hat ein Redakteur unsachliche Argumente in sein Manuskript eingearbeitet, können diese gestrichen werden, genauso wie unterdrückte Tatsachen hinzugefügt werden müssen[160].

Nicht alle Programmrichtlinien haben allerdings für die Gestaltung eines Beitrages die gleiche Bedeutung. Die Verpflichtung zur Förderung menschlicher Ideale und zur Wahrung außenpolitischer Belange – um nur einige zu nennen – sind lediglich Leitprinzipien, die keine unmittelbare Auswirkung auf das „Wie" der Beitragsgestaltung haben[161].

cc) Änderungen bei Gemeinschafts- und Filmwerken

Bei den Rundfunkanstalten stellt sich das Änderungsrecht und Bearbeitungs-

---

[155] *Herzog* in *Maunz-Düring-Herzog,* Art. 5 Rdz 212.

[156] *Fuhr,* aaO., S. 736, nennt daher die Neutralität der Rundfunkanstalten ihre „Tendenz".

[157] *Baumgarten,* aaO., S. 121, 122; *Hillig,* Urhebervertragsrecht, UFITA Bd. 73, S. 120, 121 (allerdings bezogen auf Honorarverträge); BGH GRUR 1971, 269; a. A. *Wenzel,* aaO., S. 53, der einen Sendeanspruch bejaht, wenn sich der Beitrag an die Programmrichtlinien hält.

[158] *Hoffmann-Riem,* aaO., S. 109; *Bethge,* Zur inneren Rundfunkfreiheit, S. 494.

[159] *Fuhr,* aaO., 737.

[160] BGHZ 31, 308 ff.

[161] *Wenzel,* aaO., S. 137.

recht bei den Gemeinschaftswerken bzw. bei den Filmwerken mit besonderer Schärfe. Damit beschränkt sich die Frage nach den Grenzen des Änderungsrechts nicht auf das Verhältnis zwischen ArbN und ArbG, sondern wird um die Beziehungen der ArbN untereinander erweitert.

Grundsätzlich besteht für Miturheber ein Änderungsverbot, es sei denn, es wird etwas anderes vereinbart oder der Urheber darf nach Treu und Glauben seine Einwilligung nicht versagen. Diese Norm in § 8 II UrhG entspricht der für Nutzungsberechtigte in § 39 UrhG. Trotzdem sind die oben ausgeführten Kriterien nicht ohne Einschränkungen heranzuziehen, da diese nur für die Interessenabwägung zwischen den urheberpersönlichkeitsrechtlichen Belangen des Urhebers und den verwertungsrechtlichen des ArbG ihre Gültigkeit haben. Den ArbN, die gemeinsam ein Werk erstellt haben, obliegt bei der Rundfunkanstalt nicht die Sorge der Verwertung, so daß dieser Aspekt nicht berücksichtigt werden muß. Welche Änderungen durch die Miturheber der einzelne Urheber dulden muß, entscheidet sich nach den Umständen des Einzelfalles.

Von besonderer Relevanz ist bei den Anstalten die Stellung des Film- und Hörfunkregisseurs. Er muß das vorbestehende Werk film- oder hörfunkdramaturgisch umgestalten. Dies kann er nur, wenn ihm weitgehende Änderungsrechte zugestanden werden. Trotzdem muß er die Wesenszüge des vorbestehenden Werkes durch die Verfilmung wiedergeben. Zum Beispiel wird das Anliegen eines Autors durch die Verfilmung des Drehbuches zunichte gemacht, wenn der Regisseur, statt die Entwicklung der Hauptperson darzustellen, mehr Wert auf filmische Raffinessen legt[162].

Der Kritik *Samsons*[163], daß die tariflichen Vereinbarungen hinsichtlich des Änderungsrechts den urheberpersönlichen Belangen der ArbN nicht genügen, kann nicht gefolgt werden. Genau wie auch im Pressebereich wird das Änderungsrecht durch vielschichtige Aspekte beeinflußt. Eine detaillierte Regelung, die alle Fallgestaltungen berücksichtigt, ist nicht realisierbar.

4. *Rückrufsrecht wegen Nichtausübung*

a) Umfang der gesetzlichen Regelung

Auch nach der Einräumung des ausschließlichen Nutzungsrechts kann der Urheber auf die Verwertung seines Werkes noch Einfluß nehmen. Das Urheberrechtsgesetz gewährt dem Schöpfer ein Rückrufsrecht wegen Nichtausübung (§ 41 UrhG), wenn der Inhaber eines ausschließlichen Nutzungsrechts das Werk nicht oder nur unzureichend verwertet[164]. Das Rückrufsrecht war schon vor

---

[162] Vgl. dazu FuR 1974, S. 534.

[163] *Samson*, Urheberrechtliche Regelungen, S. 553.

[164] Das Rückrufsrecht bezieht sich immer nur auf das nicht genutzte Werk. Es kann nicht damit begründet werden, daß der Nutzungsberechtigte andere Werke des Urhebers nicht hinreichend betreut und gefördert hat, *Schulze* BGH 199, S. 1.

Erlaß des UrhG von der Rechtsprechung anerkannt worden[165], um die Monopolstellung des Verwerters zu schwächen.

Durch diese Norm wird das Interesse des Urhebers an der Veröffentlichung seines Werkes respektiert. Er ist nämlich selbst von der Verwertung ausgeschlossen, wenn er einem Dritten ein ausschließliches Nutzungsrecht eingeräumt hat. § 41 UrhG schützt nicht nur die urheberpersönlichkeitsrechtlichen Belange des Urhebers. Der freischaffende Werkschöpfer räumt einem Dritten ein ausschließliches Nutzungsrecht ein, weil er selbst nicht in der Lage ist, das Werk entsprechend zu nutzen; es liegt ganz in der Hand des Nutzungsberechtigten, ob das Werk optimal verwertet wird oder nicht. Das Interesse des Urhebers ist auch auf die finanzielle Ausschöpfung des Werkes durch den Inhaber des Nutzungsrechts gerichtet. Demnach ist das Rückrufungsrecht sowohl urheberpersönlichkeits- wie auch vermögensrechtlicher Natur[166].

Diese Regelung ist zwingendes Recht, sie kann nicht vertraglich abbedungen oder geändert werden. Die Ausübung des Rückrufsrechts kann höchstens für fünf Jahre ausgeschlossen werden, das Recht als solches ist unverzichtbar (§ 41 IV UrhG).

Die Norm über das Rückrufsrecht wegen Nichtausübung findet keine Anwendung, wenn der Urheber das Verfilmungsrecht an seinem Werk eingeräumt hat oder selbst ein Urheberrecht am Filmwerk erwirbt (§ 90 UrhG). Die Beschränkungen der Urheberrechte umfassen sowohl die vorbestehenden Werke wie auch das Film- oder Fernsehwerk selbst[167]. Damit kann das Rückrufsrecht wegen Nichtausübung das hohe wirtschaftliche Risiko des Produzenten nicht mehr gefährden[168].

b) Anwendungsbereich für den Arbeitnehmerurheber

Dem ArbN-Urheber ist das Rückrufsrecht wegen Nichtausübung nur zuzubilligen, wenn eine dem freischaffenden Werkschöpfer vergleichbare Interessenlage besteht. Bei ArbN, die im Rahmen ihres Arbeitsverhältnisses urheberrechtlich geschützte Leistungen erbringen, ist die finanzielle Situation eine andere. Unabhängig von der Verwertbarkeit ihrer schöpferischen Leistung erhalten sie ihren Lohn, sie tragen das wirtschaftliche Risiko der Werkschöpfung nicht. Auch das Interesse an der Veröffentlichung eines Werkes ist mit dem eines freischaffenden Urhebers nicht identisch. Der angestellte Urheber hat, wie jeder andere ArbN auch, keinen Anspruch darauf, daß seine Werke verwertet werden. Abgesehen von der Pflicht des ArbG, dem ArbN überhaupt die Möglichkeit zu geben, seine schöpferischen Fähigkeiten unter Beweis zu stellen, hat der

---

165 BGHZ 15, 249, 258. Das Institut des Rückrufsrechts wurde von *de Boor,* aaO., S. 58, geprägt.

166 *v. Gamm,* § 41 Rdz 8.

167 *v. Gamm,* § 90 Rdz 2; *Möhring-Nicolini,* § 90 Anm. 3 a, b.

168 Zur Kritik dieser Norm vgl. *Fromm-Nordemann,* § 90 Anm. 2.

Urheber kein Recht, die betriebliche Nutzung seines Werkes zu fordern. Damit käme man zu dem Ergebnis, daß § 41 UrhG in einem Arbeitsverhältnis keine Anwendung findet[169].

Die oben skizzierte Interessenlage des ArbN-Urhebers muß jedoch relativiert werden. Einmal kann der angestellte Werkschöpfer gerade an der Veröffentlichung seines Werkes persönlich geistige Interessen haben, dann wäre die Versagung des Rückrufsrechts wegen Nichtausübung eine unzumutbare Beeinträchtigung des Urheberpersönlichkeitsrechts[170].

Insbesondere im Hinblick auf die Vertragspraxis ist noch ein weiterer Gesichtspunkt zu beachten. Viele Unternehmer lassen sich das ausschließliche Nutzungsrecht für alle denkbaren Nutzungsarten von ihren ArbN einräumen. Die Werkschöpfer werden an dem finanziellen Gewinn der vom Betriebszweck unabhängigen Verwertung beteiligt. Ein Teil der ArbG wird nicht in der Lage sein, das Werk auch auf alle Arten nutzen zu können. Stellt sich heraus, daß das Werk hinsichtlich einiger oder aller Nutzungsarten, die über den Betriebszweck hinausgehen, „auf Eis liegt", hat der ArbN ein berechtigtes Interesse, es finanziell selbst zu nutzen. Obwohl der angestellte Urheber für die Arbeitsleistung entlohnt worden ist, steht ihm in diesen Fällen ein Rückrufsrecht wegen Nichtausübung zu. *v. Gamm*[171] hält den Rückruf bezüglich eines Teils der eingeräumten Nutzungsrechte am gleichen Werkgegenstand grundsätzlich für unzulässig. Dem ist entgegenzuhalten, daß bei dieser Fallgestaltung der eigentliche Vertragszweck durch den Rückruf nicht gefährdet wird. Die Nutzungsrechte, die der ArbG braucht und die auch entlohnt sind, werden vom Rückrufsrecht nicht erfaßt. Da das Rückrufsrecht den ArbG nicht in unzumutbarer Weise belastet, der ArbN aber nur auf diese Weise seine berechtigten Interessen am Werk wahren kann, spricht in einem Arbeitsverhältnis nichts gegen einen Teilrückruf der eingeräumten Nutzungsrechte bzw. -arten.

c) Die tarifliche Regelung für Zeitschriftenredakteure

Als einziger der hier untersuchten MTV hat der für Redakteure an Zeitschriften das Rückrufsrecht wegen Nichtausübung geregelt[172]. Der Redakteur kann die Nutzungseinräumung zurückrufen, wenn der Verlag es ungenutzt läßt, die übertragenen Rechte an Dritte weiterzugeben. Nutzt er selbst die zusätzlichen Rechte nicht, besteht kein Rückrufsrecht. Die Erläuterungen des DJV zum MTV[173] sprechen von einem „Beitrag". Ob damit nur die Schriftwerke

---

[169] So *Löffler*, Presse- und Urheberrechtsreform, S. 18.

[170] So im Ergebnis auch die h. M., wenn auch im Detail differenzierend. *Blatz*, aaO., S. 89; *Gloy*, aaO., S. 47; *Poll*, aaO., S. 54, 55; *Rehbinder*, Das Arbeitsverhältnis, S. 314; *ders.*, Schutz der Pressearbeit, S. 120; *Ulmer*, Lehrbuch S. 265; *Vinck*, aaO., S. 71, 72.

[171] § 41 Rdz 12.

[172] § 9 V MTV, Anhang II.

[173] In den Erläuterungen des DJV zum MTV heißt es: „Paragraph 9 V regelt den Fall, daß der Redakteur ein Werk (Beitrag) geschaffen hat, das sich zur Auswertung

oder auch Lichtbildwerke und Zeichnungen gemeint sind, ist unklar. Aus der Vertragssystematik ergibt sich, daß trotz des Archivrechts auch den Photographen und den Zeichnern ein Rückrufsrecht wegen Nichtausübung gewährt wird.

Voraussetzung zur Ausübung dieses Rechts ist, daß die nicht oder unzureichend vorgenommene Nutzung durch einen Dritten die berechtigten Interessen des Redakteurs erheblich verletzt. Ein Beispiel: Der Redakteur kann das Nutzungsrecht zurückrufen, wenn er eine interessante Reportage über die politische Lage in Lateinamerika geschrieben hat, an der ein Buchverlag interessiert ist, und der Zeitschriftenverlag sich nicht um den Abschluß eines Vertrages bemüht. Das Rückrufsrecht darf aber erst sechs Wochen nach der Einräumung der Nutzungsrechte erklärt werden. Hinzu kommt, daß der Redakteur dem Inhaber des Nutzungsrechts unter Ankündigung des Rückrufs eine angemessene Frist von höchstens drei Monaten zu gewähren hat, in der er sich noch um eine Verwertung bemühen kann. Dieser Frist bedarf es nicht, wenn dem Verlag die Ausübung des Rechts unmöglich ist oder von ihm verweigert wird oder wenn die Gewährung der Frist überwiegende Interessen des Redakteurs gefährden würde. Diese Fristenregelung ist als eine neutrale Regelung zu betrachten, da sie inhaltlich nur den Text des § 41 III UrhG wiederholt. Auch die Zeitschriftenbeiträge sind teilweise durch ihre Aktualität geprägt, so daß oft aus diesem Grund die Frist von drei Monaten nicht eingehalten werden kann, ohne daß der Artikel oder die Serie überholt ist. Als „überwiegende Interessen" des Redakteurs sind sowohl materielle wie auch ideelle Belange zu verstehen.

Nach der Erklärung des Rückrufs erlischt das Nutzungsrecht des Verlages und der Redakteur kann sein Werk selbst verwerten. Allerdings steht dem Verlag ein Untersagungsrecht zu, das er bei überwiegenden Interessen geltend machen kann[174]. Auch bei der Verwertung seines Werkes außerhalb des Verlages ist der Redakteur weiterhin durch seine Treuepflicht gebunden. Er kann einen Artikel nicht an ein Konkurrenzunternehmen veräußern.

Für die Zeitungsverlage stellt sich die Frage eines Teilrückrufs nicht, da sie sich nur die Nutzungsrechte für ihren Betriebszweck einräumen lassen.

d) Rückrufsrecht für abgelehnte Zeitungs- oder Zeitschriftenbeiträge

Auch im MTV für Redakteure an Zeitschriften findet sich keine Vereinbarung für den Fall, daß der Verlag die Veröffentlichung eines Beitrages ablehnt. Aus der Nichtregelung kann nicht gefolgert werden, daß sich die Tarifparteien über die Nichtausübung des Rückrufsrechts bei dieser Fallgestaltung einig wa-

---

durch Dritte hervorragend eignet, der Verlag diese Auswertung jedoch ohne berechtigtes Interesse unterläßt."

[174] Ebenda: „Eine solche Verletzung der Interessen des Verlages ist anzunehmen, wenn dem Verlag durch die Auswertung seitens Dritter eine beachtliche Konkurrenz entstünde oder sein Ansehen schwer geschädigt würde."

ren. Die Erläuterungen des DJV zum MTV gehen auf diese Frage nicht ein. Mangels einer vertraglichen Vereinbarung ist dieses Problem näher zu erörtern. *Rehbinder*[175] bejaht ein Rückrufsrecht, wenn der Verlag die Verwertung endgültig abgelehnt hat. Unter dieser Voraussetzung bedarf es auch nicht mehr der vorgeschriebenen Fristensetzung, die bei Zeitschriften, die in einem Abstand von mehr als einem Monat erscheinen, ein Jahr beträgt, bei in kürzeren Abständen erscheinenden Zeitschriften sechs Monate, und bei Zeitungen drei Monate (§ 41 II UrhG).

Dieser Meinung kann jedoch nicht ohne Vorbehalte gefolgt werden. § 41 UrhG findet nur dann in einem Arbeitsverhältnis Anwendung, wenn sonst die ideellen Interessen des ArbN in unzumutbarer Weise beeinträchtigt würden. Für das Werk und für die Arbeitsleistung als solche ist er vom ArbG bezahlt worden[176]. Eine erneute Verwertung würde den Urheber unbegründet finanziell bevorzugen[177].

Etwas anderes gilt nur dann, wenn – wie oben ausgeführt wurde – die Verwertung des Werkes über den Betriebszweck hinaus den Urheber auch in seinen ideellen Interessen berühren würde. Nicht bei jedem abgelegten Beitrag kann zugunsten des Werkschöpfers vermutet werden, daß er an der Veröffentlichung seines Werkes interessiert ist; häufig wird die zusätzliche Einnahme durch eine anderweitige Verwertung eine Rolle spielen. Der Rückruf kann nur dann erklärt werden, wenn der Verfasser den Beitrag aus innerer Überzeugung veröffentlichen will, um seine Ideen, Überzeugungen, Erfahrungen und Gefühle der Öffentlichkeit mitzuteilen[178]. Ein Rückrufsrecht ist auch dann anzuerkennen, wenn sich aus dem Inhalt des Arbeitsvertrages eine Veröffentlichungspflicht ergibt. Dies ist bei einem Kolumnisten zu vermuten. Das Rückrufsrecht besteht nicht bei einem Exklusivvertrag.

e) Die praktische Relevanz des Rückrufsrechts für Arbeitnehmerurheber

aa) Bei einer Zeitung

Die praktische Relevanz des Rückrufsrechts wegen Nichtausübung ist für die ArbN-Urheber an einer Zeitung gering zu bemessen. Die meisten Artikel werden nur nach Rücksprache mit dem Ressortleiter oder auf Weisungen der Redaktionskonferenz geschrieben, so daß eine Nichtannahme der Beiträge die Ausnahme ist. Es ist selten, daß ein Redakteur Artikel schreibt, ohne sich vorher der Annahme zu versichern. Es bleibt damit nur Raum für die Beiträge, die

---

[175] aaO., S. 404; ebenso *Fromm-Nordemann,* § 43 Anm. 5, 1. Aufl. 1966, in der 3. Aufl. ebenda heißt es global: „Rückrufsrechte der §§ 41, 42. Diese Rechte sind durch § 43 ebenfalls weder beschränkt noch ausgeschlossen." Danach ist der angestellte Urheber wie der freischaffende zu behandeln.

[176] Der Arbeitslohn ist sowohl Entgelt für die Arbeitsleistung als auch für die Einräumung der Nutzungsrechte, *Ulmer,* Lehrbuch S. 31; a. A. *Sahmer* aaO., S. 38.

[177] Ebenso *Vinck,* aaO., S. 71, 72; a. A. wohl *Fromm-Nordemann,* § 43 Anm. 5.

[178] *Ulmer,* Lehrbuch S. 264, 265.

durch wichtige Ereignisse verdrängt oder wegen ihrer Aussage abgelehnt werden. Bedingt durch die Aktualität der Artikel und Berichte wird der ArbN-Urheber nur in Ausnahmefällen die Möglichkeit haben, seinen Beitrag in einer anderen Zeitschrift publizieren zu lassen.

bb) Bei einer Zeitschrift

Diese Ausführungen lassen sich nicht ohne Korrekturen auf die Lage der angestellten Urheber bei Zeitschriften übertragen. Beiträge wissenschaftlicher Art sind nicht so zeitabhängig wie Zeitungsartikel. Hier kann im Einzelfall das Rückrufsrecht wegen Nichtausübung relevant sein. Durch die weitgehende Einräumung der Nutzungsrechte im Zeitschriftenwesen gewinnt § 41 UrhG natürlich an Bedeutung. Je mehr Möglichkeiten sich für eine weitere Nutzung von Zeitschriftenbeiträgen ergeben, um so mehr Brisanz kommt auch dem Rückrufsrecht zu, insbesondere bei den Zeitschriftenverlagen, die infolge ihrer wirtschaftlichen Situation die zusätzlichen Nutzungsrechte an Dritte nicht weitergeben können. In diesem Zusammenhang sei noch einmal auf die Frage zurückgeblendet, ob die Einräumung fast aller Nutzungsrechte für die Zeitschriftenverlage den ArbN nicht in unzumutbarer Weise von der Verwertung seines Werkes ausschließen. Da dem Urheber durch das Rückrufsrecht wegen Nichtausübung das Recht gewährt wird, seine finanziellen Interessen grundsätzlich durchzusetzen, bestehen gegen die tariflichen Vereinbarungen – auch wenn die Regelung durch die vereinbarten Fristen in ihrer Anwendung nicht ohne Komplikationen sein wird – keine Bedenken.

f) Anwendungsbereich und praktische Relevanz des Rückrufsrechts für Arbeitnehmerurheber der Rundfunkanstalten

Für die ArbN-Urheber, die bei den Rundfunkanstalten beschäftigt sind, spielt das Rückrufsrecht wegen Nichtausübung nur eine untergeordnete Rolle, da der Gesetzgeber den Anwendungsbereich des § 41 UrhG durch § 90 UrhG stark eingeschränkt hat. Die Beschränkungen der Urheberrechte umfassen – wie bereits erwähnt – sowohl die vorbestehenden Werke wie auch die Film- und Fernsehwerke selbst. Bei den vorbestehenden Werken beginnt diese Beschränkung, sobald der Nutzungsberechtigte mit der Werknutzung begonnen hat (§§ 90 I, 89 I Ziff. 1 UhrG). D. h. der Autor eines Drehbuches kann das Rückrufsrecht nicht mehr ausüben, wenn die Rundfunkanstalten mit den Dreharbeiten begonnen haben[179]. Ebenso ist die Lage eines Regisseurs, dessen Fernsehspiel die Sendeanstalt abgesetzt hat. § 90 UrhG ist auf Laufbilder entsprechend anzuwenden (§ 95 UrhG). Damit können Urheber von Film- und Fernsehwerken sowie Leistungsschutzberechtigte von Laufbildern nie das Rückrufsrecht wegen Nichtausübung in Anspruch nehmen. Für die Urheber der vorbestehenden Werke verbleiben folgende Möglichkeiten:

---

[179] *v. Gamm,* § 90 Rdz 2; *Möhring-Nicolini,* § 90 Anm. 3 a, b.

(1) Sie können das Rückrufsrecht wegen Nichtausübung aus ideellen Gründen ausüben, wenn die Rundfunkanstalt noch nicht mit der Verfilmung begonnen hat.
(2) Sie können das Rückrufsrecht bezüglich der Nutzungsrechte ausüben, die nicht unter § 88 I Nr. 2–5 UrhG fallen.

In welchem Umfang das Rückrufsrecht für die ArbN-Urheber, die nicht unter die Beschränkung des § 90 UrhG fallen relevant wird, richtet sich nach den einzelnen MTV. Ist nur eine Einräumung für Rundfunkzwecke vereinbart worden, kann der ArbN-Urheber, falls im einzelnen die Voraussetzungen vorliegen, das Rückrufsrecht wegen Nichtausübung geltend machen. Sehr fraglich ist aber die praktische Auswirkung dieser Erklärung. Die Rundfunkanstalten der BRD haben eine Monopolstellung inne. Wenn z. B. der WDR ein Manuskript für eine Schulfunksendung nicht nutzt, wird es für den Urheber schwierig sein, sein Werk noch durch eine andere Rundfunkanstalt verwerten zu lassen. Möchte der Werkschöpfer sein Werk außerhalb der Sendungen nutzen, bedarf es nicht des Rückrufs, da diese Nutzungsrechte der Rundfunkanstalt nicht eingeräumt wurden.

Im eMTV, beim ZDF sowie beim HR erfolgt die Einräumung der Nutzungsrechte ohne Beschränkung auf Rundfunkzwecke. Bemüht sich die Rundfunkanstalt nicht, das Werk durch die Abgabe an Bildungsinstitute etc. zu nutzen, kann der Urheber das Rückrufsrecht wegen Nichtausübung sowohl aus materieller wie auch ideeller Erwägung heraus in Anspruch nehmen. Bei den Rundfunkanstalten ergibt sich zusätzlich die Schwierigkeit, daß stets eine Vielzahl von Miturhebern oder Leistungsschutzberechtigten an der Schaffung des Werkes beteiligt waren[180]. Der den Rückruf ausübende ArbN-Urheber kann die Sendung nicht durch Dritte verwerten lassen, da die Nutzungsrechte der anderen Miturheber noch der Rundfunkanstalt zustehen. Damit ist das Rückrufsrecht wegen Nichtausübung nur in zwei Fällen praktikabel:

(1) Nur ein ArbN-Urheber hat Urheberrechte an der Sendung erworben.
(2) Ein koordiniertes Vorgehen aller Miturheber und Leistungsschutzberechtigten wird gewährleistet.

5. *Rückrufsrecht wegen gewandelter Überzeugung*

a) *Anwendungsbereich für den Arbeitnehmerurheber*

Während das Rückrufsrecht wegen Nichterfüllung den Urheber hinsichtlich seines Veröffentlichungsinteresses schützt, gewährt ihm das Rückrufsrecht wegen gewandelter Überzeugung das Recht, eine Veröffentlichung seines Werkes zu verhindern[181]. Nach § 42 UrhG kann der Urheber, der einem Dritten ein einfaches oder ausschließliches Nutzungsrecht eingeräumt hat, dieses zurückrufen, wenn das Werk „seiner Überzeugung nicht mehr entspricht und ihm

---

[180] *Bußmann,* aaO., S. 14, 15.
[181] *Hubmann,* Studienbuch S. 199; *Ulmer,* Lehrbuch S. 262, 263.

deshalb die Verwertung des Werkes nicht mehr zugemutet werden kann."

Das Rückrufsrecht wegen gewandelter Überzeugung schützt im besonderen Maße die persönlichen Interessen des Urhebers[182]. Er soll nicht gezwungen werden, an seiner einmal geäußerten Meinung festgehalten zu werden. In den Gebieten der Wissenschaften und der Politik können neue Erkenntnisse oder Umwälzungen ein Interesse des Urhebers begründen, nicht mehr mit seiner Publikation konfrontiert zu werden[183]. Zum Schutze des Werkschöpfers ist auch das Rückrufsrecht wegen gewandelter Überzeugung unabdingbar, seine Ausübung kann nicht ausgeschlossen werden (§ 42 II UrhG). Wird das Rückrufsrecht ausgeübt, so muß der Urheber dem früheren Inhaber des Nutzungsrechts eine angemessene Entschädigung gewähren (§ 42 III UrhG). Das Urheberpersönlichkeitsrecht geht damit nicht zu Lasten der Nutzungsberechtigten, die zum Teil erhebliche Mittel investiert haben. Ebenso wie die Ausübung des Rückrufsrechts wegen Nichtausübung ist auch die des Rückrufsrechts wegen gewandelter Überzeugung unter den Voraussetzungen des § 90 UrhG nicht möglich.

Die Interessenlage des freischaffenden Urhebers weist im Vergleich zum ArbN-Urheber in diesem Punkt keine Differenzen auf. Auch in einem Arbeitsverhältnis kann ein Überzeugungswandel des Urhebers eintreten[184]. § 42 UrhG, der die ideellen Belange des Werkschöpfers schützt, ist somit auch für den angestellten Urheber eine unabdingbare Schutzvorschrift[185].

Der Begriff des Überzeugungswandels ist weit auszulegen und daher auch mit „dem Wandel der künstlerischen Auffassung" gleichzusetzen[186]. Die Verwertung des Werkes muß infolge des Überzeugungswandels für den Urheber unzumutbar geworden sein. Ob die Unzumutbarkeit gegeben ist, muß anhand von objektiven Kriterien ermittelt werden[187]. Die künstlerische oder wissenschaftliche Weiterbildung des Werkschöpfers reicht allein nicht aus. Er kann die Veröffentlichung nicht versagen, weil er den Stil oder die äußere Form verbessern will[188]. Weiterhin erfordert die Feststellung der Unzumutbarkeit eine Interessenabwägung zwischen den Belangen des Urhebers und denen des Inhabers der Nutzungsrechte[189].

---

[182] Amtl. Begr. S. 61.

[183] *Fromm-Nordemann,* § 42 Anm. 2.

[184] *Vinck,* aaO., S. 75.

[185] So auch *Blatz,* aaO., S. 89; *Gloy,* aaO., S. 47; *Poll,* aaO., S. 59, 60; *Rehbinder,* aaO., S. 314; *Roithmaier,* S. 66; *Vinck,* aaO., S. 69; a. A. *Löffler,* Presse und Urheberrechtsreform, S. 18.

[186] *Fromm-Nordemann,* § 42 Anm. 4. Es ist wohl auf einen Druckfehler zurückzuführen, daß *Samson,* Urheberrecht S. 149, unter Berufung auf *Möhring-Nicolini* – die jedoch das Gegenteil besagen – die Ansicht vertritt, Änderungen religiöser, politischer und künstlerischer Anschauung würden keine Unzumutbarkeit der Verwertung früherer Werke begründen. Dann bliebe nur noch die Änderung von wissenschaftlichen Thesen, das hat der Gesetzgeber aber nicht gewollt, Amtl. Begr. S. 61.

[187] *Fromm-Nordemann,* § 42 Anm. 6.

[188] *Vinck,* aaO., S. 76.

[189] *v. Gamm,* § 42 Rdz 6.

Durch das Arbeitsverhältnis wird die Grenze der Zumutbarkeit noch erweitert[190]. Die Verwertung des Werkes kann nur dann untersagt werden, wenn die ideellen Belange des angestellten Urhebers einen erheblichen Schaden erleiden würden[191]. Zum Beispiel ist eine ideelle Beeinträchtigung zu verneinen, wenn der Urheber das Werk unabhängig von seiner eigenen künstlerischen Auffassung übernommen hat[192] oder wenn er mangels Namensnennung nicht als Urheber nach außen aufgetreten ist[193]. Der Ansicht *Samsons*[194], daß der gesetzgeberische Aufwand für das Rückrufsrecht wegen gewandelter Überzeugung in keinem Verhältnis zur praktischen Bedeutung stehe, ist zumindest für die Massenmedien beizupflichten.

b) Praktische Relevanz für die Arbeitnehmerurheber

aa) Im Pressebereich

Im Pressebereich wird es schon an der ersten Tatbestandsvoraussetzung – nämlich dem Überzeugungswandel – fehlen. Sowohl ArbN der Zeitungs- wie auch die der Zeitschriftenverlage schreiben nicht „auf Vorrat“, sondern meist aus aktuellem Anlaß. Zwischen Vollendung und Veröffentlichung des Werkes wird ein Überzeugungswandel nicht eintreten. Das Rückrufsrecht ist nur dann von Bedeutung, wenn der Beitrag nach einiger Zeit noch einmal in der eigenen oder in einem anderen Presseerzeugnis veröffentlicht werden soll. Aber auch dann ist es sehr fraglich, ob die Interessen des Urhebers erheblich verletzt sind. Bei Mitarbeitern von wissenschaftlichen Fachzeitschriften ist es denkbar, daß durch den Gewinn neuer Erkenntnisse vor der ersten Veröffentlichung ein Überzeugungswandel eintritt[195], da die Zeitspannen zwischen der Werkschaffung und -veröffentlichung etwas größer sind als bei den übrigen Presseerzeugnissen.

bb) Bei den Rundfunkanstalten

Diese Ausführungen gelten im Grundsatz auch für Funk und Fernsehen. Der Anwendungsbereich wird hier zusätzlich durch § 90 UrhG eingeschränkt. Bei Sendungen der Unterhaltung und Bildung liegen zwischen der Produktion und der Ausstrahlung des Werkes oft mehrere Monate, so daß in der künstlerischen

---

[190] So auch *Blatz,* aaO., S. 47; *Roithmaier,* aaO., S. 65, 66; *Vinck,* aaO., S. 76, die einen grundlegenden Überzeugungswandel fordern.

[191] BGHZ 19, 382, 384 „Kirchenfenster“; *Rehbinder,* Das Arbeitsverhältnis, S. 314.

[192] *v. Gamm,* § 42 Rdz 6; *Möhring-Nicolini,* § 42 Anm. 5 b; *Vinck,* aaO., S. 77; stellt nicht nur auf den ideellen, sondern auch auf den materiellen Schaden des ArbN-Urhebers ab. Dies ist abzulehnen, da die vermögensrechtlichen Belange des Urhebers in § 42 UrhG nicht geschützt werden, ebenso *v. Gamm,* § 42 Rdz 2.

[193] *Möhring-Nicolini,* § 43 Anm. 4.

[194] *Samson,* Urheberrecht, S. 146.

[195] *Vinck,* aaO., S. 76.

Auffassung des Urhebers ein Überzeugungswandel möglich ist. Abgesehen davon, daß in den meisten Fällen ein unzumutbarer Schaden nicht anzunehmen ist, wird bei Funk und Fernsehen die Ausübung des Rückrufsrechts dadurch erschwert, daß der Rückruf erst dann wirksam wird, wenn der Urheber der Rundfunkanstalt eine angemessene Entschädigung für die gemachten Aufwendungen gezahlt hat (§ 42 III UrhG). Der angestellte Urheber wird infolge der hohen Produktionskosten in der Regel gar nicht in der Lage sein, sein Rückrufrecht wegen gewandelter Überzeugung in Anspruch zu nehmen.

6. *Zugang zum Werkstück*

a) Bedeutung für den Arbeitnehmerurheber

Die persönlichen Beziehungen des Urhebers zu seinem Werkstück bleiben von einer Änderung der Besitz- oder Eigentumslage unberührt[196]. Um die persönliche Bindung des Urhebers zu seinem Werk zu schützen, hat der Gesetzgeber das Zugangsrecht zum Werkstück in § 25 UrhG normiert. Diese urheberpersönlichkeitsrechtliche Befugnis war schon vorher durch die Rechtsprechung und Literatur anerkannt worden[197]. Der Urheber kann den Zugang zu seinem Werkstück verlangen, wenn dies für ihn erforderlich ist[198], um ein Vervielfältigungsstück – Abschriften, Fotokopien, Xerographien – auf seine Kosten herzustellen, oder soweit es für die Bearbeitung des Werkes notwendig ist[199]. Der Besitzer des Werkstückes ist nicht verpflichtet, das Werk oder ein Vervielfältigungsstück herauszugeben, er muß lediglich den Zugang ermöglichen. Er hat ein Verweigerungsrecht, wenn seine berechtigten Interessen dadurch beeinträchtigt würden (§ 25 II UrhG).

Auch dem ArbN-Urheber steht das Recht auf freien Zugang zum Werkstück zu[200]. Das Zugangsrecht kann im Einzelfall für den angestellten Urheber sogar wichtiger sein als für den freischaffenden Urheber[201]. Nach einhelliger Meinung von Rechtsprechung und Schrifttum erwirbt der ArbG an dem im Rahmen des Arbeitsverhältnisses geschaffenen Werken das Eigentum[202]. In der Regel wird

---

[196] *Hubmann,* Studienbuch S. 155.

[197] BGH NJW 1952, 661 „Krankenhauskartei"; BAG GRUR 1961, 491 = UFITA Bd. 35, S. 92 „Nahverkehrschronik"; *Honig,* aaO., S. 38; *Hubmann,* Arbeitsergebnis, S. 47; *Gloy,* aaO., S. 48; *Kuhlmann,* aaO., S. 1089; *Neumann-Duesberg,* Eigentum an klinischen Krankenphotos, JR 1951, 462; *Roithmaier,* aaO., S. 66, 67.

[198] *Fromm-Nordemann* § 25 Anm. 4, Erforderlichkeit liegt dann vor, wenn für den Urheber keine andere Möglichkeit der Herstellung besteht.

[199] *Fromm-Nordemann,* § 25 Anm. 3, das Werkstück in der Hand des Eigentümers darf niemals bearbeitet werden, sondern nur die hergestellten Vervielfältigungsstücke.

[200] *Blatz,* aaO., S. 87;*Gloy,* aaO., S. 48; *Honig,* aaO., S. 38; *Hubmann,* Arbeitsergebnis, S. 47; *Kuhlmann,* aaO., 1089; *Roithmaier,* aaO., S. 67; *Vinck,* aaO., S. 67.

[201] Ebenso *Vinck,* aaO., S. 68.

[202] Statt vieler BAG GRUR 1961, 491; *Hubmann,* Studienbuch S. 113, 114.

der ArbN-Urheber vor der Abgabe des Werkes keine Abschriften oder Fotokopien für sich herstellen. Das Zugangsrecht gewährt ihm die einzige Möglichkeit, dies nachzuholen.

Zumeist wird der Urheber aus urheberpersönlichkeitsrechtlichen Motiven den Zugang zum Werk verlangen, etwa um für eine Bewerbung den Nachweis über seine bisherige schöpferische Tätigkeit zu erbringen, seine künstlerische Entwicklung unter Beweis zu stellen, oder um seine Werke zu sammeln[203]. Bei dem ersten Beispiel werden mit dem Zugangsrecht auch vermögensrechtliche Interessen verfolgt, dies ist durchaus zulässig und beeinflußt das Recht auf freien Zugang nicht[204]. Im Gegensatz zum Rückrufsrecht wegen Nichtausübung gewinnt der angestellte Urheber beim Zugangsrecht keinen unmittelbaren finanziellen Vorteil, der nicht auch dem freischaffenden Werkschöpfer zugute käme. Zum Beispiel hat der Redakteur einen Anspruch auf Einsicht seiner Unterlagen im Archiv, wenn er eine Serie, die er für die Zeitschrift geschrieben hat, überarbeiten und dann in Buchform herausgeben will.

Der Verlag kann den Zugang zum Werkstück verweigern, wenn dadurch seine berechtigten Interessen verletzt würden. Zwischen ArbG und ArbN werden die wirtschaftlichen Belange eine größere Rolle spielen als die ideellen[205]. Ob die berechtigten Interessen des Verlages verletzt werden, ist durch eine Güter- und Interessenabwägung im Einzelfall zu ermitteln, wobei die Stellung des Urhebers und der Schöpfungsgrad des Werkes zu berücksichtigen sind[206]. Dem Verlag muß ein Versagungsrecht zugebilligt werden, wenn ein Reporter den Zugang zu seinen Berichten und Reportagen verlangt, nur um diese noch einmal durchzulesen. Der organisatorische Aufwand ist im Verhältnis zum Anliegen des Urhebers dem Verlag nicht zuzumuten.

Das Zugangsrecht hat für die Zeit nach der Beendigung des Arbeitsverhältnisses eine größere Bedeutung als für die Zeit während der arbeitsvertraglichen Bindung. Arbeitet ein Redakteur anschließend bei einem Konkurrenzunternehmen und will er seine Arbeiten im Archiv einsehen, ist der Verlag zur Untersagung berechtigt, wenn der ArbN die dem Verlag übertragenen Nutzungsrechte selbst ausüben würde[207]. Auch ein Photograph kann seine Bilder nicht ablichten, um sie dann an andere Presseerzeugnisse zu veräußern[208]. Mit Hilfe des Zugangsrechts darf der angestellte Urheber diese Nutzungseinräumung nicht umgehen[209].

---

[203] *v. Gamm,* § 25 Rdz 4.

[204] *v, Gamm,* ebenda; *Möhring-Nicolini,* § 25 Anm. 1 b.

[205] *Vinck,* aaO., S. 68. Die amtl. Begr. S. 52, führt als Beispiel an, die berechtigten Interessen würden durch das Zugangsrecht verletzt, wenn es sich um ein für den Besitzer persönlich angefertigtes Werk handelt (Familienbildnis).

[206] *Fromm-Nordemann,* § 25 Anm. 5.

[207] *Blatz,* aaO., S. 87; *Gloy,* aaO., S. 48; *Rehbinder,* aaO., S. 404; *Vinck,* aaO., S. 68.

[208] Beispiel von *Gloy,* ebenda.

[209] Siehe Anm. 207.

b) Regelungen in den Manteltarifverträgen der Rundfunkanstalten

Einige MTV der Rundfunkanstalten haben den Eigentumserwerb an den von ihren ArbN geschaffenen Werken ausdrücklich geregelt[210]. Mit Ablieferung des Werkes überträgt der ArbN das Eigentum der Rundfunkanstalt. Das Manuskript, die Photographien, Skizzen und Entwürfe sowie das Aufführungsmaterial eines musikalischen, dramatisch-musikalischen, choreographischen oder pantomimischen Werkes gehören der Sendeanstalt. Auch wenn die Übertragung des Eigentums am Werkstück tariflich nicht geregelt ist, kann davon grundsätzlich ausgegangen werden[211].

In den neueren MTV ist zum Teil das Zugangsrecht näher ausgestaltet worden[212]. Einerseits ist es dahingehend erweitert, daß nicht nur die ArbN-Urheber, sondern auch die Leistungsschutzberechtigten grundsätzlich die Anfertigung von Kopien ihrer Leistungen auf Bild- oder Tonträgern beanspruchen können[213]. Diese Erweiterung der Rechte ermöglicht insbesondere den Schauspielern eine bessere Arbeitskontrolle. Der Anspruch auf Zugang ist zeitlich begrenzt. Innerhalb einer Frist von sechs Wochen (beim SR beträgt die Frist für Hörrundfunksendungen nur zwei Wochen) kann der Urheber oder können die Mitwirkenden mit ausdrücklicher Genehmigung der Rundfunkanstalten und der anderen Berechtigten die Kopien herstellen oder herstellen lassen. Dieses Recht besteht nicht, wenn der Aufwand für die Rundfunkanstalten unzumutbar wäre.

Die zeitliche Ausschlußfrist dient zweifelsfrei der schnellen Abwicklung der bestehenden Ansprüche. Bedenken können sich daraus ergeben, daß es sich nicht um einen vermögensrechtlichen Anspruch handelt, sondern um eine urheberpersönlichkeitsrechtliche Befugnis. Somit stellt sich die Frage, ob eine zeitliche Begrenzung zulässig ist. In einem Arbeitsverhältnis muß zur Beantwortung des aufgeworfenen Problems eine Interessenabwägung zwischen den Belangen des ArbG und denen des ArbN vorgenommen werden[214].

Im Hinblick auf die große Anzahl der bei einer Sendung beteiligten ArbN-Urheber haben die Rundfunkanstalten ein berechtigtes Interesse daran, das Recht auf Zugang innerhalb einer gewissen Zeitspanne abzuwickeln. Den angestellten Urhebern und Mitwirkenden ist es zumutbar, innerhalb der vereinbarten Frist von ihrem Recht Gebrauch zu machen. Eine zeitliche Befristung berührt den Kern des Zugangsrechtes nicht.

7. *Zusammenfassende Beurteilung*

Die Urheberpersönlichkeitsrechte haben – wenn überhaupt – in den MTV nur eine knappe Regelung erfahren. Ob diese Bestimmungen für den angestell-

---

[210] Ziff 376.1 eMTV, Anhang III; Ziff. 361.1 MTV des BR, Anhang IV; § 28 MTV der DW, Anhang VI.

[211] Vgl. dazu oben Einleitung II 1.

[212] Ziff. 376.2 eMTV, Anhang III; § 15 V MTV des SR, Anhang VIII.

[213] *Riepenhausen,* Die Bedeutung des Tarifvertrages, S. 233.

[214] *Samson,* Urheberrecht, S. 122.

ten Urheber einen ausreichenden Schutz gewähren, kann nicht einheitlich beantwortet werden, sondern eine Differenzierung scheint geboten.

Während das Veröffentlichungsrecht keine besondere Problematik in sich birgt, wäre es für das Recht auf Namensnennung angezeigt, wenn sich die Tarifpartner um eine Konkretisierung des Begriffes „Presseüblichkeit" bzw. „Rundfunküblichkeit" bemühen würden. Es würde durchaus genügen, wenn in einer Protokollnotiz zum MTV verbindliche Richtlinien aufgestellt würden, nach denen eine Namensnennung zu erfolgen hat.

Im Hinblick auf die unbestreitbare Relevanz für den angestellten Werkschöpfer muß die Regelung, die das Änderungs- und Entstellungsverbot erfahren hat, als knapp bezeichnet werden. Nun hat die Untersuchung gezeigt, daß das Recht, ein Werk zu ändern, in erheblichem Umfang von den Umständen des Einzelfalles beeinflußt wird. Auch eine detaillierte Regelung könnte nicht alle denkbaren Fallkonstellationen berücksichtigen. Dennoch läßt sich auch in diesem Punkt eine größere Rechtssicherheit erzielen, wenn in den MTV die Kriterien aufgeführt würden, nach denen eine Änderung des Werkes zulässig wäre. Die Streitigkeit des Eingriffes im konkreten Einzelfall wird dadurch nicht beseitigt, aber es herrscht dann zumindest Klarheit über die berechtigten Motive der Änderung des Werkes. Das Rückrufsrecht wegen Nichtausübung wurde im MTV für Redakteure an Zeitschriften näher ausgestaltet. Wie wir im Laufe der Untersuchung gesehen haben, hat dieses Urheberpersönlichkeitsrecht auch nur für diese Redakteure eine größere Bedeutung. Im übrigen ist eine spezifische Regelung weder für die Urheber, die für eine Zeitung tätig sind, noch für die, die bei den Rundfunkanstalten beschäftigt sind, notwendig. Dies gilt auch für das Rückrufsrecht wegen gewandelter Überzeugung. Das Recht auf Zugang zum Werkstück spielt im Pressebereich wohl keine große Rolle. Eine nähere Regelung dieses Rechts im MTV ist hier nicht angezeigt. Bei den Rundfunkanstalten hat das Recht auf Zugang eine befriedigende Lösung erhalten.

Insgesamt kann festgestellt werden, daß sich die Tarifpartner zwar grundsätzlich auch den Urheberpersönlichkeitsrechten gewidmet haben, aber zum Schutze der Urheber und auch der ArbG könnte durch vertragliche Regelungen dieser Rechte ein gewisses Maß an größerer Rechtssicherheit erzielt werden.

III. „Innere Pressefreiheit" und „Innere Rundfunkfreiheit" unter dem Aspekt des Urheberrechts des Arbeitnehmers

In den letzten Jahren ist das Problem der inneren Pressefreiheit unter verschiedenen Aspekten – Verfassungs-, Presse-, Betriebsverfassungs-, Wettbewerbs- und Arbeitsrecht – erörtert worden und eine Fülle von Lösungsmöglichkeiten wurde angeboten[215]. Diese Diskussion beschränkt sich nicht auf das Mas-

[215] Aus der fast unübersehbaren Literatur statt vieler *Armbruster, Bachof, Fikentscher* u. a., Entwurf eines Gesetzes zum Schutze freier Meinungsbildung; *Keller,* Zur Diskussion der inneren Pressefreiheit.

senmedium „Presse", sondern hat auch die Rundfunkanstalten erfaßt. Unter dem Schlagwort „Innere Rundfunkfreiheit" werden die Freiräume der Programm-Mitarbeiter bei der Programmgestaltung des Rundfunks diskutiert[216]. Auf die verschiedenartigen Modelle, die die innere Presse- bzw. Rundfunkfreiheit sichern sollen, kann in dieser Arbeit nicht eingegangen werden, sondern die Aufmerksamkeit soll lediglich auf die Bedeutung der inneren Pressefreiheit sowie der inneren Rundfunkfreiheit für das Arbeitnehmerurheberrecht gelenkt werden.

1. *„Innere Pressefreiheit"*

Für diese Aufgabenstellung sind die Lösungsvorschläge von Interesse, die zur Sicherung der inneren Pressefreiheit die publizistische Autonomie der Redakteure vorschlagen[217]. Mittels einer Kompetenzregelung bezüglich der inhaltlichen Gestaltung soll die Position des Redakteurs gegenüber dem Verleger gestärkt werden. Diese Regelung tangiert das Arbeitsverhältnis[218].

Zum Vergleich sei noch einmal die grundsätzliche Situation zwischen Verleger und Redakteur dargestellt. Die angestellten Redakteure sind ArbN und unterliegen damit dem Arbeitsrecht[219]. Dem Verleger steht als ArbG das Weisungsrecht zu, die Art der Leistung näher zu bestimmen[220]. Er ist berechtigt, den Redakteur anzuweisen, mit welcher Tendenz (i. S. der grundsätzlichen Haltung der Zeitung) der Artikel zu schreiben ist. Trotz der Verpflichtung des Redakteurs, die Grundhaltung der Zeitung bzw. Zeitschrift zu beachten, sind die täglich neu auftretenden Fragen, wie man zu einem wirtschaftlichen, politischen oder gesellschaftlichen Ereignis Stellung zu nehmen hat, ungeklärt. Die Festlegung der grundsätzlichen publizistischen Haltung eines Presseerzeugnisses ist

---

[216] *Bethge,* Zur inneren Rundfunkfreiheit, S. 493; *Hoffmann-Riem,* aaO., S. 25. Der Begriff „innere Rundfunkfreiheit" kann keinesfalls als geklärt gelten. Häufig wird auch der Begriff „innere Pressefreiheit" bei den Rundfunkanstalten verwandt, *Oertel,* Das Verhältnis Verleger–Redakteur im Hinblick auf die Sicherung der „Inneren Pressefreiheit", S. 140; *Tietze,* Rechtmäßigkeit einer Mitbestimmung der Redakteure in den Rundfunkanstalten (ein Beitrag zur Diskussion um die innere Rundfunkfreiheit), Diss. Mainz 1976.

[217] Es wurden gesetzliche, tarifliche sowie innerbetriebliche Lösungsmöglichkeiten aufgezeigt, vgl. *Armbruster, Bachof, Fikentscher,* aaO.; *Oertel,* aaO.; *Skriver,* Schreiben und schreiben lassen, Anhang S. 63–124; Vertrag zur Kompetenzabgrenzung zwischen Verlag und Redaktion, abgedruckt in: Der Journalist 1970, Heft 7, S. 2 ff.

[218] Vgl. zum Diskussionsstand „Innere Pressefreiheit und Arbeitsrecht" *Binkowski,* Das Verhältnis Verleger–Redakteur, ZVZV 1971, 1580 ff.; *Mayer-Maly,* Die innere Pressefreiheit und das Arbeitsrecht, DB 1971, 335 ff.; *Rüthers,* Tarifmacht und Mitbestimmung in der Presse, S. 21 ff. (28); *Schwerdtner,* Das Rechtsverhältnis zwischen Verleger und Redakteur, BB 1971, 833 ff.

[219] *Mayer-Maly,* aaO., S. 328.

[220] *Löffler,* Die Meinungs- und Pressefreiheit, NJW 1964, 1103; *Neumann-Duesberg,* Freie Meinungsäußerung in Tendenzbetrieben ,NJW 1964, 1698 ff.

zumeist eine Leerformel[221], so daß es entscheidend ist, wem die Richtlinienkompetenz zusteht, d. h. wer bei neu auftretenden Fragen die Entscheidungsbefugnis hat[222]. Nach dem jetzigen Recht steht sie dem Verleger zu[223]. Dies führt in der Praxis häufig zu heftigen Auseinandersetzungen. Zur Erläuterung möge folgender Fall dienen:

Der Chefredakteur der „Welt" schrieb an Kreup, einen Redakteur, der Heinemann positiv dargestellt hatte: „Diese Politik wurde von der Zeitung, bei der Sie tätig sind, stets abgelehnt, ... Ich halte es nicht für erträglich, daß Sie in so eifriger Form in diese Richtung anschreiben. Wenn Sie der Ansicht sind, daß die Politik, die in der ‚Welt' betrieben wird, falsch ist, steht es Ihnen jederzeit frei, die Konsequenzen zu ziehen. Ich bitte um Ihre Stellungnahme."[224]

Die Redaktionsstatuten, Tarifverträge oder Gesetzesvorschläge haben diese Richtlinienkompetenz des Verlegers in unterschiedlichem Maße eingeschränkt, um die Meinungs- und Gewissensfreiheit der Redakteure zu schützen[225]. Mit dieser Einschränkung ist sowohl die positive wie negative publizistische Äußerungsfreiheit des Redakteurs gewährleistet[226]. Der Redakteur kann verlangen, daß sein Artikel, der sich im Rahmen der vom Ressortleiter oder Redaktionsrat festgesetzten Richtlinien hält, auch veröffentlicht wird, falls keine anderen Gründe dagegen sprechen, z. B. Schadensersatzforderungen gegen die Zeitung[227]. Aber auch das Änderungsrecht aus presserechtlicher Sorgfaltspflicht wird durch Redaktionsstatuten oder durch andere Vereinbarungen eingeschränkt. Sind durch die Veröffentlichung eines Artikels Schadensersatzforderungen gegen die Zeitung oder den Verleger zu befürchten, so müssen der Chefredakteur und der zuständige Ressortleiter mit dem Verleger Einvernehmen darüber herstellen, ob die Veröffentlichung erfolgen soll[228].

Das Redigieren eines Beitrages ist auch weiterhin zulässig, allerdings müssen Änderungen die Zustimmung des betroffenen Redakteurs finden. Gegen seinen Willen ist die Veröffentlichung – auch ohne Namensnennung – nicht gestattet.

Verlangt der Verleger oder Chefredakteur von einem Redakteur, den Artikel mit einer „bestimmten Meinung" zu schreiben, hat der Redakteur das Recht, diese Arbeitsleistung unter Berufung auf seine Überzeugungsfreiheit zu verweigern[229].

---

[221] Vgl. dazu die Beispiele bei *Schwerdtner,* aaO., S. 839; *Oertel* aaO., S. 174.

[222] *Binkowski,* aaO., S. 1582.

[223] ebenda.

[224] Abgedruckt im „Spiegel" 1970 Nr. 9 S. 84.

[225] *Mayer-Maly,* aaO., S. 335.

[226] *Armbruster, Bachof, Fikentscher,* aaO., S. 53.

[227] *Oertel,* aaO., S. 175; so auch schon *Neumann-Duesberg,* Freie Meinungsäußerung, S. 1699, wenn auch in den Voraussetzungen enger.

[228] Entwurf eines Tarifvertrages des DJV § 5 III, abgedruckt bei *Skriver,* aaO., Anhang S. 118.

[229] *Neumann-Duesberg,* Redaktionsrat, S. 1055; *Armbruster, Bachof, Fikentscher,* aaO., S. 52, 53.

Zusammenfassend läßt sich also feststellen, daß Redaktionsstatuten oder auch andere Lösungsvorschläge zur Sicherung der inneren Pressefreiheit die arbeitsrechtlich weitgehende Änderungsbefugnis (§ 39 UrhG) einschränken[230]. Der Verleger kann nur noch die Artikel ändern oder zurückweisen, die nicht mehr mit der Grundsatzhaltung der Zeitung oder Zeitschrift übereinstimmen[231]. Die zulässige Arbeitsverweigerung berührt das Urheberrecht des ArbN nicht unmittelbar, denn das entsteht erst mit schutzfähigen Werkteilen[232], aber unter gewissen Umständen ist der Redakteur berechtigt, den Artikel nach seinen Vorstellungen zu schreiben und zu veröffentlichen, so daß auch hier eine Verbindung zwischen Urheberrecht und innerer Pressefreiheit gegeben ist.

Die Ausdehnung, die das Änderungsrecht durch das bestehende Arbeitsverhältnis erfahren hat, wird durch Redaktionsstatuten wieder zurückgedrängt. Damit wird gleichzeitig der Tatbestand der Entstellung oder sonstiger Beeinträchtigung vorverlagert.

2. *„Innere Rundfunkfreiheit"*

Trotz der nicht bestreitbaren strukturellen und damit wirtschaftlichen Unterschiede zwischen Presse und Rundfunk ist das Anliegen der Redakteure und Journalisten beider Massenmedien vergleichbar[233]. Beide wollen u. a. bei der Publikation bzw. Sendung ihrer Beiträge eine stärkere Berücksichtigung ihrer Auffassung.

Auf den ersten Blick scheint der Wunsch der Funkredakteure töricht zu sein, da die Rundfunkanstalt als öffentlich-rechtliche Anstalt vom Profitzwang frei ist und aufgrund ihrer Struktur die Unabhängigkeit der Redaktionen gewährleisten kann[234]. Jedoch kann die Rundfunkfreiheit auch von innen berührt werden; eine Abhängigkeit der Redakteure ist auch in den Anstalten festzustellen[235]. Auch die Programm-Mitarbeiter sind Träger der Rundfunkfreiheit[236] – dies wird für Eingriffe von außen als unproblematisch betrachtet – und haben die damit verbundenen Rechte. Zur Sicherung der inneren Rundfunkfreiheit streben die Redakteure und Journalisten Redaktionsstatuten an[237]. Diese enthalten u. a. zwei im hier interessierenden Problembereich relevante Regelungen:

---

230 *Mayer-Maly,* aaO., S. 333.

231 Dies gilt nicht ohne weiteres für Änderungen der Tendenz. *Mayer-Maly,* aaO., S. 335.

232 *v. Gamm,* § 2 Rdz 9.

233 *Bethge,* Mitbestimmung im Bereich des Rundfunks, S. 130; *Wenzel,* aaO., S. 53.

234 *Oertel,* aaO., S. 140.

235 Vgl. dazu *Skriver,* aaO., S. 49, hinsichtlich der politischen Einflußnahme durch den Verwaltungsrat.

236 Nicht unstreitig *Herzog* in *Maunz-Dürig-Herzog,* Art. 5 Rdz 210.

237 Seit dem 15. 6. 1973 gilt im NDR das „Statut für die Programm-Mitarbeiter des NDR", *Hoffmann-Riem,* Ein erster Erfolg des Bemühens um Rundfunk-Redakteurstatute, RuF 1973, S. 247.

(1) Kein Programm-Mitarbeiter darf gezwungen werden, etwas gegen seine Überzeugung zu tun oder zu verantworten[238].

(2) Wird ein Programmbeitrag gegen den Willen des Autors oder der verantwortlichen Redaktion nicht angenommen, abgesetzt oder sinnentstellend verändert, muß derjenige, der die Entscheidung getroffen hat, sie vor dem Redaktionsausschuß begründen, wenn der Betroffene oder der Redaktionsausschuß es wünschen[239]. Überzeugen die vorgetragenen Gründe nicht die Mehrheit des Redaktionsausschusses oder der Redaktionsversammlung, dann sind diese berechtigt, ihre abweichende Meinung auch außerhalb des Hauses darzulegen[240].

In manchen Redaktionsstatuten wird zusätzlich ein Veröffentlichungsrecht angestrebt, wenn der Beitrag von der Redaktion als publizistisch relevant angesehen wird[241]. Diese Redaktionsstatuten ändern an der grundsätzlichen Beschränkung der Urheberrechte des ArbN durch das Arbeitsverhältnis nichts, aber die Entscheidungsbefugnis, ob das Werk geändert werden darf etc., wird auf eine andere Ebene transformiert. Sie steht nicht mehr nur dem Intendanten zu, sondern einem Gremium, das die Interessen der Redakteure wahrnimmt. Die Begründungspflicht wird willkürlichen Eingriffen Einhalt gebieten und zur Transparenz der Entscheidungen führen[242]. Wichtiger wird für den ArbN-Urheber die „Flucht in die Öffentlichkeit" sein[243]. Demgemäß ist er unter gewissen Umständen berechtigt, seinen Beitrag z. B. durch die Tagespresse verbreiten zu lassen. Dieser Regelungspunkt drängt die arbeitsrechtliche Loyalitätspflicht und Verschwiegenheitspflicht zurück; damit ist gleichzeitig eine Stärkung der Urheberrechte verbunden. Die Ausübung des Veröffentlichungsrechts fließt zum Teil an den Urheber zurück. Wenn auch nicht in demselben Maße wie bei der Presse, wird auch bei den Rundfunkanstalten die Erweiterung des Änderungsrechts, das durch das Arbeitsverhältnis gerechtfertigt wurde, wieder zurückgedrängt. Die Einschränkung des Weisungsrechtes des ArbG durch die Redaktionsstatuten führt je nach ihrer Ausgestaltung zu einer mehr oder minder größeren Stärkung der Urheberrechte der ArbN.

IV. Auswirkungen des Arbeitsverhältnisses auf außervertraglich geschaffene Werke des Arbeitnehmers

1. *Nebentätigkeit*

a) Zulässigkeit einer Nebentätigkeit

Der angestellte Urheber ist ArbN und unterliegt damit – soweit es nicht mit seiner Stellung als Urheber unvereinbar ist – dem Arbeitsrecht. Das Arbeitsver-

---

[238] Art. 1 Redaktionsstatut des NDR.

[239] Art. 4 II Redaktionsstatut des NDR.

[240] Art. 4 IV Redaktionsstatut des NDR.

[241] *Oertel,* aaO., S. 143; *Skriver,* aaO., S. 129.

[242] *Hoffmann-Riem,* Redaktionsstatute, S. 157, 158.

[243] *ders.,* S. 161.

hältnis ist ein über den schuldrechtlichen Inhalt hinausgehendes personenrechtliches Gemeinschaftsverhältnis, das vom Grundsatz der gegenseitigen Treuepflicht geprägt wird[244]. Gemäß dieser Treuepflicht ist der ArbN gehalten, seine ganze Arbeitskraft dem Unternehmer zur Verfügung zu stellen, die Interessen des ArbG zu berücksichtigen und schädigende Handlungen zu vermeiden. Dies gilt bei Tendenzbetrieben nicht nur für die Arbeitszeit, sondern erstreckt sich auch auf das Privatleben[245] und ist damit auch für die Schaffung außervertraglicher Werke von Bedeutung. Der Umfang seiner Arbeitsleistung richtet sich nach den Regelungen im Tarifvertrag, Betriebsvereinbarungen oder Arbeitsvertrag. Soweit im Einzelfall eine Regelung fehlt, greift das Direktionsrecht des ArbG ein[246].

Im Gegensatz zu anderen Arbeitsleistungen läßt sich die schöpferische Tätigkeit des Urhebers nicht in einen 8-Stunden-Rhythmus pressen. Während der Buchhalter nach Dienstschluß wohl kaum Lust dazu verspürt, sich auch in seiner Freizeit mit Buchungen zu beschäftigen, ist die Lage bei einem angestellten Urheber anders. In der Regel wird er sich auch in seiner freien Zeit geistiger Arbeit widmen. Damit stellt sich die Frage, ob die schöpferische Leistung außerhalb der geregelten Arbeitszeit noch zu den Arbeitspflichten gehört.

Hier ist nach der arbeitsvertraglichen Leistungspflicht zu differenzieren. Kommt einem Redakteur auf dem Heimweg die Idee, wie er einen Kommentar schreiben kann, oder erfährt der Reporter während seiner Freizeit eine politische Neuigkeit, sind beide, gemäß ihren im Arbeitsvertrag vereinbarten Aufgaben, verpflichtet, ihren Kommentar bzw. Bericht dem Verlag zur Nutzung zu überlassen. Wenn hingegen ein Redakteur in seiner Freizeit einen Roman schreibt, wird diese schöpferische Tätigkeit von seinen arbeitsvertraglichen Pflichten nicht mehr tangiert. Geistige Arbeitsleistung kann weder räumlich noch zeitlich beschränkt werden, daher können Ort und Zeit nicht als Kriterium zur Bestimmung der in Erfüllung des Arbeitsvertrages erbrachten Werke herangezogen werden[247].

Der angestellte Urheber ist also nur verpflichtet, alle geschaffenen Werke, die noch dem im Arbeitsvertrag festgelegten Aufgabengebiet des ArbN zuzurechnen sind, dem ArbG zur Verwertung zur Verfügung zu stellen[248]. Unerheblich ist,

---

[244] Statt vieler *Hueck-Nipperdey,* Bd. I, S. 241. Allerdings wird gegen die h. M. neuerdings das Austauschverhältnis des Arbeitsvertrages betont und die personenrechtliche Bindung verneint, vgl. dazu *Schwerdtner,* Fürsorgetheorie und Entgelttheorie im Recht der Arbeitsbedingungen, Heidelberg 1969, m.w.N. Auf den Meinungsstreit braucht hier nicht eingegangen zu werden, da auch die Vertreter des „schuldrechtlichen Austauschvertrages" grundsätzlich eine Treuepflicht des ArbN anerkennen, auch wenn sie diese modifizieren und durch den Arbeitsvertrag selbst begründen, vgl. *Voll,* aaO., S. 107–135 m.w.N.

[245] LAG Hamburg DB 1974, 2406.

[246] *Hueck-Nipperdey,* Bd. I, S. 200

[247] *Blatz,* aaO., S. 67; *Honig,* aaO., S. 74; *Recher,* aaO., S. 227; *Roithmeier,* aaO., S. 129.

[248] Ebenso *Honig,* aaO., S. 74; a. A. *Westen,* aaO., S. 406, der auch auf die Arbeits-

ob die Werke innerhalb der vereinbarten Arbeitszeit hergestellt wurden oder nicht[249].

Die in der Freizeit geschaffenen Werke kann der ArbN aus reinem Schöpfungsdrang geschaffen haben, aber auch für einen anderen ArbG. Letzteres könnte im Widerspruch zur Arbeitspflicht stehen. Mit Abschluß des Arbeitsvertrages stellt der ArbN nämlich seine ganze Arbeitskraft dem ArbG zur Verfügung. Dieser Grundsatz wird jedoch durch die vereinbarte Arbeitszeit eingeschränkt. Der ArbG kann daher die Arbeitskraft des ArbN nur für eine bestimmte Zeitspanne in Anspruch nehmen. Infolgedessen ist der ArbN berechtigt, in seiner Freizeit einer Nebentätigkeit nachzugehen[250].

Die Ausübung einer Nebentätigkeit kann das Arbeitsverhältnis negativ beeinflussen. Zum einen wenn der ArbN infolge von körperlicher Überbeanspruchung seiner Arbeitspflicht nicht mehr nachkommen kann, zum anderen wenn er entgegenstehende Wettbewerbsinteressen seines ArbG verletzt[251]. Daher kann das Recht zur Ausübung einer Nebentätigkeit im Arbeitsvertrag, durch Betriebsvereinbarungen, aber auch durch Tarifverträge eingeschränkt werden[252]. Mangels einer ausdrücklichen Regelung ist die Nebentätigkeit nur insoweit als zulässig zu betrachten, als durch sie nicht die Verpflichtungen des Hauptarbeitsverhältnisses beeinträchtigt werden[253].

b) Regelungen in den Manteltarifverträgen der Zeitungen und Zeitschriften

Die Beschränkungen der Nebentätigkeit werden sowohl in den beiden MTV für die Presse wie auch in denen der Rundfunkanstalten statuiert. Auch in dem MAV für Redakteure an Zeitungen bzw. Zeitschriften findet sich eine diesbezügliche Regelung. Es liegt somit nicht nur eine Regelung für den ArbN als solchen vor, sondern diese wurde speziell auf die Situation des angestellten Urhebers abgestellt[254].

Wenden wir uns zunächst den Regelungen im Pressebereich zu. Der Wortlaut der einschlägigen Paragraphen ist in beiden MTV identisch (§ 12 MTV für

---

zeit abstellt. Vgl. zu den Schwierigkeiten dieser Feststellung bei den Rundfunkanstalten, *Dygutsch-Lorenz,* Journalisten, S. 20, und Anm. 56.

[249] *Hueck-Nipperdey,* Bd. I, S. 200.

[250] BAG AP Nr. 1 zu § 611 BGB „Doppelarbeitsverhältnis"; BAG AP Nr. 7 zu § 611 BGB „Treuepflicht"; *Böhner,* Die Beurteilung der Nebenbeschäftigung im Arbeits- und Sozialrecht, DB 1959, 483; *Gift,* Zur Zulässigkeit einer Nebenbeschäftigung, BB 1959, 43, 674; *Palme,* Nebentätigkeit im Arbeitsrecht, Bl St Soz ArbR 1973, 137; *Rewolle,* Die Nebenbeschäftigung im Arbeitsrecht, BB 1959, 670.

[251] *Schaub,* aaO., S. 141.

[252] Es ist umstritten, ob die Beschränkungen der Nebentätigkeit im Tarifvertrag nicht wegen Überschreitung der Tarifmacht unzulässig ist, vgl. dazu *Gift,* aaO., S. 45, 46 m.w.N.

[253] *Böhner,* aaO., S. 484.

[254] *Honig,* aaO., S. 77, stellte noch fest, daß es keine speziellen Vereinbarungen für den ArbN-Urheber gibt.

Redakteure an Tageszeitungen; § 3 MTV für Redakteure an Zeitschriften): „Der Redakteur darf eine Nebenbeschäftigung nur ausüben, wenn sie den berechtigten Interessen des Verlages nicht abträglich ist." Diese Vereinbarung der Tarifpartner könnte man fast als „Generalklausel" bezeichnen, denn sie erfaßt jegliche Nebentätigkeit – sowohl eine rein manuelle als auch die schöpferische. Als berechtigte Interessen kann der Verlag ebenso wirtschaftliche wie auch ideelle Belange geltend machen.

Der ArbN-Urheber darf nicht mehr Verpflichtungen übernehmen, als seine geistige und körperliche Konstitution erlaubt. Der Arbeitsvertrag ist auch ein Austauschvertrag – Arbeitsleistungen gegen Lohn. Es kann dem ArbG nicht zugemutet werden, den ArbN zu entlohnen, obwohl dieser keine gleichwertige Leistung erbringt. In den MAV wird dieser Gesichtspunkt noch stärker herausgehoben: „Während der Dauer des Arbeitsverhältnisses setzt der Redakteur seine volle Arbeitskraft für das Unternehmen ein." Die Berücksichtigung der Wettbewerbsinteressen des Verlages hat für die angestellten Urheber eine besondere Relevanz. Daher sehen sowohl die MTV wie auch die MAV eine Genehmigungspflicht der Nebentätigkeit vor, wenn diese redaktioneller oder journalistischer Art ist. Eine regelmäßige Nebentätigkeit bei einer anderen Zeitung, Zeitschrift und auch Rundfunkanstalt bedarf der Einwilligung des Verlegers. Eine nur sporadische Nebentätigkeit ist – abgesehen von Einzelfällen – dem Verlag mitzuteilen[255]. Durch diesen Vorbehalt der Genehmigung kann der ArbG eine Gefährdung oder Verletzung seiner materiellen und ideellen Belange unterbinden[256]. Kommt der ArbN-Urheber der Mitteilungspflicht nicht nach, kann er schadensersatzpflichtig sein[257]. Die Wettbewerbsinteressen wären verletzt, wenn der Redakteur für eine Konkurrenzzeitung schreiben würde. Zum Beispiel kann er nicht gleichzeitig für zwei überregionale Tageszeitungen tätig sein, die sich um die gleiche Leserschaft bemühen. Hingegen besteht zwischen einer Boulevardzeitung und einer Wochenzeitung kein Wettbewerbsverhältnis, ebensowenig wie – im Rahmen der hier betrachteten Probleme – zwischen den Presseerzeugnissen und den Rundfunkanstalten. Es kann im Gegenteil für den Verlag sogar förderlich sein, wenn sein ArbN auch im Hörrundfunk oder Fernsehen Kommentare spricht oder an Diskussionen teilnimmt.

Unter dem Gesichtspunkt der Treuepflicht kann von einem angestellten Urheber verlangt werden, daß er bei seiner Nebentätigkeit die Tendenz seiner Zeitung oder Zeitschrift berücksichtigt. Der Redakteur des „Bayern Kurier" verstößt gegen seine Treuepflicht, wenn er nebenbei auch noch Artikel für den „Vorwärts" schreiben würde. Die politische Position seines ArbG würde dadurch unglaubwürdig.

Dieses extreme Beispiel wird sich in der Praxis wohl kaum realisieren.

---

[255] § 12 II MTV für Redakteure an Tageszeitungen; § 3 II MTV für Redakteure an Zeitschriften.

[256] *Honig,* aaO., S. 77.

[257] *Schaub,* aaO., S. 141.

Schwierigkeiten ergeben sich in den Grenzfällen. Darf der Redakteur eines konservativen Blattes für ein liberales schreiben? Eine generelle Beantwortung läßt sich für diese Fälle nicht finden. Entscheidungserheblich für die Feststellung der berechtigten Interessen des Verlages ist u. a. der Aufgabenbereich des ArbN-Urhebers.

Sonstige schöpferische Tätigkeiten, die nicht redaktioneller oder journalistischer Art sind, unterliegen keiner Genehmigungspflicht. Doch auch bei der Ausübung der genehmigungsfreien Nebentätigkeit – z. B. dem Schreiben eines Romans – hat der Urheber die bereits obengenannten berechtigten Interessen des Verlages zu berücksichtigen. Mit der Beendigung des Arbeitsverhältnisses enden auch die Pflichten des ArbN[258]. Er kann zu einem Konkurrenzunternehmen gehen und auch Artikel mit einer ganz anderen Tendenz schreiben[259].

Gerade bei den Massenmedien findet eine starke Fluktuation der Urheber bezüglich der Nebentätigkeiten statt. Genauso wie die Redakteure eines Presseerzeugnisses nebenbei für eine Rundfunkanstalt tätig werden, übernehmen Funkredakteure Aufgaben für eine Zeitung oder Zeitschrift, z. B. schreiben sie Kommentare und Buchrezensionen. Möglich sind auch Nebentätigkeiten der angestellten Urheber für andere Rundfunkanstalten, zu denken wäre hier an die Leitung einer Diskussionsrunde[260].

c) *Regelungen in den Manteltarifverträgen der Rundfunkanstalten*

Auch in den MTV der Rundfunkanstalten ist die Ausübung einer Nebentätigkeit unter den Vorbehalt der Genehmigung gestellt worden. Demgemäß bedarf die Ausübung einer bezahlten und unbezahlten außerdienstlichen nebenberuflichen Tätigkeit der schriftlichen Genehmigung des Intendanten. Diese Zustimmung kann versagt werden, wenn die Interessen der Rundfunkanstalt verletzt werden[261].

Ein Entscheidungskriterium zur Genehmigung bzw. Versagung einer Nebentätigkeit ist die Neutralitätspflicht der Rundfunkanstalt. Gegen ein grundsätzliches politisches Engagement bestehen keine Bedenken[262]. Der Redakteur eines politischen Magazins darf dann nicht Artikel für ein Parteiblatt schreiben, wenn infolgedessen die Objektivität der Sendung in Zweifel gezogen wird.

Die Rundfunkanstalt hat sich auch wirtschaftlich neutral zu verhalten[263]. Aus diesem Grunde wird es den ArbN der Rundfunkanstalten untersagt, sich bei

---

[258] Eine Beschränkung ließe sich nur durch eine nachvertragliche Wettbewerbsabrede begründen, BAG NJW 1970, 626; 1971, 74.

[259] *Nikisch*, Bd. I, S. 455, ausgenommen ist lediglich eine Schädigung i. S. des § 826 BGB oder § 17 UWG; a. A. *Honig*, aaO., 78.

[260] *Dygutsch-Lorenz*, Die Rundfunkanstalt, S. 66.

[261] Zum Beispiel § 16 MTV des SR; § 9 MTV des ZDF.

[262] So auch *Fuhr*, Beeinträchtigt die Neutralitätspflicht, S. 737, der jedoch für die Zeit des Wahlkampfes Beschränkungen für den schöpferischen ArbN für zulässig hält.

[263] *ders.*, S. 738.

ihrer Nebentätigkeit auf ihr Arbeitsverhältnis beim Rundfunk zu berufen. Mit dem Ansehen des Fernsehens soll keine Werbung betrieben werden. Hierin liegt auch eine Beschränkung der Anerkennung der Urheberschaft, z. B. kann ein ArbN einer Anstalt, der auch regelmäßig für eine Zeitung schreibt, nicht seinem Namen „Redakteur des Magazins X“ hinzufügen. Ihm ist damit zumindest für den Bereich der Nebentätigkeit untersagt, seine Miturheberschaft an Sendungsbeiträgen nach außen zu dokumentieren. Auch unter dem Gesichtspunkt der wirtschaftlichen Neutralität haben die Rundfunkanstalten zum Teil Dienstanweisungen erlassen, nach denen den Programmgestaltern, Programmproduzenten und Sachbearbeitern untersagt ist, Musikprogramme (Live, Tonband, Schallplatte), an denen sie als Komponist, Texter, Bearbeiter oder Arrangeur unmittelbar oder mittelbar beteiligt waren, auszustrahlen. Von diesem Verbot können Ausnahmegenehmigungen erteilt werden. Es soll verhindert werden, daß die Werke der ArbN der Rundfunkanstalten in einem höheren Prozentsatz ausgestrahlt werden als die der rundfunkfremden Personen. Durch diese Dienstanweisung wird nicht wie sonst die schöpferische Freiheit beeinträchtigt, sondern die Verwertungsmöglichkeiten[264].

Obwohl sich die Rundfunkanstalten im Gegensatz zu den Zeitungen und Zeitschriften in keiner Wettbewerbssituation befinden, sind auch wirtschaftliche Interessen nicht von der Hand zu weisen. Ist infolge der Überbeanspruchung durch die Nebentätigkeit keine adäquate Leistung des ArbN zu erwarten, kann die Rundfunkanstalt die Zustimmung versagen. Ebenso dürfen durch die Nebentätigkeit die Werbeeinnahmen der Rundfunkanstalt nicht beeinträchtigt werden[265].

Mit der Aufnahme eines Arbeitsverhältnisses sind für den ArbN-Urheber nicht nur Beschränkungen seiner schöpferischen Tätigkeit im Rahmen der arbeitsvertraglichen Leistungspflicht verbunden, sondern darüber hinaus auch bei seiner Nebentätigkeit. Bei einem freien Mitarbeiter würde eine so weitgehende Bindung der Schaffensfreiheit unzulässig sein[266]. Die Beschränkungen für die außerdienstliche schöpferische Tätigkeit wird bei den Massenmedien noch erweitert. Zum einen weil die Zeitungs- und Zeitschriftenverlage als Tendenzbetriebe an das Verhalten – und damit auch an die schöpferische Verhaltensweise – ihrer ArbN erhöhte Forderungen stellen können, zum anderen weil die Rundfunkanstalten das Neutralitätsgebot in einem gewissen Maße auch auf die im Rahmen der Nebentätigkeit geschaffenen Werke ausdehnen können. Wenn auch die zusätzlichen Beschränkungen sowohl in der Presse wie auch bei den Rundfunkanstalten bestehen, so werden die Akzente dennoch verschieden gesetzt. Während im Pressewesen die Wettbewerbssituation ausschlaggebend sein dürfte, ist bei den Rundfunkanstalten die Berücksichtigung der Neutralitätspflicht vorrangig.

---

264 *Schulze,* ArbG 5.
265 *Baumgarten,* aaO., S. 124.
266 *Hubmann,* Studienbuch, S. 70.

2. Anbietungspflicht von außervertraglich geschaffenen Werken des Arbeitnehmers

a) Die Frage der Analogie zum ANErfG

Wie wir im vorigen Abschnitt festgestellt haben, beschränken viele ArbN-Urheber ihre schöpferische Tätigkeit nicht auf ihre arbeitsvertragliche Verpflichtung. Ein Auslandskorrespondent verwertet seine berufliche Erfahrung, indem er über die politische Lage des Landes ein Buch schreibt. Auch kommt es vor, daß sich der ArbN auf einem ganz anderen Gebiet betätigt, z. B. schreibt ein Wirtschaftsfunkredakteur ein Hörspiel. Diese Werke wurden aus eigenem Antrieb geschaffen, ohne daß die ArbN durch einen Werkvertrag oder durch eine Nebenbeschäftigung dazu verpflichtet waren. Unstreitig sind diese Werke kein Arbeitsergebnis, so daß dem ArbG die Nutzungsrechte an diesem Werk nicht eingeräumt sind. Der ArbN-Urheber ist durch die Treuepflicht gegenüber dem ArbG über den bloßen schuldrechtlichen Teil des Arbeitsvertrages hinaus gebunden. Unter dem Aspekt des Treuegedankens stellt sich die Frage, ob dem ArbN die Verpflichtung obliegt, dem ArbG das Werk zur Nutzung anzubieten.

Das UrhG selbst kann für eine Beantwortung dieser Frage nicht herangezogen werden, denn § 43 regelt nur die Rechtsfolgen für Werke, die „der Urheber in Erfüllung aus einem Arbeits- oder Dienstverhältnis geschaffen hat“[267]. Die für eine Anbietungspflicht in Betracht kommenden Sachverhalte lassen sich in 3 Gruppen einteilen:[268]

(1) Dem ArbN wird vom ArbG eine schöpferische Tätigkeit übertragen, die nicht mehr dem arbeitsvertraglichen Aufgabenkreis entspricht.
(2) Der ArbN schafft auf eine Anregung des ArbG und/oder unter Verwendung von Betriebsmitteln ein Werk.
(3) Der ArbN erstellt aus eigener Initiative und ohne Unterstützung des ArbG ein Werk.

Der Gesetzgeber hat die bei technischen Erfindungen ähnlich gelagerte Problematik ausführlich im Arbeitnehmererfindungsgesetz (ANErfG) geregelt[269]. Das Gesetz unterscheidet zwischen Diensterfindung[270] und freier Erfindung[271] (§ 4 ANErfG). Bei einer Diensterfindung ist der ArbG berechtigt, diese unbeschränkt in Anspruch zu nehmen; als Gegenleistung muß er dem ArbN eine angemessene Vergütung gewähren (§ 9 ANErfG). Bei einer freien Erfindung be-

---

[267] *Vinck,* aaO., S. 20.

[268] *Gaul,* aaO., S. 1511, unterscheidet unter Berufung auf *Ulmer* vier Fallgruppen. Er nennt zusätzlich den Fall, daß der ArbN dem ArbG im voraus die Nutzungsrechte an einem noch zu schaffenden Werk überträgt.

[269] Gesetz über Arbeitnehmererfindungen vom 25. 07. 1957 (BGBl. I, S. 756).

[270] Diensterfindungen sind während der Dauer des Arbeitsverhältnisses gemachte Erfindungen, die entweder (1) aus der dem ArbN im Betrieb oder in der öffentlichen Verwaltung obliegende Tätigkeit entstanden sind oder (2) maßgeblich auf Erfahrungen oder Arbeiten des Betriebes oder der öffentlichen Verwaltung beruhen (§ 4 II ANErfG).

[271] Sonstige Erfindungen sind freie Erfindungen (§ 4 III ANErfG).

steht eine Mitteilungs- und Anbietungspflicht, wenn die Erfindung im Arbeitsbereich[272] des Unternehmens liegt (§§ 18, 19 ANErfG).

Gemäß dem ANErfG ist der ArbN verpflichtet, seine außervertraglichen Leistungen dem ArbG mitzuteilen und anzubieten. Da es sich auch hier um Sonderleistungen im Rahmen des Arbeitsverhältnisses handelt, drängt sich die Frage auf, ob die Normen des ANErfG für den ArbN-Urheber analog herangezogen werden können. Bevor die Rechtslage des angestellten Erfinders mit der des Urhebers verglichen werden kann, bedarf es der Klärung, ob überhaupt das Fehlen dieses Regelungspunktes eine analogiefähige Lücke darstellt. Nicht jedes Schweigen des Gesetzgebers zu einer aufgeworfenen Frage ist als Lücke auszulegen[273]. Eine Lücke besteht nur dann, wenn eine „planwidrige Unvollständigkeit des Gesetzes" vorliegt[274].

Der Gesetzgeber hat das Urhebervertragsrecht – abgesehen vom Verlagsrecht und der §§ 31 ff. UrhG – nicht kodifiziert. Innerhalb eines solchen Gesetzes müßten auch die Fragen des Arbeitnehmerurheberrechts geklärt werden. Die Reform des gesamten Urhebervertragsrechts ist vom Gesetzgeber absichtlich noch nicht vorangetrieben worden, weil hier erst die Entwicklung der Rechtsprechung und der Vertragspraxis abgewartet werden soll[275]. Damit liegt bezüglich des Urhebervertragsrechts eine bewußte Gebietslücke vor[276]. Dieses Ergebnis berechtigt noch nicht zur Annahme, daß auch hinsichtlich der Anbietungspflicht eine Lücke besteht. Dies bedarf noch einer näheren Begründung[277].

Zur Lückenfeststellung muß auch die Wertung des Gesetzes – die ratio legis – herangezogen werden. Daraus folgt, „daß schon für die Frage der Lückenhaftigkeit die Rechtsähnlichkeit eines gesetzlich geregelten und eines nicht geregelten Falles maßgeblich ist, daß die Lücke also im Wege eines Analogieschlusses festgestellt wird"[278].

Zum einen ist die Zielsetzung der gesetzlichen Regelungen bei den Arbeitnehmererfindungen und bei schöpferischen Werken ähnlich; der Erfinder wie auch der Urheber sollen in ihren persönlichkeitsrechtlichen und vermögensrechtlichen Beziehungen zur Erfindung bzw. zum Werk geschützt werden[279]. Zum anderen wird aber zu Recht auf die Differenzen der beiden Rechtsgebiete hingewiesen[280]. Während das Urheberrecht das kulturelle Schaffen schützt, regelt das Erfindungsrecht das technische. Als wesentlicher Verbindungspunkt, der diese Unterschiede überbrückt, ist jedoch hier die vertragliche Bindung des

---

[272] Zum Begriff Arbeitsbereich vgl. *Reimer-Schade-Schippel,* § 18 Rdz 11.

[273] *Canaris,* Die Feststellung von Lücken im Gesetz, S. 39.

[274] *ders.,* aaO., S. 38; *Larenz,* Methodenlehre, S. 358.

[275] UFITA Bd. 45, S. 241.

[276] *Canaris,* aaO., S. 134, 137 ff.; *Enneccerus-Nipperdey,* 1. Halbb. S. 338; *Larenz,* aaO., S. 364.

[277] *Canaris,* aaO., S. 134.

[278] *ders.,* S. 72, 77, 78; ebenso *Larenz,* aaO., S. 291.

[279] *Reimer-Schade-Schippel,* § 2 Rdz 9; *Volmer,* § 2 Rdz 44.

[280] *Gaul,* aaO., S. 1510; *Hubmann,* Studienbuch S. 62, 63.

Urhebers und des Erfinders anzusehen. Beide sind in einem Arbeitsverhältnis tätig und verpflichtet, geistige Leistungen für den ArbG zu erbringen[281]. Der Grundgedanke für die Anbietungspflicht im ANErfG beruht auf der Treuepflicht des ArbN[282]. Der ArbN soll nicht zum Konkurrenten des eigenen Betriebes werden, sondern sich nach besten Kräften für diesen einsetzen. Der Betriebsfrieden soll durch ein Konkurrenzverhalten des ArbN nicht gefährdet werden[283].

Auch bei einem ArbN-Urheber besteht die Gefahr, daß er bei einer eigenständigen Werkschöpfung und -verwertung seinem ArbG Konkurrenz macht, was seiner Treuepflicht widersprechen würde. Der durch das ANErfG geregelte Sachverhalt ist der Rechtslage des ArbN-Urhebers ähnlich, somit liegt hinsichtlich der Anbietungspflicht eine Lücke vor[284]. Wir sind berechtigt, diese Lücke durch Analogieschluß zum ANErfG zu füllen[285], da sich die Fallkonstellationen nicht wesentlich in den einschlägigen Vorschriften unterscheiden und ein vernünftiges Ergebnis erzielt wird[286]. Dem Argument, daß der ArbN-Urheber durch eine Anbietungspflicht „in unübersehbarer Weise in Abhängigkeit gerät"[287], ist folgendes entgegenzuhalten:

Eine Anbietungspflicht des angestellten Urhebers ist nur zu bejahen, wenn die Verwertung des Werkes im Betrieb[288] des ArbG wahrscheinlich ist, und der ArbN durch eine eigenständige Verwertung bzw. durch die Weitergabe des Werkes an Dritte dem ArbG Konkurrenz machen würde. Insofern ist die Anzahl der Werke, die einer Anbietungspflicht unterliegen, überschaubar. Außerdem kann der Urheber über seine Werke frei verfügen, wenn sich der ArbG nicht in einer zumutbaren Frist äußert oder kein angemessenes finanzielles Angebot macht.

---

281 Diesen Vergleichspunkt betont auch *Roithmaier,* aaO., S. 139, und bejaht eine Anbietungspflicht, ohne jedoch eine Analogie zum ANErfG zu ziehen. Er weist lediglich zur Parallele zum ANErfG hin. Im anderen Zusammenhang verneint er grundsätzlich die Analogiefähigkeit des ANErfG, S. 147.

282 *Reimer-Schade-Schippel,* § 19 Rdz 2; differenzierende *Gaul,* aaO., S. 1511.

283 *Reimer-Schade-Schippel,* ebenda.

284 *Rehbinder,* aaO., S. 312; *Schmieder,* aaO., S. 299; *Vinck,* aaO., S. 21; *Westen,* aaO., S. 404, bejahen ebenfalls eine Analogie, ohne ihre Berechtigung näher zu begründen. *Gloy,* aaO., S. 40, spricht nur „von einer gewissen Parallele zum ANErfG." Hingegen lehnen *Blatz,* aaO., S. 27; *Gaul,* aaO., S. 1510; *Kunze,* aaO., S. 48; *Poll,* aaO., S. 72, und *Roithmaier,* aaO., S. 147, eine Anbietungspflicht dem ANErfG analog ab. Trotzdem gehen außer *Kunze* und *Poll* alle von einer Anbietungspflicht – wenn auch der Umfang verschieden bestimmt wird – aus, die durch die Treuepflicht des ArbN begründet wird. *Kunze* und *Poll* beurteilen eine Anbietungspflicht direkt nach Treu und Glauben.

285 Amtl. Begr. Reg. Entw. ANErfG, S. 426; a. A. *Reimer-Schade-Schippel,* § 2 Rdz 9 unter Berufung auf *Gaul,* aaO.; *Volmer,* § 1 Rdz 31.

286 *Enneccerus-Nipperdey,* Bd. I, S. 338.

287 *Samson,* Urheberrecht, S. 153.

288 Zum Begriff „Betrieb" i. S. des ANErfG vgl. *Reimer-Schade-Schippel,* § 18 Rdz 10.

Das Ergebnis – daß auch für den angestellten Urheber eine Anbietungspflicht besteht – ist mit unseren Ausgangsfällen in Verbindung zu bringen.

(1) Wenn ein Verlag seinen Karikaturisten beauftragt, auch Zeichnungen für Werbezwecke herzustellen, dann wird diese Aufgabe nicht mehr vom eigentlichen Arbeitsgebiet erfaßt. Die Nutzungsrechte an diesem Werk müssen dem ArbG bei der Abgabe des Werkes eingeräumt werden. Zu der Übertragung der Nutzungsrechte ist der angestellte Urheber arbeitsvertraglich verpflichtet. Offen bleibt die Frage, ob er für diese Sonderleistung ein zusätzliches Entgelt verlangen kann. Dies ist zu bejahen, denn die Leistung geht über seine ursprüngliche arbeitsvertragliche Verpflichtung hinaus[289].

(2) Der Redakteur schreibt in seiner Freizeit unter Verwendung des Zeitungsarchivs ein Buch. In diesem Fall besteht eine Anbietungspflicht, wenn dem Zeitungsverlag ein Buchverlag angeschlossen ist, und die Thematik des Buches grundsätzlich im Verlagsprogramm aufgenommen worden ist[290]. Würde der Redakteur nämlich den Verlagsvertrag mit einem anderen Buchverlag abschließen, entginge seinem ArbG die Chance einer Gewinnerzielung. Außerdem hat das Erscheinen eines Buches von einem bekannten Journalisten auch für den Zeitungsverlag einen Werbeeffekt. Der Redakteur hat, wenn der Verlag das Angebot annimmt, einen Anspruch auf eine angemessene Vergütung.

(3) Ein Photograph erstellt aus eigenem Antrieb und ohne materielle Hilfe des Zeitschriftenverlages eine Photoserie. Auch in diesem Falle ist von einer Mitteilungs- und Anbietungspflicht auszugehen[291]. Die Treuepflicht des ArbN wird durch seine Eigenständigkeit hinsichtlich seines Werkes nicht anders zu interpretieren sein. Die Interessenlage des ArbG ist stets gleich, und gerade diese ist bei der Überprüfung einer Anbietungspflicht zu berücksichtigen[292]. Der ArbN-Urheber kann genauso bei einem „freien Werk" Konkurrent des ArbG werden wie auch bei einem Werk, das er durch Anregung und Mithilfe des ArbG geschaffen hat.

Ob der Gedanke der Treuepflicht auch bei den Rundfunkanstalten eine Anbietungspflicht begründet, scheint im Hinblick auf ihre Wettbewerbssituation fraglich. Ein Wettbewerb[293] findet grundsätzlich nicht statt, weil die Einnahmen

---

[289] *Gaul,* aaO., S. 1511; BGH NJW 1960, 2144; BAG GRUR 1961, 491 ff.

[290] Vgl. Anm. 284.

[291] *Rehbinder,* aaO., S. 311; *Schmieder,* aaO., S. 299; *Westen,* aaO., S. 404; a. A. *Gaul,* aaO., S. 1511; *Vinck,* aaO., S. 24.

[292] *Reimer-Schade-Schippel,* § 19 Rdz 4 ff. für Erfindungen; a. A. *Gaul,* aaO., mit der Begründung, daß bei einem „Freien Werk" eine arbeitsvertragliche Bindung nicht mehr besteht; ebenso *Vinck,* aaO., S. 24, obwohl er grundsätzlich eine Analogie zum ANErfG bejaht.

[293] *Baumbach-Hefermehl,* Wettbewerbs- und Warenzeichenrecht, Bd. I, Kap. 1 Rdz 4, der Begriff „Wettbewerb wird in dreifacher Beziehung gebraucht". Hier interessiert nur die Beziehung zwischen den einzelnen Unternehmen. Demgemäß besteht ein Wettbewerb, wenn zwei oder mehrere Mitbewerber sich den Abschluß von Geschäften mit Dritten streitig machen.

der Rundfunkanstalt unabhängig von der Leistung durch Gebühren bestritten werden. Dennoch ist ein Konkurrenzverhältnis bei der Programmgestaltung festzustellen. Jede Anstalt bemüht sich, den Rundfunkteilnehmern ein möglichst gutes Programm zu bieten. Bei dem Erwerb der Senderechte etc. sind die Anstalten als Nachfrager dem Wettbewerb ausgesetzt[294]. Wenn ein Funkredakteur ein Hörspiel schreibt, hat die Rundfunkanstalt ein berechtigtes Interesse, es selbst für ihr Programm zu verwerten. Damit besteht auch für den ArbN-Urheber unter denselben Voraussetzungen – die Verwertung des Werkes durch die Rundfunkanstalt muß zumindest wahrscheinlich sein – eine Mitteilungs- und Anbietungspflicht.

Das BAG hat zur Anbietungspflicht des ArbN-Urhebers noch nicht Stellung genommen. Die von *Vinck*[295] zitierte Entscheidung „Betriebschronik"[296] läßt diese Frage völlig offen. Es ging in diesem Fall um das Problem, ob die von einem ArbN aus eigener Initiative teils während der Freizeit, teils während der Arbeitszeit erstellte Betriebschronik ein Arbeitsergebnis war oder nicht. Das BAG vertrat die Meinung, daß es kein Arbeitsergebnis sei, „wenn die ArbG ihre ArbN zu freiwilligen privaten zusätzlichen Leistungen anspornen und ihnen die entgeltliche Abnahme der Chronik in Aussicht stellen oder zusichern"[297]. Damit ist nur der Anspruch auf ein zusätzliches Entgelt entschieden, nicht aber, ob für in der Freizeit geschaffene Werke eine Anbietungspflicht besteht[298].

Der ArbN-Urheber ist nur unter angemessenen Bedingungen zu einem Vertragsabschluß verpflichtet. Was als „angemessen" zu betrachten ist, entscheiden die Umstände des Einzelfalles. In der Regel wird man von dem Betrag ausgehen, den der Redakteur bei einem Vertragsabschluß mit anderen Unternehmen hätte erzielen können[299].

Bietet ein ArbN sein Werk nicht an, weil er sich nicht für verpflichtet hält, dürfen ihm daraus keine negativen Folgen erwachsen[300].

b) Die Handhabung in der Presse

Eine Anbietungspflicht ist weder in den beiden MTV noch in den MAV statuiert worden. Der MTV für Redakteure an Tageszeitungen i. d. F. vom

---

[294] In diesem Sinne auch BVerfG NJW 1971, 1739.

[295] aaO., S. 23.

[296] BAG GRUR 1961, 491 ff.

[297] ebenda, S. 493 linke Spalte.

[298] Dies verkennt auch *Vinck*, aaO., S. 23, der unter Berufung auf das BAG-Urteil eine Anbietungspflicht für in der Freizeit geschaffene Werke ablehnt. Die von ihm zitierte Stelle des Urteils: „Die in privater und nicht dienstgebundener Tätigkeit erstellten Arbeiten können durch den ArbG nicht beansprucht werden", besagt im Zusammenhang gesehen, daß die Werke keine Arbeitsergebnisse sind und der ArbG das Manuskript nicht gemäß § 985 BGB herausfordern kann. Einen Standpunkt zur Anbietungspflicht hat das BAG damit nicht „durchblicken lassen".

[299] *Reimer-Schade-Schippel*, § 9 Rdz 33.

[300] *Schmieder*, aaO., S. 299.

15. August 1951 hatte ein Vorkaufsrecht für außerhalb des Arbeitsvertrages geschaffene Werke geregelt: „Bei einem Zeitungsverlag, dem ein Buch- oder Zeitschriftenverlag angegliedert ist, kann der Verleger in Verlegerverträgen über schriftstellerische Arbeiten seiner Redakteure nach den Grundsätzen des Vorkaufsrechts §§ 504 ff. BGB eintreten." (§ 7 II MTV)[301]

Aus der Aufgabe dieses Regelungspunktes kann nicht geschlossen werden, daß sich die Tarifpartner über das Nichtbestehen einer Anbietungspflicht einig sind. Es wurde lediglich auf ein Vorkaufsrecht verzichtet. Nach Verlautbarungen geht wohl die Mehrzahl der Verleger von einer Anbietungspflicht aus, wenn ein Buch- oder Zeitschriftenverlag angegliedert ist. Zum größten Teil schließen die Verlage mit den ArbN-Urhebern, die in ihrer Freizeit schriftstellerischen Tätigkeiten nachgehen, Zusatzvereinbarungen ab.

c) Tarifliche Regelungen der Rundfunkanstalten

Der eMTV sowie der MTV des ZDF, des HR, des BR und des DLF haben außervertragliche Leistungen ihrer angestellten Urheber in die tariflichen Vereinbarungen miteinbezogen[302]. Dabei haben die einzelnen Anstalten recht unterschiedliche Wege eingeschlagen. Wenden wir uns zunächst dem BR zu. Wenn ein ArbN außerhalb seiner arbeitsvertraglichen Verpflichtung ein urheberrechtlich geschütztes Werk schafft, das er rundfunkmäßig verwerten will, dann muß er die Einräumung der Nutzungsrechte zunächst dem BR anbieten[303]. An dieses Angebot ist der Urheber für drei Wochen gebunden. Der Werkschöpfer hat einen Anspruch auf Honorierung seiner Leistungen wie ein freier Mitarbeiter, wenn sich der BR die Nutzungsrechte für Rundfunkzwecke einräumen läßt[304].

Der BGH[305] verlangt für die Einräumung des Optionsrechts eine angemessene Gegenleistung, wenn die Verträge ohne zeitliche oder gegenständliche Beschränkung für das gesamte künftige Schaffen des Verfassers gelten. Eine solche starke Bindung bewirkt das Optionsrecht im Rahmen des Arbeitsverhältnisses nicht. Eine zusätzliche Vergütungspflicht allein für die bestehende Anbietungspflicht ist hier abzulehnen. Die Optionsverträge unterliegen zumindest in Arbeitsverhältnissen nicht der Schriftform[306].

---

301 Abgedruckt bei *Schmidt-Osten,* Arbeitsrecht der Presse, S. 19.

302 Ziff. 372.4 eMTV, Anhang III; Ziff. 362 MTV des BR, Anhang IV; § 16 VI MTV des DLF, Anhang V; § 30 V MTV des HR, Anhang VII; § 15 II MTV des ZDF, Anhang IX.

303 *Dygutsch-Lorenz,* Journalisten, S. 20, sowie Anm. 56. Insbesondere die Redakteure sind über ihre arbeitsvertragliche Verpflichtung hinaus schöpferisch tätig.

304 Tarifvereinbarung 4 über rundfunkmäßige Verwertung und Vergütung urheberrechtlich geschützter Leistungen, die ein ArbN außerhalb seiner arbeitsvertraglichen Verpflichtung vollbringt zu Ziff. 362 des Tarifvertrages.

305 BGHZ 22, 347 = UFITA Bd. 23, 332 „Clemens Laar", das Urteil erging zu § 1 VerlG.

306 Ohne Berücksichtigung des Arbeitsverhältnisses *Samson,* Urheberrecht, S. 143; a. A. *Fromm-Nordemann,* § 4 Anm. 4; *v. Gamm,* § 40 Rdz 6.

Der DLF hat mit seinen Tarifpartnern keine Anbietungspflicht geregelt. Die Möglichkeit, sich die Nutzungsrechte für Rundfunkzwecke an einem außervertraglich geschaffenen Werk von seinem ArbN einräumen zu lassen, wurde im MTV vorgesehen. Der angestellte Urheber hat dann einen Anspruch auf Entgelt. Die Vergütung richtet sich nach den Honorarbedingungen für freie Mitarbeiter, allerdings um 50% gesenkt. Diese Regelung des DLF ist nicht einleuchtend. Es gibt keinen zu rechtfertigenden Gesichtspunkt für die Tatsache, daß der ArbN für seine außervertraglichen Leistungen nur 50% der Honorare für freie Mitarbeiter erhält. Werden Leistungen außerhalb des Arbeitsvertrages erbracht, sind die ArbN auch wie freie Mitarbeiter zu behandeln.

Während sich das Interesse des BR und auch des DLF bei außervertraglichen Leistungen auf die Nutzungsrechte für Rundfunkzwecke beschränkt, liegt das Schwergewicht bei eMTV sowie bei den MTV des ZDF und des HR auf der außerrundfunkmäßigen Verwertung. Bearbeitet ein angestellter Urheber seine arbeitsvertragliche Leistung so, daß eine neue Nutzungsart entsteht, ist er verpflichtet, diese Nutzungsrechte an Werken oder Darbietungen zur Einräumung anzubieten.

Gedacht wird hier an die Gestaltung von Büchern aus Sendungen, an die filmische Realisierung eines Hörspiels (je nach den im Arbeitsvertrag vereinbarten Aufgaben kann auch Fernsehen statt Hörrundfunk eine andere Nutzungsart sein)[307] oder an die Herstellung von Kinderspielzeug aus graphischem Sendematerial und ähnliches. Der ArbN kann über seine Rechte frei verfügen, wenn innerhalb von 4 Wochen nach Abgabe des Angebots kein Vertrag zu angemessenen Bedingungen zustande kommt. Die Rundfunkanstalt darf die Nutzung des Werkes untersagen, wenn dadurch berechtigte Interessen der Sendeanstalt verletzt würden. Die Verwertung des Werkes kann aus Gründen der Anstaltsfunktion unterbunden werden, nicht jedoch aus wirtschaftlichen Gründen[308].

Diese tarifliche Regelung kann nicht mehr als vertragliche Ausgestaltung der Anbietungspflicht angesehen werden. Der ArbN soll nicht zum Konkurrenten des eigenen Betriebes werden[309]. Nun sind die Rundfunkanstalten aber weder ein Verlag noch eine Kinderspielzeugfabrik[310], so daß der Gedanke der Konkurrenz die Option nicht rechtfertigt. Trotzdem hält sich diese Vereinbarung im Rahmen der zulässigen Vertragsfreiheit. Ein sachlicher Zusammenhang mit dem Sendebeitrag und dem „Umsetzungswerk“ ist nicht zu leugnen. Eine beliebte Hörfunk- oder Fernsehserie findet stets ein großes Echo bei den Rundfunkteilnehmern. Dementsprechend wird sich auch das Interesse an einer Buchveröffentlichung über die Serie zeigen. Der „Verbraucher“ wird zwischen der Rundfunkanstalt als Verantwortliche der Ausgangssendung und dem Urheber des „Um-

[307] *Riepenhausen,* Tarifvertragliche Regelungen, B II § 4 Abs. 2.
[308] *ders.,* Tarifvertrag S. 12.
[309] *Reimer-Schade-Schippel,* § 19 Rdz 2.
[310] *Nordemann,* Bärendienste.

setzungswerkes" nicht differenzieren, sondern beides der Anstalt zurechnen. Dem „Umsetzungswerk" kommt also die Popularität der Sendung sowie das „Image" der Rundfunkanstalt zugute. Es liegt also im berechtigten Interesse der Rundfunkanstalten, die Anschlußnutzungen zu steuern[311]. Wichtig kann diese tarifliche Regelung auch für den Medienverbund werden[312]. Die Zulässigkeit dieser Anbietungspflicht ist grundsätzlich zu bejahen. Diese tarifliche Regelung führt auch nicht zur Überschreitung des Funktionsbereiches der Rundfunkanstalten. Wie wir bereits festgestellt haben[313], können die Rundfunkanstalten erwerbswirtschaftlich tätig werden, es sei denn, die Tätigkeiten stehen in keiner Beziehung zum Hauptzweck oder widersprechen ihm. Der enge Zusammenhang zwischen der Sendung selbst und der Anschlußnutzung wurde schon nachgewiesen. Es kann rechtlich keinen Unterschied machen, ob das Sendegut in Form von Kassetten weiterverwendet wird oder nach einer Bearbeitung als Buch veräußert wird[314].

Eine Anbietungspflicht von außervertraglichen Werken für Rundfunkzwecke haben diese Rundfunkanstalten mit ihren Tarifpartnern nicht vereinbart. Im eMTV heißt es lediglich, daß für diese Leistungen die einzelvertraglich getroffenen Bestimmungen gelten[315].

V. Vergütungsansprüche des Arbeitnehmerurhebers gegen Dritte

1. *Aus Beschränkungen des Urheberrechts*

a) § 49 UrhG

Ohne die Einwilligung des jeweiligen Urhebers können Artikel aus Zeitungen und anderen lediglich Tagesinteressen dienenden Informationsblättern sowie einzelne Rundfunkkommentare vervielfältigt und verbreitet werden (§ 49 I UrhG). Der Schutz des Urhebers fand hier zum Wohle der Allgemeinheit – diese Norm soll dem Informationsbedürfnis an Tagesinteressen politischer, wirtschaftlicher oder religiöser Art Genüge tun[316] – eine Einschränkung[317].

---

[311] *Samson, Urheberrecht,* S. 152; so auch *Wilkens,* aaO., S. 223, 224.

[312] ebenda.

[313] vgl. dazu oben 2. Hauptteil III 1 a bb).

[314] Die tarifliche Regelung, daß ein Umsetzungswerk angeboten werden muß, ist sehr zukunftsorientiert. Soweit ersichtlich sind erst von einer Rundfunkanstalt Verhandlungen mit einer Kinderspielzeugfabrik geführt worden. Abschlüsse sind bisher auf diesem Gebiet – nach Verlautbarungen – nicht zu verzeichnen.

[315] Ziff. 378 eMTV, Anhang III.

[316] *Fromm-Nordemann,* § 49 Anm. 3 und 4; *v. Gamm,* § 49 Rdz 4; *Löffler,* Presserecht. Kap. 18 Rdz 111.

[317] Das Urheberrecht kann als geistiges Eigentum den Schutz des Art. 14 GG beanspruchen, damit unterliegt es aber auch der Sozialgebundenheit, *Hubmann,* Studienbuch, S. 71.

Die Tagespresse selbst, aber auch die Rundfunkanstalten, Behörden, Verbände und Firmen geben Übersichten über Leitartikel und Kommentare der Zeitungen sowie Anstalten heraus.

Voraussetzung für den Anwendungsbereich des § 49 UrhG ist, daß der Artikel in einer Zeitung erschienen ist. Nicht unter die Wiedergabefreiheit fallen Artikel über Tagesinteressen in einer Zeitschrift[318]. Hingegen werden Wochenzeitungen als „Zeitung" i. S. des § 49 UrhG angesehen; Informationsblätter sind Nachrichtendienste, Korrespondenzen, Mitteilungsblätter und Wirtschaftsbriefe[319]. Befugt zum Nachdruck sind nur Zeitungen, zur Wiedergabe jedermann[320]. Der Urheber kann diesen Nachdruck bzw. die Wiedergabe nicht verhindern, es sei denn, er versieht den Artikel selbst mit dem Vorbehalt der Rechte. Ein allgemeiner Vorbehalt im Impressum reicht nicht aus[321].

Die Begrenzung der Wiedergabefreiheit wird durch den Inhalt des jeweiligen Artikels aufgezeigt. Es darf sich nur um Tagesfragen politischer, wirtschaftlicher oder religiöser Art handeln. Damit bleiben Gebiete der Kunst, Literatur, Unterhaltung und Wissenschaft von § 49 UrhG unberührt. Auch bei den freigegebenen Artikeln muß es sich um Tagesfragen handeln. Das ist z. B. nicht der Fall, wenn eine Serie über die politische Lage Chinas erscheint.

Für die Vervielfältigung, Verbreitung und öffentliche Wiedergabe ist dem Urheber – also auch dem ArbN-Urheber[322] – eine angemessene Vergütung zu zahlen, „es sei denn, daß es sich um eine Vervielfältigung, Verbreitung oder öffentliche Wiedergabe kurzer Auszüge aus mehreren Artikeln in Form einer Übersicht handelt" (§ 49 I S. 2 UrhG). Ebenfalls keiner Vergütungspflicht unterliegen Nachrichten und Tagesneuigkeiten (§ 49 II UrhG).

Dieser Vergütungsanspruch ist vermögensrechtlicher Natur und den Nutzungsrechten analog zu behandeln[323]. Da eine Einräumung[324] nicht in Betracht kommt, ist er selbständig abtretbar. Weder die MTV im Pressebereich noch die der Rundfunkanstalten haben eine Abtretungsverpflichtung der Vergütungsansprüche statuiert[325]. Somit können die jeweiligen Urheber ihre Rechte selbst wahrnehmen.

Als angemessene Vergütung wird das Honorar angesehen, das üblicherweise

---

[318] Zur Abgrenzung Zeitung/Zeitschrift siehe oben S. 15 ff.

[319] *Ekrutt,* Vergütungspflicht für Pressespiegel, GRUR 1975, 360.

[320] *v. Gamm,* § 49 Rdz 2; *Fromm-Nordemann,* § 49 Anm. 3; a. A. *Löffler,* Presserecht, Kap. 18 Rdz 114, danach sind zur Wiedergabe nur die aktuelle Tagespresse und Rundfunkanstalten sowie sonstige Medien berechtigt.

[321] *Fromm-Nordemann,* § 49 Anm. 5.

[322] *Küfner,* aaO., S. 47.

[323] *Hubmann,* Studienbuch, S. 188; *Samson,* Urheberrecht, S. 135.

[324] ebenda.

[325] Der MTV des HR (§ 30 I letzter Satz, Anhang VII) läßt sich zwar grundsätzlich die schuldrechtlichen Ansprüche des Urhebers gegen Dritte abtreten, aber aus dem Zusammenhang ergibt sich, daß diejenigen Vergütungsansprüche aus Beschränkungen des Urheberrechts nicht von dieser Vereinbarung umfaßt werden.

für die Nachdruckerlaubnis gezahlt wird[326]. Dem einzelnen Urheber ist die Eintreibung dieses Vergütungsgeldes in der Regel unmöglich. Die Verwertungsgesellschaft Wort (VG Wort) hat 1974 einen Tarif für die Höhe der nach § 49 UrhG zu zahlenden Vergütung veröffentlicht und bereits Verträge mit Herausgebern von Pressespiegeln abgeschlossen[327]. Die Urheber können ihre Vergütungsansprüche durch die VG Wort wahrnehmen lassen.

Die Nachdruckfreiheit ist mit der Auflage versehen, den Urheber des Artikels und die Zeitung, aus der der Beitrag entnommen wurde bzw. die Rundfunkanstalt, die den Kommentar ausgestrahlt hat, anzugeben (§ 63 UrhG). Diese Quellenangabe muß auch erfolgen, wenn nur kurze Auszüge vervielfältigt und verbreitet werden, denn § 63 III bezieht sich auf § 49 I UrhG, ohne nach der Vergütungspflicht zu differenzieren. Wird lediglich der Nachrichtenkern, z. B. bei einem Interview, weitergegeben, besteht keine Verpflichtung der Namensnennung.

Leider wird die Verpflichtung zur Quellenangabe nicht von allen – insbesondere den Rundfunkanstalten – beachtet[328]. § 63 III UrhG schützt zum einen die Anerkennung der Urheberschaft[329], zum andern erleichtert die Norm auch die Verfolgung von Vergütungsansprüchen[330]. Beim Nachdruck bzw. Ausstrahlung des Artikels dürfen keine Änderungen vorgenommen werden (§ 62 UrhG).

b) Aus § 47 UrhG

Berechtigt zum Mitschnitt von Schulfunksendungen sind Schulen, Einrichtungen der Lehrerbildung und der Lehrerfortbildung sowie Erziehungsheime der Jugendfürsorge. Dieses Mitschnittrecht umfaßt nur Schulfunksendungen, d. h. nur die Hörfunk- und Fernsehsendungen, die von den Anstalten ausdrücklich als Schulfunksendung bezeichnet werden, nicht hingegen Sprachkurse oder sonstige wissenschaftliche oder bildende Sendungen[331]. Die Aufzeichnungen z. B. auf Video-Recorder oder Magnettonband dürfen jedoch nur für den Unterricht des laufenden Schuljahres benutzt werden. Die Schulen sind zur weiteren Benutzung berechtigt, wenn sie an die Urheber eine angemessene Ver-

---

[326] *Fromm-Nordemann,* § 49 Anm. 4; *v. Gamm,* § 49 Rdz 6, *Möhring-Nicolini,* § 49 Anm. 10 b; *Löffler,* Presserecht, Kap. 18 Rdz 155. Insgesamt gesehen sind die Umstände des Einzelfalles entscheidend, in der Regel wird die Vergütung erheblich unter dem Honorar für die Erstveröffentlichung liegen.

[327] *Ekrutt,* aaO., S. 358 ff.

[328] *Heizler,* Autoren nennen! Der Journalist 1973 Heft 12, S. 48. Die Nichtbeachtung dieser Verpflichtung führt zu einem Schadensersatzanspruch, *Fromm-Nordemann,* § 63 Anm. 6.

[329] *v. Gamm,* § 63 Rdz 4; *Möhring-Nicolini,* § 63 Anm. 1 b, der auch die Werbefunktion der Namensnennung für den Urheber betont.

[330] *Heizler,* aaO.

[331] *Grossmann,* Urheberrechtliche Probleme nichtkommerzieller und kommerzieller Nutzung von Rundfunkproduktionen auf AV-Trägern, TV Courier 1975, Nr. 38-D, S. 2; *Küfner,* aaO., S. 45, 46.

gütung zahlen (§ 47 II S. 2 UrhG). Haben also ArbN-Urheber an einer Schulfunksendung mitgewirkt, zu denken ist an den angestellten Redakteur, der ein Feature zum Geschichtsunterricht schreibt oder an den angestellten Graphiker, der für den Physikunterricht Anschauungsmaterial erstellt, so sind sie Berechtigte des Vergütungsanspruches. Die Rundfunkanstalten sind selbst ausdrücklich von diesem Anspruch ausgenommen (§ 87 III UrhG).

c) Aus § 53 UrhG

Gemäß § 53 I UrhG ist es zulässig, einzelne Vervielfältigungsstücke eines Werkes zum persönlichen Gebrauch herzustellen. Eine nähere Ausgestaltung, unter welchen Voraussetzungen ein persönlicher Gebrauch gegeben ist, enthält § 53 UrhG in den Absätzen 2 bis 4. Danach ist die Aufzeichnung von Fernsehsendungen und der Mitschnitt von Rundfunksendungen zulässig[332]. Der Urheber hat in dieser Fallgestaltung keinen Anspruch auf eine angemessene Vergütung gegen den Aufnehmenden, sondern gegen den Hersteller oder Importeur von Bild- oder Tonträgern. Dieser Anspruch („Geräteabgabe") besteht jedoch nur dann, wenn nach der Art des Werkes zu erwarten ist, daß es durch die Aufnahme von Funksendungen auf Bild- oder Tonträgern oder durch Übertragung von einem Bild- oder Tonträger auf einen anderen zum persönlichen Gebrauch vervielfältigt wird[333]. Dies werden in erster Linie Musikwerke sein, aber im Zuge der technischen Entwicklung spricht diese Vermutung auch für Film- und Fernsehwerke[334]. Dieser Vergütungsanspruch kann auch für die ArbN-Urheber der Rundfunkanstalten an Bedeutung gewinnen.

d) Aus § 54 UrhG

Vervielfältigungsstücke von Beiträgen in einer Zeitung oder Zeitschrift sowie von Rundfunkproduktionen dürfen unter gewissen Voraussetzungen hergestellt werden (§ 54 I UrhG). Die näheren Bestimmungen werden in § 54 I Ziff. 1–4 UrhG aufgezählt. Der Urheber kann nur dann eine angemessene Vergütung verlangen, wenn die Vervielfältigung des Werkes gewerblichen Zwecken dient (§ 54 II UrhG). Der Begriff „Gewerblich" wird i. S. des § 1 GewO ausgelegt, d. h. „Gewerblich ist jede dauernd auf die Erzielung von Einnahmen für den Lebensunterhalt gerichtete wirtschaftliche Tätigkeit"[335]. Damit sind alle freien akademischen und wissenschaftlichen Berufe, z. B. Rechtsanwälte, Ärzte, Steuerberater, von der Vergütungspflicht frei[336].

---

[332] *Hillig,* Mitschnitt von Fernsehsendungen mittels Video-Recorder, FuR 1975, 11.
[333] *v. Gamm,* § 53 Rdz 13, geht auch davon aus, daß diese Norm nur für Musikwerke von Bedeutung ist.
[334] *Brugger,* Rechtsfragen bei audiovisuellen Verfahren, UFITA Bd. 56, S. 12.
[335] *Fromm-Nordemann,* § 54 Anm. 9.
[336] *Fromm-Nordemann,* ebenda.

In welchem Umfang dieser Vergütungsanspruch für die ArbN-Urheber der Zeitungen, Zeitschriften und Rundfunkanstalten relevant wird, ist schwer zu ermessen[337]. Jedenfalls läßt sich feststellen, daß der Vergütungsanspruch aus § 54 UrhG fast nur für die Fachzeitschriften eine Bedeutung hat. Insbesondere wissenschaftliche Aufsätze und Berichte werden kopiert. Durch die Begünstigung der freien Berufe, die vornehmlich den photomechanischen Nachdruck in Anspruch nehmen, wird die praktische Bedeutung des § 54 UrhG erheblich reduziert[338]. Erschwert wird die Durchsetzbarkeit noch durch die geringe Kontrollmöglichkeit der Vervielfältigungsakte[339]. Die Übertragung der Ansprüche auf eine Verwertungsgesellschaft ist wohl angezeigt[340].

2. *Aus Vermietung des Werkes, § 27 UrhG*

Gemäß § 27 UrhG hat der Urheber gegen den Vermieter oder Verleiher von Vervielfältigungsstücken eines Werkes einen Vergütungsanspruch[341]. Ausgenommen sind lediglich die Werke, die ausschließlich zum Zwecke des Vermietens oder Verleihens geschaffen worden sind (§ 27 II UrhG), z. B. Filmkopien, die nur an Lichtspieltheater verliehen werden[342]. Die Vermietung von Zweitstücken eines Werkes hat sich zu einer selbständigen Werkverwertung entwikkelt, so daß der Gesetzgeber in der Urheberrechtsreform von 1966 den Urheber an dieser Verwertung seines Werkes beteiligte[343]. Berechtigter des Vergütungsanspruchs ist der Urheber – auch der ArbN-Urheber –, zahlungspflichtig ist der Vermieter oder Verleiher. Der Vergütungsanspruch kann nur durch eine Verwertungsgesellschaft wahrgenommen werden. Auch hier bietet sich die VG Wort an[344].

---

337 Die Erläuterungen des DJV zu § 9 VI MTV für Redakteure an Zeitschriften nennen als Beispiele: Industrieunternehmungen, Dienstleistungsbetriebe, Banken und Versicherungen, die zu betriebsinternen Informationen Zeitschriftenartikel vervielfältigen, sowie Behörden und Pressedienste bei massenhafter Vervielfältigung.

338 *Löffler*, Presse- und Urheberrechtsreform, S. 22, betont die Gefahr insbesondere für wissenschaftliche Verlage.

339 *Fromm-Nordemann*, § 54 Anm. 9. Der DJV strebt eine Gesetzesänderung an, nach der die Hersteller von Photokopiergeräten zahlungspflichtig werden.

340 Erläuterungen des DJV zum MTV: „Eine vertragliche Regelung gibt es nur für inländische wissenschaftliche Zeitschriften und Fachzeitschriften nach dem Gesamtvertrag zwischen der Inkassostelle für urheberrechtliche Vervielfältigungsgebühren und dem Bundesverband der Deutschen Industrie vom 15. 7. 1970." Alle Urheber, die nicht unter diesen Vertrag fallen, müssen ihre Rechte selber wahrnehmen.

341 Durch die Novelle vom 10. 11. 1972 wurde § 27 UrhG dahingehend erweitert, daß nicht nur das Vermieten sondern auch das Verleihen von Vervielfältigungsstücken der Vergütungspflicht unterliegt, sofern letzteres durch eine der Öffentlichkeit zugängliche Bibliothek erfolgt.

342 *v. Gamm*, § 27 Rdz 5.

343 *Hubmann*, Studienbuch S. 157; *Küfner*, aaO., S. 96, 97.

344 Gemäß § 13 WahrnG hat VG Wort im BAnz Nr. 113 vom 22. 6. 1968 S. 14 einen Tarif veröffentlicht.

Die Vermietung von Zeitschriften durch Lesezirkel präsentiert geradezu einen Prototyp der gewerbsmäßigen Werkvermittlung. § 27 UrhG hat daher namentlich für die angestellten Urheber, die für einen Zeitschriftenverlag tätig sind, große Bedeutung.

Durch die Anwendung des § 27 UrhG werden die Beziehungen zwischen ArbG und ArbN nicht berührt. Die Zeitschriftenverlage sind jedoch interessiert, daß die Lesezirkel nicht durch zusätzliche Kosten belastet werden. Eine Verbreitung ihrer Zeitschriften in diesen Lesezirkeln erhöht die Werbewirksamkeit ihrer Anzeigen, was sich wiederum auf den Anzeigenpreis niederschlägt[345]. Eine Abtretungspflicht des Vergütungsanspruchs wurde jedoch nicht in dem MTV für Redakteure an Zeitschriften aufgenommen, da viele Redakteure ihren Vergütungsanspruch – der als schuldrechtlicher Anspruch auch im voraus abgetreten werden kann[346] – schon der VG Wort übertragen hatten[347]. Der MTV hat den Vergütungsanspruch unter den generellen Vorbehalt der einzelvertraglichen Vereinbarung gestellt[348]. Der angestellte Urheber kann in seinem Arbeitsvertrag auf seinen Anspruch im voraus verzichten oder ihn an den Zeitschriftenverlag abtreten.

Im Gegensatz zur Zeitschriftenpresse hat der Vergütungsanspruch aus § 27 UrhG für die ArbN der Rundfunkanstalten im gegenwärtigen Zeitpunkt noch keine große Bedeutung. Im Zuge der technischen Entwicklung werden aber auch Bild- und Tonträger in einem größeren Umfang genutzt werden. Es ist zu erwarten, daß von den Film- oder Fernsehwerken Kassetten hergestellt werden, die von Bibliotheken und Büchereien genauso verliehen oder vermietet werden wie Bücher[349].

Als einzige Rundfunkanstalt hat sich der HR den Vergütungsanspruch aus § 27 UrhG von seinen ArbN-Urhebern abtreten lassen[350]. Ein berechtigtes Interesse der Rundfunkanstalt ist hier nicht ersichtlich. Gegen diese Regelung bestehen erhebliche Bedenken.

Der kurze Überblick über die finanziellen Ansprüche der ArbN-Urheber gegen Dritte hat gezeigt, daß auch diese Beziehungen nicht ganz frei sind vom Einfluß des Arbeitsverhältnisses. Während bei Ansprüchen aus Beschränkungen der Urheberrechte die materiellen Interessen der ArbG nicht berührt werden, können bei einer weiteren Werknutzung die wirtschaftlichen Belange der ArbG tangiert werden. Soweit der ArbG ein berechtigtes Interesse daran hat, daß der angestellte Urheber auf seine finanziellen Ansprüche gegen Dritte ver-

---

[345] Erläuterungen des DJV zu § 9 VI MTV für Redakteure an Zeitschriften; *Vinck,* aaO., S. 67.

[346] *v. Gamm,* § 27 Rdz 3.

[347] *Klein,* Es ist geschafft!, Der Journalist 1973 Heft 11, S. 31; vgl. auch KG Berlin GRUR 1975, 87.

[348] MTV § 9 IV, Anhang II.

[349] *Brugger,* aaO., S. 12, 13.

[350] 30 I letzter Satz MTV des HR; Anhang VII.

zichtet, bestehen gegen diesbezügliche tarifliche oder arbeitsvertragliche Vereinbarungen keine Bedenken.

Schluß: Überlegungen de lege ferenda

Die komplexe Frage nach der Lösung des Interessenkonflikts zwischen Urheber- und Arbeitsrecht hat – in Ausfüllung der Generalklausel des § 43 UrhG – durch Tarifverträge, Musteranstellungsverträge und Einzelarbeitsverträge eine unterschiedliche Beantwortung erfahren. Es mehren sich die Stimmen, die eine gesetzliche Lösung befürworten[351]. Es soll daher an dieser Stelle nur auf einige Aspekte eingegangen werden, inwiefern eine Verbesserung des Arbeitnehmerurheberrechts angestrebt werden könnte.

In den MAV und den MTV konnte in der Untersuchung für den Bereich Presse, Funk und Fernsehen die Tendenz festgestellt werden, daß der angestellte Urheber zur Einräumung von Nutzungsrechten verpflichtet wird, die weit über den unmittelbaren Betriebszweck hinausgeht. Ein gerechter Interessenausgleich zwischen ArbG und ArbN wird durch eine zusätzliche vom Lohn unabhängige finanzielle Leistung des ArbG erzielt. Doch dieser akzeptable Interessenausgleich wird nicht in allen MTV gewahrt. Manche MTV nehmen den angestellten Urhebern die Rechte, die ihnen durch Rechtsprechung und Lehre zugesichert wurden. Obwohl bei der Gestaltung der MTV die Gewerkschaften auch als Interessenvertreter der Urheber beteiligt waren, sind zum Teil die urheberrechtlichen Belange der ArbN in keiner Weise beachtet worden. Die Interessen der Gewerkschaften sind, da viele außerrechtliche Gesichtspunkte bei den Tarifverhandlungen eine nicht zu unterschätzende Rolle spielen, mit denen des einzelnen Urhebers nicht identisch. Somit drängt sich die Frage auf, ob zum Schutze des ArbN-Urhebers der Ruf nach dem Gesetzgeber berechtigt ist[352].

Zweifelsohne würde mit einem Gesetz über das Arbeitnehmerurheberrecht eine größere Rechtssicherheit erzielt[353]. Im Rahmen der angestrebten Kodifikation des Urhebervertragsrechts würde sich auch respektive gerade eine Lösung des Urheberrechts des ArbN anbieten. Bedenken gegen eine Kodifizierung ergeben sich aus der komplexen Materie des Arbeitnehmerurheberrechts. Die Bereiche Presse einerseits sowie Funk und Fernsehen andererseits weisen trotz der vielen Parallelen dennoch differenzierte Bedürfnisse hinsichtlich der einzuräumenden Nutzungsrechte auf, ja die Interessen zwischen Zeitungs- und Zeitschriftenverlage divergieren schon.

Bei anderen Branchen, z. B. Werbegraphik, werden sich die Problembereiche

---

[351] *Samson,* Urheberrecht, S. 151.

[352] Vgl. zum folgenden: *Roeber,* Zum Thema: Urhebervertragsrecht, FuR 1975, 319–324; *Samson,* Urhebervertragsrecht oder Verzicht auf eine gesetzliche Regelung?, FuR 1975, 299–302.

[353] So auch schon *Bußmann,* aaO., S. 31; *Sahmer,* aaO., S. 35.

des Arbeitnehmerurheberrechts noch auf ganz andere Regelpunkte verlagern. Ein Urhebervertragsrecht könnte nur wieder allgemeine Grundsätze, die für alle Branchen gleichermaßen verbindlich sind, enthalten[354]. Eine nähere branchenspezifische Ausgestaltung bliebe weiterhin den Tarifverträgen vorbehalten[355].

Insbesondere das Urhebervertragsrecht erfährt eine starke Beeinflussung durch die technische Entwicklung (Verwertungsmöglichkeiten). Beim Urhebervertragsrecht ist als zusätzliche labile Komponente die relativ rasch wechselnde Bedürfnislage der Unternehmer zu beachten. Ein Urhebervertragsgesetz könnte sich nur schwer den ständig wechselnden Erfordernissen anpassen.

Andererseits kann nicht von der Hand gewiesen werden, daß trotz der Ausgewogenheit „des freien Spieles der Kräfte" die Belange der Urheber in manchen MTV keine ausreichende Beachtung gefunden haben. Es erscheint unerläßlich, den angestellten Werkschöpfern ein Mindestmaß ihrer Rechte zu sichern. Wenn sich auch der § 43 UrhG geradezu der rechtsfortbildenden Tätigkeit der Richter anbietet, kann in Ermangelung einer regen Prozeßtätigkeit – auf die schon zu Anfang der Arbeit hingewiesen wurde – die Aufgabe nicht allein der Rechtsprechung überantwortet werden[356].

Eine Lösung bietet sich durch zwei Möglichkeiten an: Entweder können für verschiedene Branchen allgemeinverbindliche Urheberrechtsklauseln erarbeitet werden, in denen die Mindestrechte der angestellten Urheber zwingend vorgeschrieben werden, oder der Gesetzgeber erläßt ein Gesetz über das Urhebervertragsrecht, das einerseits den branchenspezifischen Bedürfnissen noch genug Raum läßt und andererseits durch zwingende Vorschriften den Belangen der Urheber Rechnung trägt. Welcher der hier vorgeschlagenen Wege dem Arbeitnehmerurheberrecht angemessener ist, kann hier nicht beantwortet werden; dazu bedarf es einer detaillierten Analyse der Vertragspraxis aller einschlägigen Branchen.

Jedoch soviel sei noch einmal festgestellt: Das Arbeitnehmerurheberrecht kann trotz der unbestreitbaren Verdienste der Gewerkschaften um die Sicherung der Urheberrechte nicht den Tarifpartnern allein überantwortet werden.

---

[354] Die Befürchtungen *Vincks,* aaO., S. 103, daß eine Kodifizierung zur Einschränkung der Rechte des ArbN-Urhebers führen würde, kann nicht gefolt werden. Der Gesetzgeber will ja gerade tätig werden, um diese Rechte zu sichern, vgl. auch Literatur in Anm. 352.

[355] *Westen,* aaO., S. 445 bevorzugt die Generalklausel, weil sie durch eine höhere Interpretationsfähigkeit der Praxis einen größeren Spielraum läßt und eine sachgerechte Lösung des Einzelfalles ermöglicht.

[356] a. A. *Vinck,* aaO., S. 102.

Anhang I
Musteranstellungsvertrag für Redakteure an Zeitungen

§ 14 Urheberrecht

(1) An den vom Redakteur im Rahmen seiner vertraglichen Pflichten verfaßten Beiträgen steht dem Verlag ein ausschließliches Nutzungsrecht zu. Die Urheberpersönlichkeitsrechte des Redakteurs an seinen Beiträgen bleiben unberührt.

(2) Mit Einwilligung des Verlages darf der Redakteur über seine Beiträge weiterverfügen. Nach Beendigung des Arbeitsverhältnisses darf der Redakteur ohne Einwilligung des Verlages über seine Beiträge weiterverfügen, wenn seit dem Erscheinen mindestens drei Jahre verstrichen sind. Die Nutzungsrechte an Bildbeiträgen bleiben unbefristet beim Verlag.

(3) Eine Weiterverfügung über Beiträge des Redakteurs durch den Verlag für andere selbständige Verlagsobjekte bedarf der Einwilligung des Redakteurs. Seiner Einwilligung bedarf es nicht für Zeitungen innerhalb einer Redaktionsgemeinschaft sowie bei sonstiger redaktioneller Zusammenarbeit. Gegen die Weiterverfügung über seine Beiträge bei sonstiger redaktioneller Zusammenarbeit kann der Redakteur Einspruch erheben, wenn diese Weiterverfügung für ihn ideell unzumutbar ist.

Anhang II
Manteltarifvertrag für Redakteure an Zeitschriften

§ 9 Urheberrecht

1. Der Redakteur räumt dem Verlag das ausschließliche, zeitlich, räumlich und inhaltlich unbeschränkte Recht ein, Urheberrechte und verwandte Schutzrechte im Sinne des Urheberrechtsgesetzes, die er in der Erfüllung seiner vertraglichen Pflichten aus dem Arbeitsverhältnis als Urheber oder Miturheber erworben hat, vom Zeitpunkt der Rechtsentstehung an zu nutzen.

Das Nutzungsrecht umfaßt insbesondere das Recht des Verlages, die in Satz 1 bezeichneten Werke des Redakteurs im In- und Ausland zur Vervielfältigung und Verbreitung, zur audiovisuellen Wiedergabe, zur Sendung in Hörfunk und Fernsehen, zur Verfilmung und Vorführung sowie zur Werbung für den Verlag in körperlicher und unkörperlicher Form zu nutzen.

2. Der Verlag ist berechtigt, entsprechend seinen Erfordernissen diejenigen redaktionellen Änderungen, insbesondere Zusätze und Kürzungen, vorzunehmen, zu denen nach Treu und Glauben der Urheber seine Zustimmung nicht verweigern kann. Die Urheberpersönlichkeitsrechte des Redakteurs an seinen Beiträgen bleiben unberührt. Insbesondere hat der Redakteur das Recht, eine Entstellung oder eine andere Beeinträchtigung seines Werkes zu verbieten, die geeignet ist, seine berechtigten geistigen oder persönlichen Interessen am Werk zu gefährden.

3. Der Redakteur räumt dem Verlag das Recht ein, die in den Ziffern 1 und 2 erwähnten Rechte auch durch Dritte unter Übertragung der entsprechenden Nutzungsrechte im In- und Ausland nutzen zu lassen.

4. Für die Ausübung der Nutzungsrechte an Werken des Redakteurs gem. Ziffern 1 und 3 hat der Redakteur Anspruch auf eine angemessene Vergütung in folgenden Fällen:

a) für die Nutzung der Werke in unkörperlicher Form, sofern sie nicht zur Werbung für den Verlag geschieht,

b) für die Übertragung von Nutzungsrechten an Dritte gem. Ziffer 3,

c) für die Nutzung der Textbeiträge des Redakteurs in anderen Objekten desselben Verlages, auf die sich der Anstellungsvertrag nicht erstreckt, einschließlich der Nutzung in Buchform,

d) für die Nutzung von Bildbeiträgen in Buchform zu Verkaufszwecken,

Die Vergütung nach Buchstaben a–d kann durch Einzelabrechnung oder durch eine Monatspauschale erfolgen.

5. Übt der Verlag das Recht gem. Ziffer 3 nicht oder nur unzureichend aus und werden dadurch berechtigte Interessen des Redakteurs erheblich verletzt, so kann dieser das Nutzungsrecht frühestens sechs Monate nach der Übertragung insoweit zurückrufen. Dies gilt nicht, wenn die Nichtausübung oder die unzureichende Ausübung überwiegend auf Umständen beruht, deren Behebung dem Urheber zuzumuten ist.

Der Rückruf kann erst geklärt werden, nachdem der Redakteur dem Inhaber das Nutzungsrecht unter Ankündigung des Rückrufs eine angemessene Frist, die nicht mehr als drei Monate zu betragen braucht, zur Ausübung des Rechts gem. Ziffer 3 bestimmt hat.

Der Bestimmung der Frist bedarf es nicht, wenn die Ausübung des Rechts gem. Ziffer 3 seinem Inhaber unmöglich ist oder von ihm verweigert wird, oder wenn durch die Gewährung einer Frist überwiegende Interessen des Redakteurs gefährdet werden.

Der Verlag kann dem Redakteur nach erfolgtem Rückruf eine Nutzung untersagen, soweit und solange überwiegende Interessen des Verlags verletzt würden.

6. Die Regelung von Ansprüchen auf Vergütung gegen Lesezirkel (§ 27 UrhG) bleibt einzelvertraglich schriftlichen Vereinbarungen vorbehalten.

7. Die am Tage des Inkrafttretens dieses Manteltarifvertrages bestehenden Anstellungsverträge sind an die in Ziffer 4 enthaltende Regelung innerhalb der folgenden zwei Jahre anzupassen.

Anhang III
Einheitlicher Manteltarifvertrag

Urheber-, Leistungs- und sonstige Schutzrechte 370

Geltungsbereich 371

370 regelt in Ergänzung der §§ 43, 79 des Urheberrechtsgesetzes vom 9. September 1965 (BGBl. I S. 1273) die im Arbeitsverhältnis entstehenden Urheber- und verwandten Schutzrechte (insbesondere Leistungsschutzrechte). Berechtigte, die nicht als Urheber gelten, werden zusammenfassend als Mitwirkende bezeichnet. 371.1

370 berührt nicht den Bereich des Gesetzes über Arbeitnehmer-Erfindungen vom 25. Juli 1957 (BGBl. I S. 756) und diesbezügliche Dienst-, Betriebs- oder Vertragsvereinbarungen jeder Art. 371.2

Nutzungsrechte 372

Der Arbeitnehmer räumt der Rundfunkanstalt das ausschließliche, zeitlich, räumlich und inhaltlich unbeschränkte Recht ein, Urheberrechte und verwandte Schutzrechte (insbesondere sog. Leistungsschutzrechte) im Sinne des Urheberrechtsgesetzes, die er in Erfüllung seiner vertraglichen Pflichten aus dem Arbeitsverhältnis als Urheber oder Mitwirkender erworben hat, für Rundfunkzwecke vom Zeitpunkt der Rechtsentstehung an zu nutzen oder durch Dritte unter Übertragung dieses ausschließlichen Nutzungsrechts oder unter Einräumung einfacher Nutzungsrechte nach Maßgabe nachstehender Be- 372.1

stimmungen entgeltlich oder unentgeltlich nutzen zu lassen. Hierunter fällt auch Begleitmaterial zu Sendungen.

Zu Rundfunkzwecken werden daher der Rundfunkanstalt folgende zeitlich, räumlich und inhaltlich unbeschränkte Rechte eingeräumt: 372.2

a) das Senderecht (§§ 20, 76 UrhG),
b) das Vervielfältigungsrecht einschließlich des Rechts der Übertragung auf Bild- oder Tonträger (§§ 16, 75 UrhG),
c) das Verbreitungsrecht (§ 17 UrhG),
d) das Ausstellungsrecht (§ 18 UrhG),
e) das Vortrags-, Aufführungs- und Vorführungsrecht (§ 17 UrhG),
f) das Recht der Wiedergabe durch Bild- oder Tonträger (§§ 21, 77 UrhG),
g) das Recht zur Verfilmung und Wiederverfilmung (§ 88 UrhG),
h) die unter a)–g) genannten Rechte an Lichtbildern (§ 72 UrhG) und Laufbildern (§ 95 UrhG),
i) das Recht am Filmwerk (§ 89 UrhG),
k) das Recht, im Zusammenhang mit Funkausstellungen, Festivals, Wettbewerben und Werbemaßnahmen für das Rundfunkwesen Funksendungen öffentlich wiederzugeben und Darbietungen durch Bildschirm, Lautsprecher oder ähnlich technische Einrichtungen öffentlich wahrnehmbar zu machen (§§ 21, 22, 77 UrhG).

Die in 372.1 und 372.2 genannten Rechte an den Arbeitsergebnissen werden der Rundfunkanstalt auch ohne Beschränkung auf Rundfunkzwecke zur eigenen Nutzung oder zur Übertragung von Nutzungsrechten an Dritte eingeräumt. Diese Nutzung soll grundsätzlich gegen Entgelt erfolgen. 372.3

Der Arbeitnehmer verpflichtet sich, der Rundfunkanstalt die Nutzungsrechte an Werken oder Darbietungen einzuräumen, die bei einer Umsetzung seiner arbeitsvertraglichen Leistung in eine andere Nutzungsart entstehen (z. B. Bücher aus Sendungen, Filme aus Hörspielen, Kinderspielzeug aus graphischem Sendematerial u. ä.) und zur entsprechenden Nutzung erforderlich sind. Er ist zum Abschluß eines Nutzungsvertrages zu angemessenen Bedingungen innerhalb von vier Wochen nach Abgabe eines Angebotes verpflichtet; kommt ein solcher Vertrag nicht zustande, so kann der Arbeitnehmer über diese Rechte verfügen; die Rundfunkanstalt kann dem Arbeitnehmer eine solche Nutzung untersagen, soweit und solange dadurch überwiegende berechtigte Interessen der Rundfunkanstalt verletzt würden. 372.4

Bearbeitungen 373

Der Arbeitnehmer erteilt zur Bearbeitung, Umgestaltung, Änderung, Verfilmung, Wiederverfilmung, Synchronisation und Übersetzung des Werkes und seines Titels oder der Darbietung und zu der Nutzung, auch in Ausschnitten im Rahmen von 372 vorbehaltlich 372.4 seine Einwilligung, wenn damit keine Entstellungen oder andere Beeinträchtigungen verbunden sind §§ 23, 39, 83, 88, 93, 95 UrhG).

Namensnennung 374

Urheber eines Werkes und die bei der Herstellung oder Darbietung eines Werkes Mitwirkenden sind, soweit die Nennung rundfunküblich ist, im Zusammenhang mit der Sendung zu nennen, sofern sie nicht widersprochen haben.

Vergütungen 375

Die Einräumung der Rechte nach 372.2 und 373 ist mit den Bezügen aus dem Arbeitsverhältnis abgegolten. 375.1

Die Abgeltung für die Einräumung der Rechte nach 872.3 ist Gegenstand eines besonderen Tarifvertrages. 375.2

Werkstücke 376

Das Eigentum an Werkstücken (z. B. Manuskript, bildnerischer Entwurf, lichtbildnerisches Werk) geht mit der Übergabe auf die Rundfunkanstalt über. Für den Zugang zu den Werkstücken gilt § 25 UrhG. 376.1

Urheber und Mitwirkende können mit ausdrücklicher Zustimmung der Rundfunkanstalt und der anderen Berechtigten im Einzelfall innerhalb einer Frist von sechs Wochen nach der Herstellung oder nach der Erstsendung Ton- oder Bildträger-Kopien auf eigene Kosten zum eigenen Gebrauch und unter Ausschluß jeglicher anderweitiger Verwertung herstellen oder herstellen lassen, und zwar auf Wunsch der Rundfunkanstalt durch diese selbst. Kopien für Mitwirkende sind auf den Anteil ihrer Leistung zu beschränken. Die Zustimmung der Rundfunkanstalt darf aus wichtigem Grund, insbesondere bei unzumutbarem Aufwand der Rundfunkanstalt, versagt werden. 376.2

Vorbehaltene Nutzungsrechte 377

Soweit durch 370 Rechte (z. B. auch Zweitwiedergaberechte und Vergütungsansprüche nach §§ 21, 22, 27, 53 Abs. 5, 76 Abs. 2, 77 UrhG) nicht der Rundfunkanstalt eingeräumt sind, bleiben sie dem Arbeitnehmer vorbehalten.

Außervertragliche Leistungen 378

Führt ein Arbeitnehmer als Urheber oder Mitwirkender außerhalb seiner vertraglichen Pflichten aus dem Arbeitsverhältnis Einzelaufträge seiner Rundfunkanstalt im Werk- oder selbständigen Dienstvertrag durch, so gelten dafür die einzelvertraglich getroffenen Bestimmungen.

Anhang IV

Manteltarifvertrag des Bayerischen Rundfunks

Urheber- und Leistungsschutzrechte

Der Arbeitnehmer überträgt mit Abschluß des Arbeitsvertrages für die Verwertung im Fernseh- und Hörrundfunk die bei Erfüllung seiner dienstlichen Pflichten entstehenden Urheber- und sonstigen Schutzrechte und Eigentumsrechte auf den Bayerischen Rundfunk. Zu diesen Rechten gehören zum Beispiel: 361.1

- Die Rechte an Fernsehfilmen, Bild- und Tonträgern, sowie an Inszenierungen und Bearbeitungen, an Wort und Bild 361.11
- die Rechte an Skizzen und Entwürfen, 361.12
- die Rechte der bildenden Künstler, Fotografen, Schneider, Friseure und Maskenbildner an ihren Werken, 361.13
- die Rechte an den zur Verfilmung oder zur Sendung gelangenden Manuskripten, soweit der Arbeitnehmer an der Entstehung mitgewirkt hat. 361.14

Diese Rechte werden dem Bayerischen Rundfunk nur für die Verwendung im Fernseh- und Hörrundfunk übertragen. 361.2

Die übertragenen Rechte sind durch das Gehalt abgegolten. 361.3

Der Bayerische Rundfunk kann die durch Mitwirkung des Arbeitnehmers zustande gekommenen Fernseh- oder Hörrundfunksendungen, Fernsehfilme, Bild- oder Tonträger im Fernseh- oder Hörrundfunk oder für andere rundfunkmäßige Zwecke auf jede geeignete Art – auch ausschnittweise – verwerten. 361.4

Der Bayerische Rundfunk ist auch berechtigt, Änderungen oder Schnitte vorzunehmen. Der Bayerische Rundfunk kann einzelne Aufnahmen oder Teile eines Filmes oder Bild- oder Tonträgers in andere Filme, Bild- und Tonträger oder Sendungen übernehmen. Der Bayerische Rundfunk kann in geeigneter Weise fremdsprachige Fassungen herstellen oder herstellen lassen.

Bei der in Ziff. 361.4 vorgesehenen Verwertung dürfen die geistige Eigenart 361.5

des Werkes und das künstlerische Ansehen des Arbeitnehmers nicht verletzt werden.

Der Bayerische Rundfunk kann anderen in- und ausländischen nichtkom- 361.6
merziellen Rundfunkanstalten gestatten, Sendungen drahtlos oder über Draht als Anschlußsendungen zu übernehmen. Er kann ihnen auch gestatten, Fernsehfilme, Bild- und Tonträger für ihre eigenen Rundfunkzwecke zu verwerten.

An kommerzielle Rundfunkeinrichtungen des In- und Auslandes kann der 361.7
Bayerische Rundfunk die ihm gem. Ziff. 361.1 übertragenen Rechte nur nach Verständigung des Arbeitnehmers gegen Entgelt übertragen. Die sich hierbei für die Verwertung der Rechte ergebenden Ansprüche stehen dem Arbeitnehmer zu.

Der Arbeitnehmer darf Rechte, die er nach Ziff. 361.1 auf den Bayerischen 361.8
Rundfunk übertragen hat, nur mit Zustimmung des Bayerischen Rundfunks auf Dritte übertragen. Er darf diese Rechte nicht mit Rechten Dritter belasten und nicht Dritte mit der Ausübung dieser Rechte beauftragen.

Die Ziff. 361.1–361.8 gelten nicht für die Klangkörper. Über die Verwertung 361.9
der Tonbänder der Klangkörper (Orchester und Chor) schließt der Bayerische Rundfunk eine besondere Vereinbarung ab.

Über die rundfunkmäßige Verwertung und Vergütung urheberrechtlich ge- 362
schützter Leistungen, die ein Arbeitnehmer außerhalb seiner arbeitsvertraglichen Verpflichtungen vollbringt, wird eine gesonderte Tarifvereinbarung abgeschlossen. In dieser Tarifvereinbarung werden auch Bestimmungen über die Honorierung nicht urheberrechtlich geschützter Leistungen, für die nach den beim Bayerischen Rundfunk geltenden Richtlinien Anspruch auf Honorierung besteht, getroffen.

Über die Verwertung, Patentierung und Vergütung von Arbeitnehmer-Erfin- 363
dungen und Verbesserungsvorschläge schließt der Bayerische Rundfunk mit dem Personalrat eine Dienstvereinbarung ab.

Anhang V
Manteltarifvertrag des Deutschlandfunks

§ 16
Urheber- und sonstige Schutzrechte

1. Der Arbeitnehmer räumt mit Abschluß des Dienstvertrages dem DEUTSCHLANDFUNK das ausschließliche Recht ein, urheberrechtlich geschützte Werke des Arbeitnehmers, die dieser in Erfüllung seiner dienstvertraglichen Verpflichtungen geschaffen hat, für Hörrundfunkzwecke zu verwerten. Das gleiche gilt für alle Darbietungen und sonstigen Leistungen, die der Arbeitnehmer in Erfüllung seiner dienstvertraglichen Verpflichtungen erbringt.

2. Der DEUTSCHLANDFUNK ist gemäß Nr. 1 insbesondere berechtigt,

a) das Werk, die Darbietung oder Leistung ganz oder teilweise durch Rundfunk (Tonrundfunk, Drahtfunk oder ähnlich technische Einrichtungen) im In- und Ausland der Öffentlichkeit zugänglich zu machen,

b) das Werk, die Darbietung oder Leistung zu vervielfältigen (z. B. auf Tonträger zu übertragen), und die Vervielfältigungsstücke ganz oder teilweise für Rundfunkzwecke im In- und Ausland zu verwerten,

c) das Werk oder die auf Tonträger übertragene Darbietung oder Leistung ganz oder teilweise in eine andere Sprache zu übersetzen oder in sonstiger Weise zu bearbeiten, umzugestalten und für Rundfunkzwecke zu verwerten,

d) das Werk, die Darbietung oder Leistung ganz oder teilweise für Rundfunkzwecke mittels Tonträger öffentlich wiederzugeben,

e) das Werk, die Darbietung oder Leistung auf Messen, Ausstellungen, Festivals und Wettbewerben sowie für Prüf-, Lehr- und Forschungszwecke des Rundfunks zu verwenden.

3. Die vorstehenden Rechte stehen dem DEUTSCHLANDFUNK auf unbeschränkte Zeit zu. Sie sind durch das Gehalt abgegolten. Satz 1 gilt nicht für Urheberrechte von angestellten Schriftstellern und Komponisten an dramatischen Werken (Große Rechte), es sei denn, es wird im Einzelfall etwas anderes vereinbart.

4. Bei der nach Nr. 1. und 2. vorgesehenen Verwertung dürfen die geistige Eigenart des Werkes und das Ansehen des Arbeitnehmers nicht verletzt werden.

5. Eine Verwertung durch kommerzielle Rundfunkanstalten darf nur im Einverständnis mit dem Arbeitnehmer erfolgen. Die sich aus einer solchen Verwertung ergebenden Ansprüche stehen dem Arbeitnehmer zu.

6. Der Arbeitnehmer hat auf Verlangen des DEUTSCHLANDFUNK seine Darbietung oder Leistung auch im Rahmen einer öffentlichen Veranstaltung zu erbringen.

7. Nimmt der DEUTSCHLANDFUNK von einem Arbeitnehmer Werke, Darbietungen oder Leistungen im Sinne der vorstehenden Bestimmungen an, die der Arbeitnehmer nicht in Erfüllung seiner dienstvertraglichen Verpflichtungen geschaffen bzw. erbracht hat, so gelten die für freie Mitarbeiter beim DEUTSCHLANDFUNK üblichen Bedingungen, jedoch mit der Maßgabe, daß der Arbeitnehmer 50% der Vergütung erhält, die einem freien Mitarbeiter gezahlt würde.

Anhang VI
Manteltarifvertrag der Deutschen Welle

§ 28

„Urheber-, Leistungsschutz- und Eigentumsrechte, die der Arbeitnehmer aufgrund seiner Tätigkeit bei der Deutschen Welle erwirbt, stehen ausschließlich der Deutschen Welle zur Auswertung auf dem Gebiet des Rundfunks zu. Das Auswertungsrecht umfaßt u. a. die Befugnis zu Bearbeitungen und Änderungen aller Art. Das Persönlichkeitsrecht des Arbeitnehmers muß dabei gewahrt bleiben. Die Deutsche Welle ist auch zur Archivierung der diese Rechte berührenden Ton- und Bildträger und ihrer nicht gewerblichen Nutzbarmachung für Prüf-, Lehr- und Forschungszwecke berechtigt. Übertragung der Rechte auf Dritte ist der Deutschen Welle gestattet.

Bei Sprachkursen erstreckt sich das Auswertungsrecht der Deutschen Welle auch darauf, die öffentliche Wiedergabe der Funksendung oder einer Tonträgeraufzeichnung des Werkes bzw. der Darbietung des Arbeitnehmers im Lehrbetrieb bei Schulen, Universitäten, Kultur-Sprachinstituten und dgl. unentgeltlich zu gestatten. Der Arbeitnehmer überträgt die Rechte auf die Deutsche Welle durch Eingehung des Arbeitsverhältnisses. Die Übertragung ist zeitlich unbeschränkt.

Alle Rechtsübertragungen sind durch das Gehalt abgegolten. Vereinbarungen, wonach der Arbeitnehmer für Leistungen außerhalb des Arbeitsverhältnisses besonders honoriert werden soll, bedürfen zu ihrer Wirksamkeit der Schriftform. Die Behandlung von Erfindungen und Verbesserungsvorschlägen richtet sich nach den als Anlage diesem Tarifvertrag beigefügten Bestimmungen."

Anhang VII
Manteltarifvertrag des Hessischen Rundfunks

§ 30

1. An allen Urheberrechten, die dem Arbeitnehmer in Erfüllung der ihm übertragenen Aufgaben erwachsen, fallen dem Hessischen Rundfunk zeitlich und räumlich unbeschränkt die ausschließlichen Nutzungsrechte mit dem Recht der Weiterübertragung und der Vergabe einfacher Nutzungsrechte für jedwede Verwertung, insbesondere für alle Rundfunk- und Filmzwecke zu und sind mit dem vereinbarten Grundgehalt abgegolten. Für Tätigkeiten vor Mikrophon oder Kamera besteht kein Anspruch auf zusätzliche Vergütung.

Die Nutzung für Rundfunkzwecke umfaßt alle Arten und Formen des Rundfunks ((Tonrundfunk, Fernsehrundfunk, Drahtfunk und ähnliche technische Einrichtungen), die Nutzung für Filmzwecke alle Arten, Formate und Systeme von Filmaufzeichnungen. Die Verwertungsrechte umfassen jeweils auch das Recht, das Werk, seine Aufzeichnungen und Vervielfältigungen zu archivieren und auf oder anläßlich von Messen, Ausstellungen, Festivals und Wettbewerben sowie zu Prüf-, Lehr- und Forschungszwecken zu verwerten. Eingeschlossen ist ferner das Recht, seine Aufzeichnungen und Vervielfältigungen Dritten entgeltlich oder unentgeltlich zu ihrem persönlichen, gewerblichen oder nichtgewerblichen Gebrauch zu überlassen; sich hieraus etwa ergebende schuldrechtliche Vergütungsansprüche des Urhebers, insbesondere aus § 27 UrhG, gehen mit ihrer Entstehung auf den Hessischen Rundfunk über und sind ebenfalls mit dem vereinbarten Grundgehalt abgegolten.

2. Der Hessische Rundfunk ist gemäß Ziffer 1. insbesondere berechtigt, jedes Werk zu senden, zu vervielfältigen sowie das Werk und/oder die Vervielfältigungsstücke für Rundfunkzwecke – und/oder für Filmzwecke – zu verbieten. Die Vervielfältigung umfaßt auch die Übertragung auf Bild- und/oder Tonträger.

Der Hessische Rundfunk ist weiter berechtigt, jedes Werk öffentlich aufzuführen, vorzutragen und vorzuführen sowie mittels Bild und/oder Tonträger, durch Bildschirm, Lautsprecher oder ähnliche technische Einrichtungen öffentlich wahrnehmbar zu machen.

Jedes Werk kann für jedweden Zweck verfilmt, in eine andere Sprache übersetzt, vertont und/oder in sonstiger Weise bearbeitet und umgestaltet sowie in dieser Form in jedweder Art verwertet werden.

Jedes so hergestellte Werk kann mit Titeln versehen, fremdsprachig synchronisiert und/oder in sonstiger Weise nachträglich bearbeitet und umgestaltet werden. Der Titel jedes Werkes darf auf jedwede Weise benutzt und von jedem Werk dürfen Inhaltsangaben sowie sonstiges – auch bildliches – Informationsmaterial für Prospekte, sonstige Werbung, Presse, Rundfunk und Film hergestellt, verbreitet und veröffentlicht werden.

3. Der Hessische Rundfunk kann alle ihm zustehenden Rechte und Befugnisse beliebig häufig, ganz oder zum Teil, im In- und/oder Ausland jeweils selbst ausüben, auf Dritte mit oder ohne das Recht der Weiterübertragung und Vergabe von Nutzungsrechten übertragen, Dritten zur Ausübung überlassen oder Dritte mit deren Ausübung beauftragen.

4. Die Rechte und die Befugnisse ausübender Künstler und anderer Leistungsschutzberechtigter gehen in dem in den Ziffern 1. bis 3. bestimmten Umfange auf den Hessischen Rundfunk über und sind ebenfalls mit dem vereinbarten Grundgehalt abgegolten. Ziffer 1. Satz 2 gilt entsprechend. Alle zur Ausübung und Wahrnehmung dieser Rechte und Befugnisse erforderlichen Zustimmungen jeder Art gelten als erteilt.

5. Auf Verlangen des Hessischen Rundfunks ist der Arbeitnehmer verpflichtet, dem Hessischen Rundfunk die Nutzungsrechte an Werken oder Darbietungen einzuräumen,

die bei einer Umsetzung seiner arbeitsvertraglichen Leistung in eine andere Nutzungsart entstehen (z. B. Bücher aus Sendungen, Filme aus Hörspielen, Kinderspielzeug aus graphischem Sendematerial u. a.) und zur entsprechenden Nutzung erforderlich sind. Dem Arbeitnehmer steht in diesem Fall ein Anspruch auf angemessene Vergütung zu. Beabsichtigt der Arbeitnehmer, entsprechende Rechte an Dritte zu vergeben, so ist er verpflichtet, diese Rechte zuvor dem Hessischen Rundfunk schriftlich anzubieten. Erklärt der Hessische Rundfunk nicht innerhalb von 4 Wochen nach Eingang der schriftlichen Anzeige, daß er die Rechte seinerseits in Anspruch nimmt, so ist der Arbeitnehmer in der Verfügung über diese Rechte frei.

6. Die in den Ziffern 1. bis 5. getroffenen Regelungen gelten auch für die Zeit nach Beendigung des Dienstverhältnisses. Sie finden auch Anwendung auf Produktionen, die vor dem Inkrafttreten des Tarifvertrages hergestellt worden sind.

7. Arbeitnehmer, die unter den Geltungsbereich der Tonbändervereinbarungen zwischen dem Hessischen Rundfunk und der Deutschen Orchester-Vereinigung fallen, werden aus den Ziffern 1. bis 6. weder berechtigt noch verpflichtet.

Anhang VIII
Manteltarifvertrag des Saarländischen Rundfunks

§ 15
Urheberrechtliche und verwandte Schutzrechte

(1) Entstehen während des Arbeitsverhältnisses für einen Arbeitnehmer in Erfüllung seiner arbeitsvertraglichen Pflichten Urheberrechte oder verwandte Schutzrechte (insbesondere Leistungsschutzrechte) im Sinne des Urheberrechtsgesetzes, räumt er dies dem Saarländischen Rundfunk zur zeitlich, räumlich und inhaltlich unbeschränkten Nutzung und Verwertung für Rundfunkzwecke ein. Der Saarländische Rundfunk erhält das Recht der Weiterübertragung auf seine Tochtergesellschaften für Produktionen, die zur Ausstrahlung über ihn bestimmt sind und auf andere Rundfunkunternehmen.

(2) Die Nutzung für Rundfunkzwecke umfaßt auch die sendeunabhängige nichtgewerbliche Nutzung bei Messen, Ausstellungen, Festivals und Wettbewerben sowie zu Prüf-, Lehr- und Forschungszwecken nur des Rundfunks, ferner für kulturpolitische Aufgaben des Saarländischen Rundfunks im Sinne des Gesetzes über die Veranstaltung von Rundfunksendungen im Saarland.

(3) Alle sonstigen nicht für Rundfunkzwecke erforderlichen Nutzungsrechte, insbesondere auch Zweitverwertungsrechte, die von Verwertungsgesellschaften wahrzunehmen sind, bleiben dem Arbeitnehmer vorbehalten.

(4) Die Persönlichkeitsrechte des Urhebers oder Leistungsschutzberechtigten sind bei der Nutzung der Rechte zu wahren.

(5) Urheber und Leistungsschutzberechtigte können mit Zustimmung des Saarländischen Rundfunks sowie unter Nachweis der Zustimmungserklärungen der anderen Berechtigten im Einzelfall nach der Erstsendung Ton- oder Bildträger-Kopien durch den Saarländischen Rundfunk auf eigene Kosten zum Nachweis über ihr bisheriges Schaffen unter Ausschluß jeglicher anderweitiger Verwertung herstellen lassen. Ein solches Verlangen ist für Sendungen des Hörfunks innerhalb von 14 Tagen und für solche des Fernsehens innerhalb von 6 Wochen nach der Erstsendung geltend zu machen. Der Saarländische Rundfunk kann die Zustimmung aus wichtigem Grunde versagen. Ein solcher liegt insbesondere vor, wenn der für die Herstellung von Kopien erforderliche Aufwand unzumutbar ist.

(6) Die dem Saarländischen Rundfunk eingeräumten Rechte sind durch die Vergütung des Arbeitnehmers abgegolten.

(7) Die Tonbändervereinbarung zwischen dem Saarländischen Rundfunk und der Deutschen Orchestervereinigung vom 24. 1./25. 4. 1962 bleibt unberührt.

Anhang IX
Manteltarifvertrag des Zweiten Deutschen Fernsehens

§ 15
Urheberrechte und sonstige Schutzrechte

(1) Die Arbeitnehmer, die in Erfüllung ihrer arbeitsvertraglichen Verpflichtungen Urheberrechte oder sonstige Schutzrechte (insbesondere Leistungsschutzrechte) nach dem Urheberrechtsgesetz erwerben, räumen diese dem ZDF zur Nutzung auf alle bekannten Nutzungsarten, ausgenommen diejenigen der Option des Abs. 2, auch durch Übertragung auf Dritte, ein. Das ZDF wird die Arbeitnehmer an den Erlösen aus Verwertungen gegenüber Dritten grundsätzlich angemessen beteiligen. Das Nähere über Umfang und Höhe der Beteiligungen und den Kreis der zu berücksichtigenden Personen wird tarifvertraglich geregelt.

(2) Für die Umsetzung der Arbeitsergebnisse, an denen Rechte der Arbeitnehmer bestehen, in eine andere Nutzungsart (z. B. Bücher aus Sendungen oder Spielzeug) hat das ZDF gegenüber dem berechtigten Arbeitnehmer eine Option. Zweitwiedergaberechte, die durch Wahrnehmungsgesellschaften wahrzunehmen sind, bleiben dem Arbeitnehmer vorbehalten.

(3) Bestehende Einzelvereinbarungen des ZDF mit Arbeitnehmern, soweit sie nicht lediglich in der Bezugnahme auf andere Tarifverträge bestehen, bleiben unberührt.

(4) Die Bestimmungen dieses Paragraphen sind unter Einhaltung einer Kündigungsfrist von 3 Monaten, erstmals jedoch zum Ablauf des 6. Monats seit Inkrafttreten dieses Tarifvertrages, schriftlich kündbar. § 49 Abs. 6 Satz 3 gilt in diesem Falle nicht.